准征收研究

Research on Regulatory Taking

王 玎 著

中国社会科学出版社

图书在版编目（CIP）数据

准征收研究／王玎著. —北京：中国社会科学出版社，2021.8
ISBN 978-7-5203-8873-3

Ⅰ.①准… Ⅱ.①王… Ⅲ.①个人财产—所有权—研究—中国 Ⅳ.①D923.24

中国版本图书馆 CIP 数据核字（2021）第163603号

出 版 人	赵剑英
责任编辑	孔继萍
责任校对	季　静
责任印制	郝美娜

出　版	中国社会科学出版社
社　址	北京鼓楼西大街甲158号
邮　编	100720
网　址	http://www.csspw.cn
发行部	010-84083685
门市部	010-84029450
经　销	新华书店及其他书店
印　刷	北京君升印刷有限公司
装　订	廊坊市广阳区广增装订厂
版　次	2021年8月第1版
印　次	2021年8月第1次印刷
开　本	710×1000 1/16
印　张	18.25
字　数	251千字
定　价	108.00元

凡购买中国社会科学出版社图书，如有质量问题请与本社营销中心联系调换
电话：010-84083683
版权所有　侵权必究

出 版 说 明

为进一步加大对哲学社会科学领域青年人才扶持力度，促进优秀青年学者更好更快成长，国家社科基金 2019 年起设立博士论文出版项目，重点资助学术基础扎实、具有创新意识和发展潜力的青年学者。每年评选一次。2020 年经组织申报、专家评审、社会公示，评选出第二批博士论文项目。按照"统一标识、统一封面、统一版式、统一标准"的总体要求，现予出版，以飨读者。

全国哲学社会科学工作办公室

2021 年

摘 要

财产权经历了由国家绝对保护，到可以为公共利益征收、征用，再到财产权应履行社会义务的制度变迁，如今形成了以德国《基本法》为代表的宪法财产权条款"三元结构"体系。准征收正是在国家对财产权的管制超越财产权社会义务但又未予征收这一灰色地带孕育而生。准征收，是指国家以增进公共利益为目的，通过抽象行政行为、具体行政决定或在事实上对私有财产权造成特别牺牲，严重影响私人对财产的使用或财产经济价值，从而应当给予经济或其他补偿的法律制度。构建准征收制度，就是为了制约国家应征收而不征收，通过行政手段任意干涉财产权行使及侵害私有财产价值的行为，进而形成一套保障公民财产权利的准征收制度体系。

通过对美国联邦最高法院百年来审理的33个管制征收案件的考察，可以将美国联邦最高法院主要采用的管制征收识别标准归纳为是否属于物理性侵占、是否属于经济利益互惠、财产权行使是否构成对公共或他人的妨碍、是否符合公共利益、对财产价值的影响程度五类。德国和我国台湾地区将"特别牺牲"理论作为判断是否需对财产权予以补偿的主要标准，但这一标准仍具有较大模糊性。我国准征收识别标准的构建，可以在美国联邦最高法院采用的五类标准基础上，通过对其进行形式与实质递进式的双阶层划分来实现：是否属于物理性侵占、是否属于经济利益互惠以及财产权行使是否构成公共妨碍为第一阶层的形式标准。一项行政行为属于物理性侵占即构成准征收；行政行为属于经济利益互惠或者财产权行使构成对公共或他人的妨碍，则不构成准征收。在不属于物理性侵占、经济利益互惠或者财产权行使构成公共妨碍的情况下，对是否符合公共利益和对财产价值的影响程度进行第二阶层的实质判断。不符合公共利益标准或者对财产价值造成过度影响的行政行为构成应予补偿的准征收。是否符合公共利益标准具体从三个方面予以判断：管制行为是否以增进公共利益为目的、管制行为与公共利益是否具有实质联系、维护公益的价值与对私益的侵害是否具有均衡性，行政行为若无法同时满足上述三个条件即构成准征收。对财产价值的影响程度可以通过损害是否超过财产合理回报预期，以及是否对财产价值造成了彻底破坏、侵害了财产的根本价值、剥夺了权利人对财产的所有经济性用途加以判断。

  实践中，我国准征收的类型主要可以分为六大类：财产权权能限制，财产权义务负担，财产权公益使用，行政许可中止、变更或撤回，财产权去除，以及对财产权事实上的不利影响。

  基于宪法文本和司法制度的差异，美国和德国准征收制度的形成路径并不相同。美国采用以请求认定"剥夺"为核心的财产权损失补偿体系，德国形成了联邦普通法院与联邦宪法法院并行的损失补偿体系。而我国台湾地区大法官释字则创造了"开放式"的财产权损失补偿体系。我国《宪法》财产权条款规定的"征收"显然是政府基于实现特定公共目的，在补偿前提下强制转移财产所有权的狭义"征收"，因而我国准征收制度体系的构建无法引鉴美国将管制征收纳入"剥夺"范畴的经验。而在单行立法中规定准征收补偿条款，对财产权的补偿及保护难免会挂一漏万，还容易在客观上形成"依法补偿"这一不利于保护财产权人合法权益的准征收识别标准。因此，我国准征收制度的构建，应当在《宪法》第 13 条规定的基础上增加"财产权社会义务"与"应予补偿的财产权限制"规定，即将现行《宪法》财产权条款"财产权保护—应予补偿的公用征收"的"二元结构"扩展为"财产权保护—财产权社会义务—应予补偿的财产权限制—应予补偿的公用征收"的"四元结构"。同时，制定涉及准征收的单行法律规范，应当遵循法律保留原则和"唇齿条款"原则，防止行政机关以行政规范性文件形式对公民财产权的恣意侵害，切实保护财产权人合法利益。

准征收补偿措施包括非经济补偿措施和经济补偿措施。准征收非经济补偿措施包括消除财产利用妨碍、恢复财产原状、调整财产管制行为、土地发展权转让以及其他符合经济利益互惠标准的补偿措施五类。准征收经济补偿应采用适当补偿原则。作出补偿的标准应当考虑准征收行为对财产权价值的影响程度，受影响财产对财产权人经济地位的影响，准征收发生时的经济与社会环境，政府的财政能力（支付能力）等因素。

关键词：准征收（管制征收）；财产权；行政补偿；特别牺牲

Abstract

The right to property has undergone changes from absolute protection by the state to the expropriation, then to the fulfilment of property social obligations. Now it has been formed the constitutional property rights provisions "three-dimensional structure" system as German Constitutional Law. Regulatory taking is born in the gray area in which the regulatory of property rights exceeds the social obligation of property rights but has not been expropriated. Regulatory taking is that the state, in order to promote public interest, through regulations, administrative decisions or making special sacrifices to private property rights in fact, seriously affects the private use or the economic value of property, so a compensation legal system should be granted. The construction of regulatory taking system is to restrict the state to interfere with the exercise of property rights and infringe on the value of private property without expropriation, and in order to form a set of regulatory taking system to protect property rights.

Through the investigation of 33 regulatory taking cases reviewed by the Supreme Court of the United States in the past 100 years, we can conclude that the criterion of regulatory taking mainly adopted by the United States Supreme Court can be summed up as whether it is physical occupation, whether it is the economic reciprocity, whether the exercise of property rights constitutes a nuisance, whether it is for the public interest, and the degree of impact on the value of the property. In Germany and Taiwan Area of China, the theory of "special sacrifice" is regarded as the main criterion for judging whether the special sacrifice of property rights should be compensated. But this criterion is dim. On the basis of the five standards adopted by the United States Supreme Court, the construction of the standard of regulatory taking in our country can be realized by dividing it into two classes: the first class contains whether it is physical occupation, whether it is the economic reciprocity, whether the exercise of property rights constitutes a nuisance. If an administrative action belongs to physical occupation, it can be regarded as regulatory taking. If an administrative action belongs to economic reciprocity or nuisance, it cannot be regarded as regulatory taking. If an administrative action does not belong to physical occupation, economic reciprocity or nuisance, then we come to the second class. The second class contains whether it is for the public interest, and the degree of impact on the value of the property. If an administrative action that does not meet the criteria of public interest or have an excessive impact on the value of property, it should be regarded as regulatory taking. Whether an administrative action conforms to the standard of public interest can be judged from three aspects: whether the regulatory action is for the purpose of promoting the public interest, whether the regulatory action is substantially related to the public interest, and whether there is a balance between maintaining the value of public welfare and infringing on private interests. If an administrative action cannot meet the three conditions simultaneously, it constitutes regulatory taking. The degree of impact on the value of the property can be judged from the following aspects: whether the degree of damage to property has exceed property owner's investment-backed expectations, and whether causing a totally damage to the property value, infringing on the fundamental value of the property, or depriving all economic use of the property.

In practice, the types of regulatory taking in China can be divided into six categories: limitation of property, property right obligation, public use of property right, property license's suspension or change or withdrawal, removal of property, and the adverse effects on property rights in fact.

Based on the differences in constitutional texts and judicial systems, the formation path of regulatory taking systems in the United States and Germany are not the same. The United States adopts the system of compensation of property rights based on the claim for "taking", and Germany has formed a system of compensation system in parallel between the Federal Common Court and the Federal Constitutional Court. On the other hand, the interpretation of Taiwan Area of China justices has created an "open model" of compensation system for property rights losses. The "expropriation" on China's Constitution property clause is obviously a narrow sense "expropriation", and it refers to in order to promote public interest, the state compulsively transfer of property ownership with compensation. Therefore, the construction of regulatory taking system in China cannot draw reference to the experience of the United States in bringing regulatory taking into the category of "taking". If put regulatory taking into the single legislation, it is inevitable that the compensation and protection of property rights will be missed, and it is easy to form the criterion of "compensation according to law", which is not conducive to protecting property. Therefore, the establishment of regulatory taking system in China should include the provisions of "social obligations of property" and "compensation to restrictions on property" on the basis of the provisions of Article 13 of the Constitution. So, Article 13 of the Constitution will be the model of "Protection of property-social obligations of property-compensation to restrictions on property-compensation to expropriation". At the same time, the single legislation involving regulatory taking should follow the principle of legal retention and the principle of "lip and tooth clause" in order to prevent arbitrary infringement of property and protect the interests of property owners.

Regulatory taking compensation measures include non-pecuniary compensation measures and pecuniary compensation measures. Regulatory taking non-pecuniary compensation measures include elimination of property use barriers, property reinstatement, adjustment of property regulation, land development rights transfer and other compensation measures that conform to the criteria of economic reciprocity. Regulatory taking pecuniary compensation should adopt appropriate compensation principle. The standard of compensation should take into account the extent of impact of affected property value by regulatory action, the impact of property owner's economic status, the economic and social environment at the time of regulatory taking happening, and the state financial capacity (capacity to pay).

Key Words: Regulatory Taking, Property, Compensation, Special Sacrifice

目 录

绪 论 ·· (1)
  第一节 问题的提出 ·· (1)
  第二节 现有研究成果述评 ·· (3)
    一 国内研究概况和发展趋势 ·· (3)
    二 域外研究发展趋势 ··· (8)
  第三节 主要研究内容及创新 ··· (12)

第一章 准征收的提出：社会义务与征收之间 ································· (14)
  第一节 财产权的"三元结构"体系：自由、社会义务与
         征收 ·· (14)
    一 从财产权绝对自由到社会义务与征收 ································ (14)
    二 财产权"三元结构"体系形成 ··· (31)
  第二节 财产权"三元结构"的异化 ·· (35)
    一 征收的严苛条件不能适应行政权力扩张的需要 ···················· (35)
    二 财产权社会义务的突破 ·· (39)
    三 准征收概念的提出 ··· (41)
  第三节 准征收概念的界定 ·· (43)
    一 明确准征收概念的意义 ·· (43)
    二 准征收概念的厘清 ··· (46)
  第四节 构建准征收制度面临的问题 ··· (63)
    一 准征收与财产权社会义务的界限难以划定 ·························· (64)

二　准征收补偿法律依据匮乏……………………………………(65)
　　三　行政规范性文件是财产权特别牺牲的主要政策
　　　　载体………………………………………………………………(69)
　　四　构建准征收制度的路径不明………………………………(70)
　　五　缺乏补偿标准…………………………………………………(73)
　　六　补偿方式单一…………………………………………………(74)

第二章　准征收识别标准……………………………………………(77)

第一节　期待（忍受）可能性理论标准………………………………(77)
　　一　形式区别理论式微：期待（忍受）可能性理论标准
　　　　产生的背景………………………………………………………(78)
　　二　期待（忍受）可能性理论标准的发展……………………(79)

第二节　特别牺牲理论标准……………………………………………(80)
　　一　特别牺牲理论标准在德国联邦普通法院的诞生及
　　　　发展………………………………………………………………(81)
　　二　中国台湾地区"司法院""大法官"释字中特别牺牲
　　　　理论标准的运用………………………………………………(83)
　　三　中国台湾地区财产权遭受特别牺牲的争点问题………(90)

第三节　比例原则审查…………………………………………………(94)
　　一　比例原则的运用：无偿提交出版品义务案……………(94)
　　二　通过比例原则标准所提出的"应予公平补偿的内容
　　　　限制"……………………………………………………………(95)

第四节　美国联邦最高法院典型案例中的管制征收识别
　　　　　标准…………………………………………………………(96)
　　一　管制行为是否属于物理性侵占……………………………(99)
　　二　管制行为是否属于经济利益互惠………………………(102)
　　三　财产权行使是否构成对公共或他人的妨碍……………(106)
　　四　管制行为是否符合公共利益………………………………(108)
　　五　管制行为对财产价值的影响程度………………………(115)

第五节　中国准征收识别标准体系构建 …………………（122）
　　一　构建准征收识别标准体系的考量因素 ……………（122）
　　二　中国准征收识别标准体系 …………………………（129）

第三章　准征收类型检视 ………………………………（144）
第一节　财产权权能限制 …………………………………（145）
　　一　农村集体土地不得用于非农业开发建设 …………（146）
　　二　对人均租住面积要求过高的房屋租赁管制 ………（150）
　　三　公路两侧建筑控制区管制 …………………………（153）
　　四　房屋建筑管制 ………………………………………（155）
　　五　房屋交易期限管制 …………………………………（158）
　　六　文物古迹保护中对财产权的限制 …………………（160）
　　七　森林采伐限制 ………………………………………（162）
第二节　财产权义务负担 …………………………………（164）
　　一　非国有文物所有人修缮、保养义务 ………………（165）
　　二　水土保持地权利人营造植物保护带、修筑水平梯田
　　　　义务 …………………………………………………（167）
　　三　城市住宅小区强制配套建设公共设施 ……………（168）
第三节　财产权公益使用 …………………………………（170）
第四节　财产权行政许可的中止、变更或撤回 …………（172）
　　一　行政许可中止 ………………………………………（173）
　　二　行政许可变更 ………………………………………（178）
　　三　行政许可撤回 ………………………………………（180）
第五节　财产权去除 ………………………………………（183）
第六节　对财产权事实上的不利影响 ……………………（185）
　　一　对财产经济价值减损较重的行为 …………………（187）
　　二　对财产利用造成严重妨碍的行为 …………………（188）

第四章　构建准征收制度的路径 ……………………………（192）
第一节　域外准征收制度的形成路径 ………………………（193）
　　一　以请求认定"剥夺"为核心的美国准征收制度
　　　　体系 ………………………………………………………（193）
　　二　德国联邦普通法院与联邦宪法法院并行的准征收
　　　　制度体系 …………………………………………………（194）
　　三　中国台湾地区"大法官"释字创造的"开放式"
　　　　准征收制度体系 …………………………………………（198）
第二节　构建准征收制度的中国进路 ………………………（201）
　　一　准征收制度在宪法规范中的缺失 ……………………（201）
　　二　在单行立法中规定准征收补偿易形成"依法补偿"
　　　　的准征收识别标准 ………………………………………（202）
　　三　《宪法》财产权条款应确立"四元结构"模式 ……（203）
第三节　准征收立法的法律保留原则和"唇齿条款"
　　　　　原则 ……………………………………………………（205）
　　一　财产权管制的合法性前提：确立准征收立法法律保留
　　　　原则 ………………………………………………………（206）
　　二　确立准征收立法的"唇齿条款"原则 ………………（218）

第五章　准征收补偿 ……………………………………………（221）
第一节　准征收非经济补偿措施 ……………………………（221）
　　一　消除财产利用妨碍 ……………………………………（222）
　　二　恢复财产原状 …………………………………………（223）
　　三　调整财产管制行为 ……………………………………（223）
　　四　土地发展权转让 ………………………………………（224）
　　五　其他符合经济利益互惠标准的补偿措施 ……………（225）
第二节　准征收经济补偿措施 ………………………………（227）
　　一　采用适当经济补偿原则 ………………………………（227）
　　二　适当经济补偿的考量因素 ……………………………（229）

三　适当经济补偿金额的确定方式 …………………………（231）

结　论 ……………………………………………………（237）

参考文献 …………………………………………………（243）

索　引 ……………………………………………………（264）

后　记 ……………………………………………………（267）

Contents

Introduction ··· (1)
  Section 1   Main Question of this Book ································· (1)
  Section 2   Review of Existing Research ································ (3)
    2.1   Domestic Research Overview and Development Trend ··· (3)
    2.2   External Research Trends ···································· (8)
  Section 3   Main Content and Innovation ······························ (12)

Chapter 1   **The Presentation of Regulatory Taking** ··············· (14)
  Section 1   A Ternary Structural System of Property Right:
               Freedom, Social Obligation and Taking ················ (14)
    1.1.1   From Freedom to Social Obligation and Taking ······ (14)
    1.1.2   Formation of Ternary Structural System ················ (31)
  Section 2   The Breakthrough in the Ternary Structural System
               of Property Right ··· (35)
    1.2.1   The Harsh Expropriation for Commonweal is
           Inadaptable to the Need for the Expansion of
           Administrative Power ·· (35)
    1.2.2   The Breakthrough in the Social Obligation ············ (39)
    1.2.3   The Conceptof Regulatory Taking ······················· (41)
  Section 3   Definition of the Concept of Regulatory Taking ······ (43)
    1.3.1   The Significance of Clarifying the Concept of

		Regulatory Taking ··	(43)

  1.3.2 The Explanation of the Concept of Regulatory
     Taking ·· (46)
 Section 4 Problems Faced by the Construction of Regulatory
     Taking System ·· (63)
  1.4.1 Dedifferentiating Between Regulatory Taking and
     Social Obligation upon Property Right Is Difficult
     to Draw Out ·· (64)
  1.4.2 The Lacking of Legal Basis for Regulatory Taking
     Compensation ·· (65)
  1.4.3 Administrative Regulatory Documents Are Main
     Policy for Special Sacrifice of Property Rights ········· (69)
  1.4.4 The Path to Constructing Regulatory Taking
     System Is Unclear ··· (70)
  1.4.5 Lack of Compensation Standards ································ (73)
  1.4.6 Compensation Measures Are Monotonous ················ (74)

Chapter 2 **Identification Standard of Regulatory Taking** ······ (77)
 Section 1 Expect the Likelihood Criteria ······································ (77)
  2.1.1 Form Standard Is Increasingly Weaker: The
     Background of Expect the Likelihood Criteria ········· (78)
  2.1.2 The Development of Expect the Likelihood
     Criteria ·· (79)
 Section 2 Special Sacrifice Criteria ·· (80)
  2.2.1 The Birth and Development of Special
     Sacrifice Criteria in the Federal General
     Courts of Germany ··· (81)
  2.2.2 The Use of Special Sacrifice Criteria in Court
     of Taiwan of China ·· (83)

  2.2.3 The Main Problems of Special Sacrifice of Property Rights in Taiwan of China ······················ (90)
 Section 3 Overview of Proportionality Principle ················· (94)
  2.3.1 Application of Proportionality Principle: The Cases of Publishing Product ································· (94)
  2.3.2 Limitation over Property Right to Be Compensated From Proportionality Principle ························ (95)
 Section 4 Identification Standard of Regulatory Taking in United States Supreme Court ························ (96)
  2.4.1 Whether It Is Physical Occupation ···················· (99)
  2.4.2 Whether It Is the Economic Reciprocity ··············· (102)
  2.4.3 Whether the Exercise of Property Rights Constitutes a Nuisance ··· (106)
  2.4.4 Whether It Is for the Public Interest ················· (108)
  2.4.5 The Degree of Impact on the Value of the Property ··· (115)
 Section 5 Construction of Identification Standard of Regulatory Taking in China ··························· (122)
  2.5.1 The Considerations of Construction of Identification Standard of Regulatory Taking ······················· (122)
  2.5.2 Identification Standard of Regulatory Taking in China ··· (129)

Chapter 3 The Types of Regulatory Taking ··················· (144)
 Section 1 Limitation of Property ································ (145)
  3.1.1 Rural Land Cannot Be Used for Non-agricultural Development and Construction ························ (146)
  3.1.2 The Housing Rental Control with High Per Capita Rental Area ··· (150)
  3.1.3 Building Control on Sides of the Highway ············ (153)

3.1.4	Housing and Building Control	(155)
3.1.5	Housing Transaction Period Control	(158)
3.1.6	Restrictions on Property Rights in the Protection of Cultural Relics and Historic Sites	(160)
3.1.7	Forest Logging Restrictions	(162)
Section 2	Property Right Obligation	(164)
3.2.1	Obligation of Repair and Maintenance of Non-state-owned Cultural Relics	(165)
3.2.2	Conservation Land Rights Holders Are Obliged to Build Plant Protection Belts and Build Horizontal Terraces	(167)
3.2.3	Urban Residential Areas Are Obliged to Construction Public Facilities	(168)
Section 3	Public Use of Property Right	(170)
Section 4	Property License's Suspension or Change or Withdrawal	(172)
3.4.1	License's Suspension	(173)
3.4.2	License's Change	(178)
3.4.3	License's Withdrawal	(180)
Section 5	Removal of Property	(183)
Section 6	Adverse Effects on Property Rights in Fact	(185)
3.6.1	An Act Which Causes Great Impairment of Economic Value of Property	(187)
3.6.2	An Act Which Causes Serious Obstruction to the Use of Property	(188)

Chapter 4 The Path of the Construction of Regulatory Taking System (192)
  Section 1 The Path of Foreign Regulatory Taking System (193)

4.1.1 The United States Adopts the System of Compensation of Property Rights Based on the Claim for "Taking" ……………………………………… (193)

4.1.2 Germany Has Formed a System of Compensation System in Parallel between the Federal Common Court and the Federal Constitutional Court ……… (194)

4.1.3 Taiwan Area of China Has Created an "Open Model" of Regulatory Taking System ……………………… (198)

Section 2 Construction of Regulatory Taking System of China's Path ……………………………………………… (201)

4.2.1 The Lack of the Regulatory Taking System in the Constitution ……………………………………… (201)

4.2.2 It Is Likely to Form the Criterion of "Compensation According to Law" If Put Regulatory Taking into the Single Legislation …………………………… (202)

4.2.3 Property Right Clauses in the Constitution Should Form a Quaternary Structure ……………………… (203)

Section 3 The Principle of Legal Retention and the Principle of "Lip and Tooth Clause" in Regulatory Taking …… (205)

4.3.1 The Legality Premise of Property Rights Control: Establish the Principle of Regulatory Taking ……… (206)

4.3.2 Establish the Principle of "Lip and Tooth Clause" in Regulatory Taking ………………………… (218)

Chapter 5 Regulatory Taking Compensation ……………… (221)

Section 1 Regulatory Taking Non-pecuniary Compensation Measures ……………………………………… (221)

5.1.1 Elimination of Property Use Barriers …………… (222)

5.1.2 Property Reinstatement ………………………… (223)

5.1.3　Adjustment of Property Regulation …………… (223)
5.1.4　Land Development Rights Transfer …………… (224)
5.1.5　Other Compensation Measures　 …………… (225)
Section 2　Regulatory Taking Pecuniary Compensation
　　　　　Measures　………………………………………… (227)
5.2.1　Adopt Appropriate Compensation Principle ……… (227)
5.2.2　The Considerations of Appropriate Compensation … (229)
5.2.3　Method of Determining the Amount of Appropriate
　　　　Compensation ………………………………………… (231)

Conclusion ………………………………………………………… (237)

Bibliography ……………………………………………………… (243)

Indexes …………………………………………………………… (264)

Postscript ………………………………………………………… (267)

绪　　论

第一节　问题的提出

我国《宪法》已对征收制度做出明确规定，国家无论对土地还是对公民私有财产进行征收，均须给予补偿。然而，实践中，有大量政府在未征收私人财产亦未给予补偿的情况下，对公民财产权权能进行过重限制，或施加过度负担，或事实上造成不利影响，在不同程度上限制了财产权人对其财产的正常使用，尤其是严重影响了财产的经济价值。例如一些地方政府为巩固大气污染治理成效，降低机动车污染物排放，采取机动车单双号限行措施；《文物保护法》规定的非国有不可移动文物由所有人负责修缮、保养义务等都属于此类情形。这些法律、政策均是在未规定任何补偿的情况下，对公民私有财产进行了不同程度的限制或施加不公平负担等。

在美国、德国和我国台湾地区也存在同样的问题。早在100多年前，美国联邦最高法院就对此类问题中是否应对财产权人予以补偿进行过讨论，进而形成了一系列判例。在德国魏玛时期，这一问题就引起了帝国法院的重视，最终通过一系列理论来解决是否应对财产权人补偿的问题。同样，我国台湾地区自1974年以来通过"司法院""大法官"五次对相关案例的解释，形成了判断是否应对财产权人予以补偿的标准。最近一次是2017年3月17日，中国台湾

"司法院""大法官"作出第747号释字,认为:"穿过私人土地地下修建隧道,超越权利人社会责任应忍受限度而形成特别牺牲,土地所有权人可以请求需用土地人向主管机关申请征收地上权";同时认定"土地征收条例"因未规定土地所有权人有权请求需用土地人向主管机关申请征收地上权,违反"宪法"第15条对于财产权的保障,应在一年内修改"土地征收条例";逾期未完成修法,土地所用权人得依本号解释,请求需用土地人向主管机关申请征收地上权。

目前,我国已有部分法律和行政法规规定了对相关行为应当予以补偿,同时实践中也存在针对财产权造成不利影响而予以补偿的案例。例如,2008年6月11日,北京市人民政府、公安部、交通运输部、环境保护部联合印发《2008年北京奥运会残奥会期间北京市交通保障方案的通知》,要求"自2008年7月20日起两个月内,京内外机动车实行'单双号'限行措施"。2018年7月,《北京公布奥运期间机动车减征养路费车船税方案》明确:"对奥运期间停驶、限行的北京号牌机动车减征三个月养路费和车船税。"要求机动车实行"单双号"限行措施即为对财产使用权的限制,政府通过减征三个月养路费和车船税的优惠政策,对财产权人予以相关补偿。

然而,实践中,更为广泛的国家为增进公共利益而对公民财产权造成特别牺牲的法律规范和行政行为,均未能对财产权承受的不利影响提供补偿,法律也未赋予财产权人针对准征收行为向国家申请补偿的权利。由于缺乏宪法层面的规范,国家可以通过立法或具体行政行为,以"公共利益"为名,任意在不同程度上限制财产权人对其财产的正常使用,严重影响财产的经济价值,而无须支付任何对价补偿。虽然国家使财产权承受的特别牺牲均以增进公共利益为目的,但增进公共利益的成本不应由特定财产权利主体承担,更不意味着无须对财产权人予以补偿。因此,构建准征收制度,就是为了制约国家该征收而不征收,过度干涉财产权行使及侵害私有财产价值的行为,进而构建起一套保障公民财产权利的准征收制度体系。

第二节 现有研究成果述评

一 国内研究概况和发展趋势

中国法律中尚未出现"准征收""管制性征收"等表述，但实践中已经出现大量类似的法律问题。目前，国内虽已有一些著作、论文对准征收问题进行了研究，但尚未形成规模。以"准征收""管制性征收"为题出版的国内专著仅有两部：一部是厦门大学刘连泰教授等合著的2017年出版的《美国法上的管制性征收》，另一部是西北大学王思锋副教授所著的2015年出版的《不动产准征收研究》；国内已发表的相关论文三十余篇；相关硕士、博士学位论文十余篇。这些专著、论文多以讨论不动产准征收或引介美国管制性征收为主。例如，除两部专著以外，《管制性征收研究——以土地利用管制为中心》《农村集体土地准征收补偿的法律机制研究》《论准征收及土地发展权》《土地利用管制中的补偿问题研究》《美国不动产准征收构成标准研究》《美国管制性征收法律问题研究》《美国管制性夺取制度研究》等硕士、博士学位论文，以及《美国管制性征收法律制度简史及启示》等数十篇期刊论文，均以不动产准征收或美国管制征收为题论述。

（一）围绕准征收构成标准的讨论

准征收的构成标准是构建准征收制度的核心内容，学界对准征收的研究也主要围绕准征收构成标准展开。

金俭和张先贵在《财产权准征收的判定基准》一文中将域外财产权准征收判定基准归纳为对象识别、结果识别、综合识别三类并进行了细致述评，对财产权准征收判定基准的本土化进程进行了设计：第一，应扫清违宪障碍，对《宪法》第13条进行扩大解释，将对财产权的限制解释为征收，进而对财产权予以保护；第二，提出对象识别→结果识别→综合识别的三步走判断基准理论；第三，践行定性与定量相结合的双重判定模式，认为应由独立第三方评估机构对是否构成准征收进行定量评估；第四，提出在对财产权的限制是否构成准征收认定处于模糊地带时践行"从严认定"模式；第五，对私益和公益的事实性和价值性进行法益衡量。①

刘连泰在《法理的救赎——互惠原理在管制性征收案件中的适用》一文中结合1922年的杰克曼诉罗森鲍姆（Jackman v. Rosenbaum Co.）等案例，分析了互惠原理在美国经历的经济互惠和社会互惠两个阶段，认为如果管制给社会带来的利益粗略等同于给财产权人施加的负担，且同时能为财产权人带来部分经济利益、该措施能够促进公共利益实现，则无须补偿。因此，机动车单双号限行常态化措施符合社会互惠原理，不构成管制性征收。②

彭涛在《论美国管制征收的认定标准》一文中通过对相关判例进行分析，认为美国管制征收的认定由价值减损标准、违宪条件标准、明确的投资回报期待以及政府行为的性质四个主要标准来认定。③

杨显滨在《管制性征收与警察权行使的区分标准》一文中通过1954年的伯曼诉帕克（Berman v. Parker）等案例，提出美国管制性征收与警察权行使的区分主要有公共利益标准、财产剥夺标准、非法妨碍标准和因果联系标准，认为我国也应将对财产权施加的限制和负担界定为征收。如果警察权行使超越了应有界限，构成管制性征收，财产所有权人可以主张公平补偿。④

王丽晖在《管制性征收主导判断规则的形成——对美国联邦最

---

① 参见金俭、张先贵《财产权准征收的判定基准》，《比较法研究》2014年第2期。
② 参见刘连泰《法理的救赎——互惠原理在管制性征收案件中的适用》，《现代法学》2015年第4期。
③ 参见彭涛《论美国管制征收的认定标准》，《行政法学研究》2011年第3期。
④ 参见杨显滨《管制性征收与警察权行使的区分标准》，《法学杂志》2016年第11期。

高法院典型判例的评介》一文中结合相关案例，提出美国管制性征收认定标准经历了"价值减损程度"标准的提出、"价值减损程度"规制的确立及"价值减损程度"规制的发展运用三个阶段，并认为应先判断管制对财产价值的影响，再判断政府行为性质以及所欲实现之公共目的的性质，考察与公益的关联程度。[①]

林华、俞祺合著的《论管制征收的认定标准——以德国、美国学说及判例为中心》一文将美国和德国关于管制性征收认定标准划分为形式标准和实质标准，认为对于是否构成管制性征收，首先，对管制行为的目标进行审查，考察管制行为是否构成管制征收，应以公共利益为出发点；其次，对形式性的标准进行审查，考察是否构成了"特别牺牲"；最后，从实质标准的角度进行审查，如果政府行为构成"永久性物理占有"，或导致经济功能完全丧失，即应补偿。[②]

张卉林的《论我国的所有权过度限制及立法改进》一文通过梳理美国和德国的相关学说、案例，将管制性征收标准归纳为特别牺牲理论、实质损害论、期待可能性理论，认为应当建立以经济补偿为主的救济制度，确定补偿数额时应当采取以市场价格标准为原则，兼采多样化价格评估的方式。[③]

上述研究大多从中国私有财产权因管制行为受到不利影响的问题入手，整理美国、德国等域外个案中判定对财产权管制征收的标准及相关理论学说，尝试将这些域外的有益经验嫁接到本土，从而提出中国的财产权管制征收识别标准。这些研究必然对解决本土实践问题以及管制征收理论在本土的发展有所助益。但这些研究或未

[①] 参见王丽晖《管制性征收主导判断规则的形成——对美国联邦最高法院典型判例的评介》，《行政法学研究》2013年第2期。

[②] 参见林华、俞祺《论管制征收的认定标准——以德国、美国学说及判例为中心》，《行政法学研究》2013年第4期。

[③] 参见张卉林《论我国的所有权过度限制及立法改进》，《法学论坛》2013年第5期。

跳出"本土个案问题—域外个案经验—确立本土理论"的模式窠臼，或未对域外财产权管制征收标准进行系统化、类型化的建构。实际上，行使公权力方式的多样性必然导致财产权因公共利益而受到侵害种类的多样性。单一的财产权管制征收标准或模式难以准确涵射所有管制征收的样态。财产权管制征收的确立必然建立在一个系统、立体、多元的识别标准之上。

（二）围绕不动产准征收的讨论

准征收的形式纷繁复杂，但不动产是实践中最广泛存在的准征收领域。学界也有诸多准征收研究集中在不动产领域。

彭涛在《农地管制性征收的补偿》一文中提出，农地管制性征收的类型包括农村土地利用权的行使范围受到限制、农村土地利用义务额外增加、承担农村土地利用信息提供义务、暂停农村土地利用权的行使、农村土地利用权利灭失、农村土地利用许可废止六类，域外的可易发展权模式、购买农地保护地役权模式、可易计划许可模式值得我国借鉴。[①]

王思锋在《财产征收的理论反思与制度重构——以不动产准征收为视角》一文中针对我国当前不动产财产权所坚持的保护与剥夺二元制结构，提出构建保护、限制、剥夺的三层财产权《宪法》结构；同时通过制定统一的《征收法》构建不动产准征收制度。[②]

姜栋在《土地的权利边界：20世纪美国管制性征收土地的司法演进史》一文中结合1946年的美国诉卡斯比案（United States v. Causby）、1978年的佩恩中央车站诉纽约市案（Penn Central Transportation Co. v. New York City）和1992年的卢卡斯诉南卡罗来纳州海岸委员会案（Lucas v. South Coastal Council）等五个案例将美国管制

[①] 参见彭涛《农地管制性征收的补偿》，《西南民族大学学报》（人文社会科学版）2017年第9期。

[②] 参见王思锋《财产征收的理论反思与制度重构——以不动产准征收为视角》，《法学杂志》2014年第10期。

性征收土地的司法演进史分为美国管制性征收土地理论的确立、20世纪中期确立管制性征收中公共利益的边界、公共利益弱化与市场因素强化三个阶段,认为从20世纪美国联邦最高法院的判决演进来看,管制性征收体现了政府从保护公共利益而逐渐转向衡量市场效果的司法态度。①

尽管不动产是实践中最广泛存在的准征收领域,但把研究焦点集中在不动产准征收领域,就会影响对准征收构成标准等基础问题的普遍性研究,难以从理论上探明准征收的基础理论问题。

(三) 围绕准征收其他问题的讨论

学界除了围绕准征收构成标准、不动产准征收进行了大量讨论,还就准征收的其他问题展开研究。

彭涛在《规范管制性征收应发挥司法救济的作用》一文中结合13个国内案例分析了司法机关在管制性征收救济中发挥作用的现状,并提出:在成熟性原则方面,应以行政机关就管制措施作出最终决定为标准来判断司法救济的介入是否"成熟";在审查依据方面,国家立法是司法机关审查管制性征收的最优依据,但在管制性征收没有国家立法的时候,还可以公共政策及司法判例为依据;在补偿标准方面,目前法律规定的合理补偿标准比较适宜管制性征收的补偿。②

彭涛在《美国管制性征收法律制度简史及启示》一文中通过1887年的穆格勒诉堪萨斯州案(Mugler v. Kansas)等案例认定标准为主线将美国管制性征收法律制度分为理论初创、认定标准具体化、范围扩展及正当性审查四个主要发展阶段,分析了瑞典、法国、德国、加拿大的管制性征收标准,最终提出各国的管制性征收发展情

---

① 参见姜栋《土地的权利边界:20世纪美国管制性征收土地的司法演进史》,《山东社会科学》2017年第6期。

② 参见彭涛《规范管制性征收应发挥司法救济的作用》,《法学》2016年第4期。

况不同、财产权利扩张促使管制性征收制度产生、管制性征收的发展与社会的权利保护发展成正比、管制性征收没有可以适用于全球各国的统一标准四个启示。①

上述关于准征收问题的讨论，均对我国准征收理论的形成和制度构建提供了理论支持，有助于我国运用准征收理论对承受特别牺牲的财产权人及时给予补偿。

二 域外研究发展趋势

19世纪末期以来，政府基于公共利益的需要在予以补偿的前提下可以征收公民的私有财产，已被各国立法确认。同时，西方学者同样关注国家对财产权施加负担或过度限制的问题，在有关准征收的概念、识别标准、补偿标准、救济机制等方面产生了一系列较为成熟的理论。

（一）美国

除了联邦宪法第五修正案规定，在联邦层面尚未有相关法律就准征收予以规定。而有关准征收相关的法律制度和理论均是在司法判例中形成的。自1885年的沃茨诉霍格兰案（Wurts and another v. Hoagland and others, Com'rs, etc.）以来，美国联邦最高法院已对数十个管制征收案件作出判决。其中，宾夕法尼亚煤炭公司诉马洪案（Pennsylvania Coal Co. v. Mahon）是最具代表性的管制征收案例。在该案之后的近一个世纪中，联邦最高法院对警察权②的行使是否构成管制征收的认识几经变化，逐步发展出几类构成管制征收的识别标准。美国学界也尝试通过这些判例归纳出管制征收的识别标准，

---

① 参见彭涛《美国管制性征收法律制度简史及启示》，《西北大学学报》（哲学社会科学版）2015年第3期。

② 警察权（police power）是美国法上的一个概念，"是指联邦及各州可以拥有'警察权力'来管理人民，而且连带地也可以将人民的自由权等基本权利予以限制及剥夺"。陈新民：《德国公法学基础理论》（增订新版·上），法律出版社2010年版，第486页。

但学界最终形成的结果却是莫衷一是。如斯帕克林等在《财产——一个当代的取向》一书中将美国管制征收标准分为奠基时期标准、新时期原则标准、佩恩中央车站案标准、三种分类标准,认为"在佩恩中央车站案标准之下,三个因素决定是否构成管制征收:①经济影响;②对投资回报干扰程度;③政府行为的性质。此外,还应针对三种类型进行单独认定:①一切政府的永久性占有均构成管制征收;②如果管制消除所有经济收益或生产使用,则构成管制征收,除非管制具有国家财产或妨害法的正当性基础。③强行索取构成管制征收,如果强行索取与合法的国家利益之间没有本质联系或强行索取与对财产权的影响在大体上不成比例"。[①] 塞金在《财产法》一书中同样认为除构成直接征收以外,Penn Central 案所提出的三类识别标准为评估大多数管制行为是否构成管制征收的案件提供了判断框架。[②] 马西在《财产法——原则、问题、案例》一书中提出,"联邦最高法院创造了三类规则及一系列标准去判断一项管制行为是否构成管制性征收:首先,只要对财产权的管制行为能够取消或减轻已经存在的普通法妨害,无论管制行为对财产权造成多大影响,都不构成管制性征收。其次,当管制行为对财产权形成了永久性的物理占有,无论占有的程度多么轻微,都构成管制性征收。最后,当管制行为没有取消或减轻已经存在的普通法妨害,并且剥夺了财产权人期望可得的财产使用价值,构成管制性征收。"[③] 史密斯等在《财产——案例和资料》一书中将剥夺(Taking)分为物理性侵占征收(Physical Takings)和管制征收(Regulatory Takings),并用不同

[①] John G. Sprankling & Raymond R. Coletta, *Property: A Contemporary Approach*, Thomson Reuters 2nd edition, 2012, pp. 913–967.

[②] See Christopher Serkin, *The Law of Property*, Foundation Press 2nd Edition, 2016, p. 259.

[③] Calvin Massey, *Property Law: Principles, Problems, and Cases*, Thomson Reuters, 2012, pp. 791–792.

判例描述了物理性侵占征收和管制征收的识别标准。[①] 由此可见，美国理论界对管制征收的识别标准尚未达成共识。即使将多数学者认同的佩恩中央车站案形成的三类标准作为通说，其中何为政府行为的性质等内容仍然是不确定概念，需要结合具体考量因素作出判断。

（二）德国

德国法将准征收称为"应予公平补偿的内容限制"。相对于古典征收而言，在魏玛共和国时期，只要限制该财产权的行使，即足以构成征收。德国联邦普通法院最早提出"征收性侵害"，并在随后的许多类似案例中不断地修正和发展其识别标准。就识别标准来看，德国谢尔谢尔（Walter Schelcher）教授提出的"本质减损理论"、斯托特（Hans Stodter）教授提出的"可忍受性理论"或"严重程度理论"、莱因哈特（Rudolf Reinhardt）教授提出的"私使用理论"和"值得保护理论"等都是较具影响力的理论。此外，毛雷尔教授对有关识别标准进行了深入研究，并对"具有征收效果之侵害"和"公平补偿的内容限制"等理论进行了阐释。[②]

（三）中国台湾地区

中国台湾中正大学谢哲胜教授在其著作《财产法专题研究（二）》一书以及《准征收理论的司法实践——释字第七四七号解释评析》等论文中详细探讨了中国台湾准征收的样态、相关法律规定、司法判例，并且提出了准征收的制度设计。值得一提的是，"司法院"分别于1994年、1996年、1997年、1998年和2017年发布了第336号、第400号、第440号、第444号和第747号释字，尝试通过司法构建起准征收制度，保障财产权人利益。1994年，"司法院""大法官"作出第336号释字，明确"对于设立公共设施保留地这类

[①] James Charles Smith, Edward J. Larson, John Copeland Nagle & John A. Kidwell, *Property: Cases and Materials*, Aspen Publishers 2nd edition, 2008, pp. 800 – 844.

[②] 参见［德］哈特穆特·毛雷尔《行政法学总论》，高家伟译，法律出版社2000年版，第664页。

财产权持续受到限制的情形，并非必然给予补偿，只有形成特别牺牲的才视不同程度给予相应补偿"。1996年发布的第400号释字就权利人的土地成为公众通行道路的补偿予以明确："既成道路使权利人对土地无法使用收益，因而形成特别牺牲，'国家'应通过征收而予以补偿。"1997年发布的第440号释字明确了对在权利人土地下埋设地下设施的补偿："埋设地下设施物妨碍权利人权利行使而形成特别牺牲，应享有补偿权利。""大法官"在1998年作出的第444号释字中提出："水保护区不得设立畜牧场，系为执行自来水法及水污染防治法，乃按本项但书之意旨，就某种使用土地应否依容许使用之项目使用或应否禁止或限制其使用为具体明确之例示规定，此亦为实现前揭之立法目的所必要，与保障人民财产权之意旨及第二十三条法律保留原则尚无抵触。"2017年发布的第747号释字明确了隧道穿越私有土地对权利人产生影响的，应当予以补偿："因兴办相关事业，穿越土地上空或地下，致逾越所有权人社会责任所应忍受范围，形成个人之特别牺牲，而不依征收规定向主管机关申请征收地上权者，土地所有权人得请求需用土地人向主管机关申请征收地上权"；同时认定，"'土地征收条例'第11条及第57条第1项规定，因未就土地所有权人得请求需用土地人向主管机关申请征收地上权有所规定，两项规定违反宪法第15条对于财产权的保障，须于本号解释公布之日一年内，修正'土地征收条例'。逾期未完成修法，土地所用权人得依本号解释意旨，请求需用土地人向主管机关申请征收地上权"。第747号释字明确行政机关逾期未完成修法，财产权人可以依本号解释意旨请求需用土地人向主管机关申请征收地上权，是司法权积极维护因过度附加财产权社会义务而使财产权受损公民权利的表现，极大地推动了准征收理论和制度的发展。

第三节　主要研究内容及创新

本书以准征收为研究对象，主要研究内容和创新之处围绕以下内容展开。

第一，阐明准征收概念及其产生背景。财产权经历了由国家绝对保护，到可以为公共利益征收、征用，再到财产权应履行社会义务的制度变迁。准征收正是在国家对财产权的管制超越财产权社会义务但又未予征收的这一灰色地带孕育而生。近代资产阶级革命后，资产阶级以宪法和法律的形式巩固革命成果，确立了私有财产至高无上的绝对地位。随着20世纪30年代世界经济危机的爆发和古典自由主义思潮减退，财产权的绝对性理念遭受摒弃，而代之以财产责任的强化。因此，以德国《基本法》为代表的宪法对财产权的规范形成了"剥夺—限制—保护"三元结构体系。但囿于公益征收的严苛条件不能适应行政权力扩张的需要以及财产权社会义务的突破，准征收以财产权"三元结构"异化的产物开始产生并在财产权规范体系中不断生长。因此，只有构建准征收制度，才能切实保护财产权人合法权益。而构建我国准征收制度，首先需要厘清所面临的准征收与财产权社会义务的界限难以划定、准征收补偿法律依据匮乏等体制机制问题。

第二，提出准征收识别标准。界分准征收与财产权的社会义务是准征收制度的核心内容，而只有提出准征收的识别标准，才能明确准征收与财产权社会义务的界限，在增进公共福祉与保障财产权人合法财产利益间取得平衡。通过考量美国、德国和中国台湾地区的准征收识别标准，能够为我国准征收标准的确立提供重要借鉴。德国和中国台湾地区将"特别牺牲"理论作为判断是否需对财产权特别牺牲予以补偿的主要标准，但这一标准仍具有较大模糊性。美国联邦最高法院近百年来已对数十个管制征收相关案例作出判决，形成了管制行为是否属于物理性侵占、管制行为是否属于经济利益互惠、财产权行使是否构成公共妨碍、管制行为是否符合公共利益和管制行为对财产价值的影响程度五类标准。通过对美国联邦最高法院所形成的五类主要识别标准进行形式与实质递进式的双阶层划分，能够实现对这一体系的科学构建。

第三，描述中国准征收现状，确定中国准征收类型。通过对中国实践中准征收现状的考察，可以将中国准征收的主要类型归纳为六类：财产权权能限制，财产权义务负担，财产权公益使用，行政许可中止、变更或撤回，财产权去除，以及对财产权事实上的不利影响。

第四，确立构建准征收制度的路径。基于宪法文本和司法制度的差异，美国和德国准征收制度的形成路径并不相同。美国采用以请求认定"剥夺"为核心的财产权损失补偿体系，德国形成了联邦普通法院与联邦宪法法院并行的损失补偿体系。而中国台湾地区"大法官"释字则创造了"开放式"的财产权损失补偿体系。构建我国准征收制度的路径，既无法引鉴美国将管制征收纳入"剥夺"范畴的经验，也不应在单行立法中规定准征收补偿条款，而应当在《宪法》第13条规定的基础上增加"财产权社会义务"与"应予补偿的财产权限制"规定，构建《宪法》财产权条款的"四元结构"。

第五，明确准征收补偿措施。目前，中国对准征收的补偿措施局限于经济补偿。但从美国、德国和中国台湾地区经验来看，除对准征收的补偿措施在经济补偿外，还应包括消除财产利用妨碍、恢复财产原状、调整财产管制行为、土地发展权转让以及其他符合经济利益互惠标准的补偿措施，等等。同时，准征收经济补偿应采用适当补偿原则。作出经济补偿的标准应当考虑准征收行为对财产权价值的影响程度，受影响财产对财产权人经济地位的影响，准征收发生时的经济与社会环境，政府的财政能力（支付能力）等因素，而不得将被征收人的经济和社会地位列在考量范围之内。

第 一 章

准征收的提出：社会义务与征收之间

第一节 财产权的"三元结构"体系：自由、社会义务与征收

一 从财产权绝对自由到社会义务与征收

"权利不外是法律上受保护的利益，权利不仅从法律内获得生命和力量，它也反过来给予法律生命和力量。"① 近代资产阶级革命后，资产阶级以宪法和法律的形式巩固革命成果，确立了私有财产至高无上的绝对地位。然而宪法秩序的形成，在一定程度上有赖于公民基本权利的合理限制。因此，近代以来财产权的宪法规范，经历了从"神圣不可侵犯"的绝对自由到对财产权需受到必要限制的发展脉络。

（一）财产权及其自由的本质属性

黑格尔曾言："所有权所以合乎理性不在于满足需要，而在于扬

---

① ［德］耶林：《为权利而斗争》，郑永流译，商务印书馆 2016 年版，第 24、29 页。

弃人格的单纯主体性。人唯有在所有权中才是作为理性而存在。"① 自魏玛共和国以来，德国民法中的所有权概念开始被宪法中财产权概念取代。"宪法上所有权的标的被扩充到'任何具有财产价值的私权利'，而不限于'物'。宪法上财产权的标的从'对物的所有权'扩充到了'任何具有财产价值的私权利'。"② 财产权即"权利人对能满足自己需求的客体独立享有某种权能和利益"，③ 指所有权人对财产享有的完全支配性权利。所有权是财产权的核心，是永久地、概括地、全面地直接占有支配物的权利，决定物的全部权利归属。财产权作为公民最重要的财产权利，不仅在宪法中属于基本人权范畴进而受到基础性保护，同时也是受民法保护的核心内容。

自由是财产权的本质属性。"财产权法律赋予公民对世权，划定了被保护自由的边界，鼓励更为有效地使用资源。财产权还赋予公民以更为有价值的方式划分和重新配置财产的工具，以及降低促进向更高价值使用人转让的交易成本。"④ 从财产所有权人的角度来看，保护财产权是为了确保权利人在不受第三人干扰的情况下自由地对其财产进行占有、使用、处分和收益。而从国家的角度来看，保护财产权的根本目的在于实现个人自由、发展人格、维护尊严，从而促进人的全面发展。此外，对财产权的充分保障，能够激发人民创造物质和创新的动力，进而推动社会经济发展，使财产创造更大的社会价值。具体而言，财产权自由具有重大的社会效益。例如，土地以及附着于土地的房屋都是重要的国家资源，由于土地面积的有限性，如何有效、充分地利用好土地，划定土地相关的权利和义务边界，是关乎社会发展的重要因素。而财产权自由原则能够切实保障土地及其附着物权利人的相关权利，使其能够自由、充分地利

---

① [德] 黑格尔：《法哲学原理》，邓安庆译，人民出版社2016年版，第92页。
② 张翔：《财产权的社会义务》，《中国社会科学》2012年第9期。
③ 唐清利、何真：《财产权与宪法的演进》，法律出版社2010年版，第47页。
④ Christopher Serkin, *The Law of Property*, Foundation Press 2nd Edition, 2016, p. 284.

用土地资源。财产权自由不仅保障权利人能够在不受第三人干扰和侵害的情况下自由行使权利，更主要的功能在于保障财产权不受国家的肆意侵犯。只有在不受国家干预的前提下，财产权人才敢于对财产进行规划、投资、利用，使财产资源被更为有效地利用，充分发挥财产潜能。可见，"财产权自由"的意义不仅在于财产权人可以任意使用、处置自己的财产，更意味着法律保障私有财产不受第三人和政府的干扰。私人充分利用财产，不仅能够增加自身利益，总体上还符合公共利益要求。因为财产权人的财产产生收益，同时能够带动就业，增加市场购买力，增加国家税收。因此财产所产生的收益不仅使财产权人本人受益，更使社会整体也因此而受益，进而为社会提供投资生产的动力，提高人民的生活水平，提高国家的整体经济实力。

（二）古典自由主义思想下的财产权绝对自由

近代宪法视财产权为与基本人权，与人身、信仰、自由等属于同一重要程度的保护范畴，赋予了财产权前所未有的重要程度。因此，作为公民基本权利的财产权，成为保障公民基本生活的基础。尤其在资本主义形成和发展初期，私有财产权思想在近代宪法中具有"神圣不可侵犯"的地位。这也是近代以来法律保障财产权的重要思想基础。

关于财产权的保护，"财产权绝对自由"和"神圣不可侵犯"原则在西方近代财产法演变过程中扮演着重要角色。从某种程度来说，财产权决定着生命权和自由权。财产权是生命得以延续的保障，如果人们不能占有、使用和处分通过劳动获得的财产，那么生命就失去了支撑它延续的条件。财产权同样是自由权保障。在财产权得不到法律保护的状态下，自由将成为空谈。洛克提出："对于劳动有所增益的东西，除他以外就没有人能够享有权利……谁服从了上帝的命令对土地的任何部分加以开拓、耕耘和播种，他就在上面增加了原来属于他所有的某种东西，这种所有物是旁人无权要求的，如果加以夺取，就不能不造成损害。"① 由此，"财产权人即享有这样一种权利：即未经他们本人的同意，任何人无权从他们那里夺去他们的财产或其中的任何一部分，否则他们就并不享有财产权了"。② "私有财产神圣不可侵犯"即对这一思想进行的法律语言的表达。"政府未经财产权人同意，就不能取走财产的任何部分，否则人民就处在非自由人的状态，而是在战争暴力下的奴隶。"③ 因此，财产权是生命权和自由权的延伸，也是生命权和自由权的保障。英国学者布莱克斯通同样主张，"法律应严密保护财产权，哪怕是不允许对私有财产权最轻微的侵犯以及出于增进整个社会的共同利益的侵犯"。④ 洛克和布莱克斯通的财产权绝对保护主义理论深刻影响了其他国家宪法的发展。

1215 年英国《大宪章》（Great Charter）最先以国家根本法的形式对财产权作出规定："任何自由人，如未经依法裁判皆不得被逮捕、监禁或没收财产。"作为资产阶级革命重要成果的法国 1789 年《人权宣言》明确了"财产是神圣不可侵犯的权利"，成为财产权绝对观念最为著名的口号。同时，对私有财产的保护被各国宪法所确认。"私有财产权与生命权、自由权同属三大基本权利。由此，作为公民提供基本权利保障的宪法理所当然地要对公民包括财产权在内的基本权利和自由作出原则性的规定。因此，对公民财产权的保护，首先是在宪法中予以规定的。"⑤ 19 世纪中叶以来，私有财产受到法律保护普遍被世界各国资产阶级革命后的宪法所确认，"财产权

---

① ［英］洛克：《政府论》（下篇），叶启芳、瞿菊农译，商务印书馆 2011 年版，第 18、21 页。
② ［英］洛克：《政府论》（下篇），叶启芳、瞿菊农译，商务印书馆 2011 年版，第 87 页。
③ ［英］洛克：《政府论》（下篇），叶启芳、瞿菊农译，商务印书馆 2011 年版，第 122 页。
④ William Blackstone, *Commentaries on the Law of England*: Book 1, Lawbook Exchange Edition, 2011, p. 127.
⑤ 王利明：《进一步强化对于私有财产的保护》，《法学家》2004 年第 1 期。

的保障逐渐成为近代以来各国宪法不可或缺的核心内容，在事实上构成了近代宪法、近代自由国家赖以确立的支点"①。这些宪法规定不仅宣告了私有财产权神圣不可侵犯，更对公权力的行使施以明确限制，以确保私有财产权的稳定性。美国宪法学者凯斯·R. 孙斯坦提出："此类一般性条款的规定无论从经济角度还是从民主的角度来看，都是绝不可缺少的。如果没有这样的规定，事实上和法律上都不可能存在一个充分运作的私有财产权制度。"② 孙斯坦还论证了私有财产权受宪法保护的民主理由："对私人财产的宪法保护权非常合理：如果私人财产要由政府来调整，那么他们就不能享有公民权利地位所要求的那种安全感和独立性。私有财产权利不应该看成对富人的保护，它也有助于保障商议民主本身。"③

"对公民财产权的保护，首先是在宪法予以规定，然后通过物权法、财产权法等法律制度制定保护公民财产权的具体规定。"④ 因此，对财产权提供的至高法律保障的宪法之外，私法同样反映出近代资产阶级的意志。各国也通过私法对私有财产进行全面保护，将对私有财产权的保护推向极致。法国民法典第544条规定："所有权是对于物有绝对无限制地使用、收益及处分的权利。"美国财产权在20世纪初期就像契约权一样发展到了它的顶峰。财产法以古典自由主义理论为基础，将无所不包的财产权视为自由社会的一个基本方面，完全通过财产权人的意思确认和处分财产。财产权人获得、使用和处分财产的自由受到了有史以来最大程度的保障。⑤ 在著名的"恶意的围墙"案中，土地权利人为了故意遮挡邻居的光线，而不是

---

① 周毅：《宪政中的公民财产权保障》，《甘肃政法学院学报》2005年第6期。
② Cass R. Sunstein, "On Property and Constitutionalism", *Cardozo L. Rev.* Vol. 14, 1992, pp. 907, 923.
③ ［美］凯斯·R. 孙斯坦：《设计民主：论宪法的作用》，金朝武、刘会春译，法律出版社2006年版，第258页。
④ 王利明：《进一步强化对于私有财产的保护》，《法学家》2004年第1期。
⑤ See Bernard Schwartz, *The Law in America: A History*, McGraw-Hill Book Company, 1974, p. 126.

为了增进自己土地的利益，在自己的土地上修建了很高的围墙。大法官霍姆斯曾言：土地权利人有权在自己的土地上建造围墙，无论建造多高，只要他自己愿意即可，尽管土地权利人建造的围墙可能会挡住邻居的阳光和空气。① 可见，私有财产权是一项可以被"滥用"的绝对权利，并成为整个19世纪支配美国财产法的基本理念和制度。财产权人在行使其权利时完全可以置他人利益和社会利益于不顾，而唯自己的"自由意志"是从。在美国财产法的历史上，这种基于古典自由主义思想的财产权绝对观念到20世纪上半叶都还牢不可破。"美国法院到了20世纪60年代初期，仍然认为财产不只是所有权人所掌控的物理性客体，还包括行使获取、占有、使用、处分等权利不受到他人的掌控和干扰。"② 对于财产权的保护，除上述宪法与私法发挥了主要功能以外，各国行政法、刑法、经济法等法律也从不同目的和视角对财产权给予了重要保障。

（三）从财产权绝对自由到财产权的社会义务

自由是有边界的。事实上，并不存在不受任何限制的绝对权利。宪法秩序的形成在一定程度上有赖于公民基本权利的合理限制。尽管财产权绝对自由得到了近代以来资产阶级各国宪法和私法的确认，各国宪法对财产权保护的态度并非一成不变地将其置于"神圣不可侵犯"的地位。随着时代变迁，财产权绝对自由也引发了社会的忧虑。这种忧虑主要源于公共利益无论出于多么迫切的程度，也难以从私有财产权中获得一点妥协。"财产权的无条件的不可剥夺性只是一句豪言壮语，在革命的狂热和宪法的曙光中，人们很容易在屋顶上为它呐喊，但是事后冷静下来，真要实践它却几乎是不可能的。"③ "如果说

---

① Bernard Schwartz, *The Law in America: A History*, McGraw-Hill Book Company, 1974, p. 127.

② Bernard Schwartz, *The Law in America: A History*, McGraw-Hill Book Company, 1974, p. 192.

③ [美] 路易斯·亨金、阿尔伯特·J. 罗森塔尔编：《宪政与权利：美国宪法的域外影响》，郑戈等译，生活·读书·新知三联书店1996年版，第156页。

在 19 世纪末是最大限度地放任获取和使用财产，那么，随着新世纪的到来，它的范围开始逐渐缩小了。"① 随着 20 世纪 30 年代世界经济危机的爆发，西方国家开始注重公共利益。"社会利益开始代替个人自由成为法律的支配性原则，财产权的绝对性理念遭受摒弃，而代之以财产权的限制和财产责任的强化。"② 这一变化主要源于三个方面。

第一，公共利益与财产权绝对的再平衡。虽然资产阶级革命以来，私有财产神圣不可侵犯成为财产制度的一项核心原则。但是，当公共利益因难以打破财产权绝对禁锢所积累的矛盾达到一定程度时，财产权绝对观念就开始受到挑战并迅速瓦解。"共同利益不同于个人利益的总和，共同利益超越了构成国家的当代人的利益，它还涵盖了尚未出生的后代人的利益。因此，共同利益经常要求个人履行一些义务，履行这些义务的结果既不有利于该人也并不必然有利于同时代人。"③ 从美国法的角度来看，法律越来越倾向于对财产权作必要的限制，制止所有权人以"反社会"的方式使用其财产。财产权的使用方式开始由法律予以规定。"浪费使用财产权的问题也越来越多地受到适当利用土地和保护自然资源法律的限制。同样，在城市范围内，财产权人对财产权随心所欲的使用方式也受到严格限制。对财产权的合理使用原则通过区划和城乡规划立法以及对广告牌的管制得以完善。"④ 因此，于此时期以后，美国法上财产所有权人对土地的使用都开始受到限制，这种限制主要源于工业化和人口的压力。财产权绝对和专断的支配权利日益服从于公共利益的调整

---

① Bernard Schwartz, *The Law in America: A History*, McGraw-Hill Book Company, 1974, p. 192.
② 龙文懋：《西方财产权哲学的演进》，《哲学动态》2004 年第 7 期。
③ ［德］耶利内克：《主观公法权利体系》，曾韬、赵天书译，中国政法大学出版社 2012 年版，第 63 页。
④ Bernard Schwartz, *The Law in America: A History*, McGraw-Hill Book Company, 1974, p. 193.

规则。"在不久以前，财产还意味着权力，但整个20世纪财产法律的发展轨迹却离财产权越来越远，财产在某种程度上已经成为一种法律上的责任。"① 随着时代发展，财产权的内容不再完全取决于权利人的意愿，而是越来越多地开始依赖国家制定的法律。"共同利益其实是从个人利益的纷争中抽离出来的总体利益，它甚至会作为异质的利益与个人利益相对立。"② 权利不外是法律上受保护的利益，③而法律是公共意志形成的规则。作为法律保护的利益，财产权本身就具有个人权利和公共利益的双重面相。法律对财产权的确认既是对财产权个人权利的确认，也是对财产权公共利益的确认。不能与公共利益并生共存的个人权利不可能得到法律的确认，因而不能成为一项权利。换言之，个人财产正是因为同社会利益相一致，所以才应该受到法律保护。因此，"作为一项法律保护的权利，财产权本身即是个人利益与公共利益的对立统一，维护并增进公共利益的义务是财产权固有的本质内涵"④。

第二，财产权社会关联属性愈发凸显。在农耕社会，耕地、房屋、货币等财产都与个人的生存息息相关，个人的生活、生产和发展完全依赖其所有权。如果失去了对财产的所有权，那么个人的生存就失去了物质基础。因此，资产阶级革命以来的近代各国宪法和私法都赋予财产权绝对的自由。然而，进入工业社会以来，资本主义的发展使得越来越多的劳动者放弃对耕地、房屋等固有财产的依赖，转而通过雇用劳动和社会的保障措施维持生活，获得发展的机会。正如拉伦茨指出："个人在经济上的保障，更多地靠的是某个集

---

① Bernard Schwartz, *The Law in America: A History*, McGraw-Hill Book Company, 1974, p. 285.

② [德] 耶利内克：《主观公法权利体系》，曾韬、赵天书译，中国政法大学出版社2012年版，第63页。

③ 参见 [德] 耶林《为权利而斗争》，郑永流译，商务印书馆2016年版，第24页。

④ 房绍坤、王洪平：《公益征收法研究》，中国人民大学出版社2011年版，第28页。

体、国家或社会保险公司所提供的给付。"① 这一财产权社会基础的变迁，就使得工人阶级的生活和发展在很大程度上需要依赖资产阶级。而多数工业国家将从资产阶级向工人阶级进行资源再分配作为基本国策。因此，实现这一目标就必然会对资产阶级的财产权进行适当限制。例如，企业的生产经营活动需要必须考虑到工人的利益，工厂对废气、废渣、废水的排放需要符合一定的标准，房屋的建造需要符合区域整体规划，等等。随着财产权这一社会基础的变迁，财产权不再是私人主体至高无上的绝对权利。制宪者也开始反思财产权的社会伦理问题，关注财产权的社会属性。虽然保护私有财产，维护私有财产占有、使用和收益的完整权利属性仍是现代财产权制度的核心内涵。但财产权的实现也应符合社会公平正义的基本理念，这也意味着财产权的行使存在自由的边界，这个界限就在其所承担的社会义务。狄骥就曾指出："《人权宣言》和（法国）民法典的作者们所构想的所有权的概念显然已经不再适合于目前的权利状况。毋庸置疑，今天的所有权已不再是民法定义为'以最绝对的方式支配事物的权利'的个人主体权利，不再是绝对的权利、个人自律的特殊表现……今天，所有权已趋向于成为动产及不动产持有者的社会职能，而非个人权利。"② 20 世纪以后的德国，最先提倡所有权社会化思想的第一人是著名民法学者耶林，他提出："所有权不独应为个人的利益，也应为社会的利益。"③ 国内有学者将这一重要社会变化称为"基于私人所有权的个人生存到基于社会关联性的个人生存这一财产权功能的社会基础变迁"④。实际上，在这一时代背景下，

---

① ［德］卡尔·拉伦茨：《德国民法通论》（上册），王晓晔等译，法律出版社 2013 年版，第 70 页。

② ［法］莱昂·狄骥：《宪法学教程》，王文利等译，辽海出版社、春风文艺出版社 1999 年版，第 239 页。

③ 梁慧星主编：《中国物权法研究》（上），法律出版社 1998 年版，第 249—250 页。

④ 张翔：《财产权的社会义务》，《中国社会科学》2012 年第 9 期。

"要找干涉财产权的功利主义理由并不是很难，就像功利主义同时也肯定这些权利是正当的一样。必须限制财产权，是因为市场失灵会阻碍社会福利目标的实现"①。从经济学的角度来看，财产权社会关联属性愈发凸显，意味着财产权具有较强的负外部性，即财产权人对权利的行使容易使他人合法利益受到损害，增加社会的整体成本。因此，从克服财产权负外部性的角度来看，也需要对财产权予以必要的限制。

第三，美国法中国家警察权的发展。警察权（police power）是美国法上的一个概念，"是指联邦及各州可以拥有警察权力来管理人民，而且连带地也可以将人民的自由权等基本权利予以限制及剥夺"②。美国学者爱泼斯坦（Richard Epstein）认为，"警察权是主权国家与生俱来的为了维持秩序的一种权力。如果否认政府这一能力，那么对宪法的理解就是不客观的。警察权并没有给代议制政府理论造成任何威胁。如果个人可以正当地使用暴力来对他们的邻居进行正当防卫，那么，国家为了它的利益也可以这么做。这一基本理论要求，警察权应当被理解为宪法的固有内容，无论对于不成文条款的必要含义的解释需要多么严格的标准"③。但何为警察权，在美国判例法与学说上却无一个明确统一的定义。④《布莱克法律词典》对"police power"通过三个层次进行了解释："第一，警察权是国家为了维护公共安全、秩序、健康、美德、正义而行使的正当、固有和绝对的权力，它是政府的一种基本权力；第二，警察权是根据美国宪法第十修正案所享有的，在遵循正当程序和其他限制的前提下而

---

① ［美］路易斯·亨金、阿尔伯特·J.罗森塔尔编：《宪政与权利：美国宪法的域外影响》，郑戈等译，生活·读书·新知三联书店1996年版，第155页。

② 陈新民：《德国公法学基础理论》（增订新版·上），法律出版社2010年版，第486页。

③ Richard A. Epstein, *Takings: Private Property and the Power of Eminent Domain*, Harvard University Press, 1985, pp. 107–108.

④ Berman v. Parker, 384 U.S. 26, 32 (1954).

执行法律的权力;第三,警察权在今天更多是指政府干涉私有财产权行使的权力,例如征收。"① 也有词典将"police power"解释为:"警察权对私人权利的限制,通常与促进和维持公共健康、安全、美德和一般福利相关。警察权必须被限定于对增进公共福祉或防止公共损害而言是必要的。警察权的行使不必被严格限定于与公共健康、美德和安宁相关的事项上。只要当公共利益需要时,政府即可对公民权利进行干涉。"② 干涉既包括对财产权的限制,也包括对财产权施加义务,等等。值得注意的是,警察权的正当行使必须满足"目的公益性"和"手段合理性"两个要求;否则,政府对财产权的干涉行为即构成违宪。综上,为了建立一个事实上能够维持和平和良好秩序的组织,有必要赋予政府去管制言论、契约、财产的权力,这一权力即为"警察权"。因此,"警察权概念与洛克的政府理论是完全一致的。它们都要求,人们之所以脱离自然状态,其唯一目的就是获得和平和安全,并且免于邻居可能带来的侵犯"③。警察权也因此获得了宪法上的正当性基础。

德国在制定民法典时,就已有学者建议为财产权规定社会道德的边界。因此,《德国民法典》意义上的所有权从来就不是"毫无限制的"权利。根据《德国民法典》第903条规定:"所有权人只有在不违反法律和第三人利益的范围内才可以随意处分其物。"④ 该条不再像法国民法典一样,赋予财产权毫无限制的自由权利,而是将"不违反法律的规定或者妨碍第三人的权利"作为财产权绝对的例外。任何自由都不是绝对的,伦理、道德等根植于社会价值最深

---

① Bryan A. Garner, *Black's Law Dictionary*, Thomson Reuters 10th edition, 2014, p. 1345.

② Steven H. Gifis, *Law Dictionary*, Barron's Educational Series, Inc, 1975, p. 154.

③ Richard A. Epstein, *Takings: Private property and the Power of Eminent Domain*, Harvard University Press, 1985, p. 108.

④ [德]卡尔·拉伦茨:《德国民法通论》(上册),王晓晔等译,法律出版社2013年版,第53页。

层的观念无时无刻不影响着一切权利的边界。康德把真正的自由建立在道德的基础上，指出，"自由固然是道德律的存在理由，道德律却是自由的认识理由"①。财产权的自由边界同样被宪法所确认。德国1919年《魏玛宪法》规定："所有权为义务，其使用应同时为公共福利之义务。"该条款明确赋予了财产权社会义务，这是近代以来各国宪法关于财产权绝对观念的一个根本性转变。这一条款也被德国1949年《基本法》延用。德国《基本法》第14条第2款明确财产权应履行义务，而且财产权的行使应有利于社会公共利益。用德国联邦宪法法院的话来说，该规定表明法律已经"抛弃了那种个人利益无论如何都应高于集体利益"的财产权制度。② 就所有权而言，"今天所有权的内容比以前狭窄多了，"③ 因此，衡量所有权的真正内容，应以上述法律规定为基点，"它的法律构成由公法规定的，并不少于由私法规定的。今天，根据不同的客体以及这些客体所承担的最广泛意义上的'社会功能'，所有权的内容和权利人享有权限的范围也是各不相同的"④。德国《基本法》对财产权社会义务的规定也深刻影响了大陆法系各国宪法，使诸多国家效仿德国对财产权赋予社会义务。例如，日本于1946年制定的《昭和宪法》第29条第2款规定："财产权的内容应适合于公共福利，由法律规定之。"这意味着"当国家出于公共利益对公民的财产权进行限制时，如果该制约属于财产权人基于公共利益所应承担的义务范畴，公民对该侵权

---

① 邓晓芒：《康德自由概念的三个层次》，《复旦学报》（社会科学版）2004年第2期。
② 参见《联邦宪法法院裁判集》第21卷，第73、83页。转引自［德］卡尔·拉伦茨《德国民法通论》（上册），王晓晔等译，法律出版社2013年版，第85—86页。
③ ［德］卡尔·拉伦茨：《德国民法通论》（上册），王晓晔等译，法律出版社2013年版，第87页。
④ ［德］卡尔·拉伦茨：《德国民法通论》（上册），王晓晔等译，法律出版社2013年版，第87页。

行为就具有忍受义务"①。财产权时常在未经补偿的情况下受到削弱,并不意味着宪法不保护财产权,受到限制的财产所有者是"次等公民",而意味着受到牺牲的财产权人和其他人一样,有义务遵守由全体人民制定以及为了全体人民制定的法律。同时,这还意味着财产权人必须尊重他人的权利。而只有在法律强加给财产权人的负担不能被自由和民主社会的规范和价值观所接受时,才应给予财产权人公正的补偿。②"财产和经济活动的自由,作为法律上能够积极限制的,已从不可侵犯性为特色的人权地位上跌落下来。近代立宪主义型宪法规定经济自由权作为人权中的人权,是'神圣不可侵犯的权利',现代宪法的姿态已经发生了很大变化。"③ 可以认为,规定财产权负有社会义务,是《魏玛宪法》被视为近代宪法转向现代宪法的界碑的重要原因。

（四）财产权社会义务的表现

德国《民法》第 903 条规定:"所有权人可以依其所好地使用其财产标的。"但德国《基本法》第 14 条第 2 款明确规定:"财产应履行义务。财产权的行使应有利于社会公共利益。"德国《基本法》此款规定的功能在于:"财产权必须对社会福祉负责,财产权人的权限行使,也不可以逾越侵犯财产社会义务的界限。"④ 然而财产权究竟负有何种义务,各国宪法均未直接规定,而是交由立法者通过制定法律规定。如德国《基本法》第 14 条第 1 款规定:"保障财产权和继承权。有关内容和权利限制由法律予以规定。"虽然宪法将填补

---

① ［日］西野章：《财产权限制与损失补偿的要否》,《法政理论》第 33 卷第 1 号（2000 年）,第 2—3 页。转引自杜仪方《财产权限制的行政补偿判断标准》,《法学家》2016 年第 2 期。

② Joseph William Singer, "Justifying Regulatory Takings", *Ohio N. U. L. Rev.* Vol. 41, 2015, p. 601.

③ ［日］杉原泰雄：《宪法的历史——比较宪法学新论》,吕昶、渠涛译,社会科学文献出版社 2000 年版,第 116 页。

④ 陈新民：《德国公法学基础理论》（增订新版·上）,法律出版社 2010 年版,第 463 页。

财产权社会义务具体内涵的权力交由立法者，但并非立法者可以毫无约束地通过制定法律来为公民的财产权施加社会义务。因此，"立法者在制定有关人民财产权政策的法律时，也就必须仔细斟酌财产权对社会义务的关联性及功能性，而不可过度地要求及决定该财产标的及种类负有'社会义务性'"①。例如，1920年，德国通过制定《雇员参与决策法》，实际上将企业股东的权利部分分享给了企业雇员。根据该法第7条规定，监事会成员要求股东代表和工人代表的比例为各百分之五十。而按照德国的公司制度，公司的决策权实际被监事会掌握。这一规定引起了企业股东的强烈不满，他们认为这一规定违反了《基本法》第14条财产权的相关规定，因而提起宪法诉愿。然而，德国联邦宪法法院认为该法虽然限制了企业股东对财产权的绝对支配权，但这种限制仍然在宪法所允许的财产权的社会义务范围之内。② 再如，德国立法者通过土地交易法、环境保护法以及有关资源保护和农业方面的法律，对土地所有权人的财产权进行了各种各样的限制。

19世纪以来，随着国家任务和行政权力范围的扩张，美国开始大量使用警察权来实现行政目标、维护公共利益。这一事实可以通过诸多联邦最高法院的案例得以确认。早在19世纪，联邦最高法院认为国会和各州对管理娼妓、③ 酒精、④ 垃圾处理、⑤ 消防⑥等方面的诸多立法管制，都属于行使警察权的范畴，并未侵害财产权人的权利。20世纪以来，联邦最高法院同样认为国会在战争期间为管制

---

① 陈新民：《德国公法学基础理论》（增订新版·上），法律出版社2010年版，第464页。
② 参见张翔《财产权的社会义务》，《中国社会科学》2012年第9期。
③ L'Hote v. City of New Orleans, 177 U. S. 587（1900）.
④ Mugler v. Kansas, 123 U. S. 623（1887）.
⑤ Gardner v. Michigan, 199 U. S. 325（1905）.
⑥ Munn v. Illinois, 94 U. S. 113, 146（1876）.

战时经济及节约物资所制定的封闭私人金矿矿场、不得开采之禁令①等方面的立法，以及摧毁民房、油槽而避免资敌等战争行为②，也都属于行使警察权的范围。更为典型的是1928年联邦最高法院作出判决的 Miller v. Schoene 一案。该案中，Virginia 州公布法律，要求在苹果园周围一定距离内的红杉树木一律砍除。原因是这种红杉树木有感染"铁锈"病的可能，极易传染给附近的苹果树。而苹果种植是 Virginia 州的主流农业，且该州很大部分比例的公民在种植苹果树。因此，为了防止红杉树木感染"铁锈"病并传染给附近的苹果树，Virginia 州公布法律，砍除所有苹果园周围一定距离内的红杉树。联邦最高法院认为，Virginia 州为了维护种植苹果的经济价值和州公民的就业等更高利益，而牺牲了种植红杉树木这一较小的利益，是行使正当警察权的表现。③

（五）财产权公益征收的确立

基于对财产权限制的必要，各国以宪法为核心的主要公法制度均确立了限制财产权的相关制度。其中，对财产进行公益征收是最为典型的财产权限制制度，并且得到各国宪法的普遍确认。

德国的征收制度诞生于18世纪。1794年的《普鲁士一般邦法》首次以法律形式对这一观念予以规定："在两者出现冲突（矛盾）时，个人的权利和国家成员的利益服从于促进社会福祉的权利义务。"该法还规定："对其权利和特权为共同体福祉而做必要牺牲的人，国家给予补偿。"此后德国各邦国也陆续制定了各自的征收法典。这一时期的征收理论被称为传统征收理论。"传统征收是指将财产权转让给服务于公共福祉的企业，但予以全面补偿。传统征收的实质要素是：（1）作为征收客体的地产；（2）作为法律过程，将财

---

① United States v. Central Eureka Mining Co. 357 U.S. 155 (1958), 2L. Ed 1228, 1236, 1237, 78 S. Ct. 1096.

② United States v. Caltex, 344 U.S. 149 (1952).

③ Miller v. Schoene, 276 U.S. 272 (1928).

产交付新的法律主体；（3）作为法律形式的行政行为；（4）作为征收目的，服务于公共福祉企业的现实需要。"① 第一次世界大战后，1919 年的德国《魏玛宪法》第 153 条规定了财产权条款，其中第 2 款规定："财产征收，惟有因公共福祉，根据法律，方可准许之。除联邦法律有特别规定外，征收必须给予适当的补偿。有关征收的争讼，由普通法院管辖之。"这一规定被称为扩张的征收概念。与传统征收理论相比，扩张征收具有以下几方面特征。② 第一，征收标的扩充。魏玛共和国初期，帝国法院表示任何对于《魏玛宪法》第 153 条所保障的财产权利的侵害都应视为征收之侵害。这个判决使征收标的不再以所有权和他物权为限，包括代债权、结社权、著作权等在内的任何具有财产价值的权利，皆可被列入征收范围。第二，征收方式从行政征收扩张至法律征收。以往的征收直接通过行政行为进行。而扩张征收的一个特点就是征收的内容可以通过法律规定。某一法律的实施可能直接导致财产的损失。第三，征收不再以剥夺所有权的情形为限。现在的征收还包括对财产权的限制。第四，征收目的的变化。征收目的从特定的事业发展到一般公共利益。第五，征收的补偿只需"适当"，必要时，可由联邦法律排除补偿。虽然《魏玛宪法》规定补偿只须适当即可，而不须"全额"。然而，在帝国法院的审判实务，却将所谓的"适当"补偿解释为以往的全额补偿，也就是市价补偿。此外，虽然《魏玛宪法》授权联邦立法者可以制定法律，免除征收之补偿。但实际上，在整个魏玛共和国时代，德国并没有制定任何一部类似的联邦法律将国家的补偿义务予以排除。

由传统征收向扩张征收的演变，与工业化发展及相应政治、社

---

① ［德］哈特穆特·毛雷尔：《行政法学总论》，高家伟译，法律出版社 2000 年版，第 664 页。

② 参见陈新民《德国公法学基础理论》（增订新版·上），法律出版社 2010 年版，第 469—472 页；［德］哈特穆特·毛雷尔《行政法学总论》，高家伟译，法律出版社 2000 年版，第 665 页。

会和经济领域的变化密切相关。"一方面,个人财产权从不动产扩展到其他财产,其中特别是参与工业事业的股权或者工资债权和薪水债权。另一方面,国家对公民财产权的干预愈加强烈。因此,财产概念和征收概念向危险领域相应扩大是符合逻辑的必然。"[①] 1949 年德国《基本法》沿袭了《魏玛宪法》第 153 条规定的财产权扩张征收条款,并对征收条款作了类似规定:"只有符合社会公共利益时,方可准许征收财产。对财产的征收只能通过和根据有关财产补偿形式和程度的法律进行。确定财产补偿时,应适当考虑社会公共利益和相关人员的利益。对于补偿额有争议的,可向普通法院提起诉讼。"

财产权征收条款普遍被各国宪法规定。如日本《昭和宪法》第 29 条第 3 款规定:"私有财产在正当的补偿下得收归公用。"韩国《宪法》第 23 条第 3 款规定:"根据公共需要的财产权征用、使用或限制及补偿以法律来规定,应支付适当的补偿。"通过各国宪法对财产权征收条款的规定可以看出,征收是指国家为了公共利益需要,在对财产权人给予补偿的前提下,将公民财产权收归国有的行为。

从我国《宪法》的发展脉络来看,新中国成立以来的四部《宪法》均对公益征收进行了规定。1954 年《宪法》第 13 条规定:"国家为了公共利益的需要,可以依照法律规定的条件,对城乡土地和其他生产资料实行征购、征用或者收归国有。"该条款第一次将征收作为宪法条款规定下来。1975 年《宪法》第 6 条第 3 款也作出了类似规定:"国家可以依照法律规定的条件,对城乡土地和其他生产资料实行征购、征用或者收归国有。"而 1978 年《宪法》第 6 条第 3 款规定:"国家可以依照法律规定的条件,对土地实行征购、征用或者收归国有。"公益征收的对象被限缩在土地上,排除了对"其他生产资料"的公益征收。1882 年,第五届全国人大第五次会议上正式

---

① [德]哈特穆特·毛雷尔:《行政法学总论》,高家伟译,法律出版社 2000 年版,第 666 页。

通过了新中国第四部《宪法》，但该《宪法》并未对财产权的公益征收作出规定，仅规定"国家为了公共利益的需要，可以依照法律规定对土地实行征用"。在 2004 年第十届全国人民代表大会第二次会议通过的《宪法修正案》，才将财产权公益征收重新规定在财产权宪法保障的条款中，明确"国家为了公共利益的需要，可以依照法律规定对公民的私有财产实行征收或者征用并给予补偿"。

除了《宪法》规定财产权公益征收条款，诸多单行法律、法规也规定了财产权公益征收的相关制度。例如，《土地管理法》第 2 条第 4 款规定："国家为了公共利益的需要，可以依法对土地实行征收或者征用并给予补偿。"《城市房地产管理法》第 6 条规定："为了公共利益的需要，国家可以征收国有土地上单位和个人的房屋，并依法给予拆迁补偿，维护被征收人的合法权益；征收个人住宅的，还应当保障被征收人的居住条件。具体办法由国务院规定。"《江苏省开发区条例》第 12 条规定："开发区因开发建设需要征收、征用土地的，开发区管理机构应当配合开发区所在地国土资源、房屋征收等部门依法组织实施。"上述法律、法规均对财产权公益征收作出了具体规定。

二 财产权"三元结构"体系形成

新中国成立以来，《宪法》对保护私有财产的规定同样经历了一个跌宕起伏的发展历程。1954 年，新中国制定的第一部《宪法》规定："国家依照法律保护公民的私有财产的继承权。"这部《宪法》对财产权的保护十分有限，将国家对财产权的保护范围限定在财产继承领域。甚至从某种程度上来讲，1954 年《宪法》仅对公民继承权而非财产权予以肯定。而 1975 年和 1978 年《宪法》对财产权的保护只字未提，甚至连"国家依照法律保护公民的私有财产的继承权"的内容也已被删除。这两部《宪法》对财产权保护内容的变化与"文化大革命"时期的社会背景不无关系。1982 年由第五届全国人大第五次会议正式通过的《宪法》第一次就保护公民私有财产作出规定,第13条明确:"国家保护公民的合法的收入、储蓄、房屋和其他合法财产的所有权。国家依照法律规定保护公民的私有财产的继承权。"这一规定虽然对《宪法》保障公民财产权具有划时代性质的重要意义,但其局限在于将"财产权"的概念限定在"所有权"上,使得《宪法》对财产权保护的外延远远窄于私法对财产权保护的外延。直到2004年《宪法修正案》才对私有财产的宪法保护予以完善。此次《宪法修正案》规定:"公民的合法的私有财产不受侵犯。国家依照法律规定保护公民的私有财产权和继承权。国家为了公共利益的需要,可以依照法律规定对公民的私有财产实行征收或者征用并给予补偿。"这一条款确立了合法私有财产不受侵犯的基本原则,明确了我国《宪法》财产权条款的"二元结构",如图1-1所示。

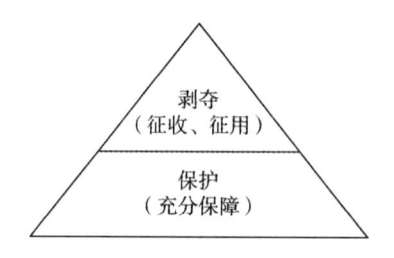

图1-1 我国宪法财产权条款的"二元结构"模式

所谓《宪法》财产权条款的"二元结构",主要是指《宪法》对财产权条款表达内容的结构形式。各国宪法在财产权条款的文本设计上存在较大差别。"这种结构性差异反映了更深层次的财产权宪法保障在观念和制度上的不同。"[①] 与德国《基本法》第14条对财产权条款作出的"三元结构"规定不同的是,我国《宪法》对财产权的规定采用了"二元结构"。德国《基本法》第14条对财产权的

---

① 房绍坤、王洪平:《公益征收法研究》,中国人民大学出版社2011年版,第22页。

规定共分为三款。第 1 款规定:"保障财产权和继承权。有关内容和权利限制由法律予以规定。"第 2 款规定:"财产应履行义务。财产权的行使应有利于社会公共利益。"第 3 款规定:"只有符合社会公共利益时,方可准许征收财产。对财产的征收只能通过和根据有关财产补偿形式和程度的法律进行。确定财产补偿时,应适当考虑社会公共利益和相关人员的利益。对于补偿额有争议的,可向普通法院提起诉讼。"《基本法》第 14 条的规定即构成了对财产权的"三元结构"规定,其包括三重内涵:第 1 款前半句规定了对财产权的保障;第 1 款后半句和第 2 款规定了财产权的社会义务;第 3 款规定了财产权的剥夺。而我国现行《宪法》第 13 条虽然包含了三款内容,但从内容实质来看却只含有两层意思:第 1 款和第 2 款分别从反面和正面规定了合法的私有财产受到法律保护;第 3 款规定了私有财产可以被依法剥夺。韩国《宪法》对财产权条款的规定与德国《基本法》十分相似,三款分别规定:"①所有国民的财产权得到保障。其内容及限度以法律来规定。②财产权的行使要适合公共福利。③根据公共需要的财产权征用、使用或限制及补偿以法律来规定,应支付适当的补偿。"此外,还有诸多国家宪法的财产权条款均采用"三原结构"模式。例如日本《昭和宪法》第 29 条规定:"①不得侵犯财产权。②财产权的内容应适合于公共福利,由法律规定之。③私有财产在正当的补偿下得收归公用。""三元结构"的财产权条款如图 1-2 所示。

  从德国《基本法》与我国《宪法》对财产权规定的对比来看,宪法财产权条款的"三元结构"比"二元结构"多出的"一元"是对产权的限制,即财产权社会义务。财产权的社会义务主要表现为限制权利和施加义务两个方面。首先,国家在保障财产权的同时,财产权人行使财产相关权利需要有利于公共利益的实现。换言之,权利人对财产权的行使并非绝对自由,需要在有利于社会公共利益的前提下行使权利。其次,财产权负有社会义务意味着国家可以通过某种形式让财产权人承担与财产权相关的特定义务,例如《白山

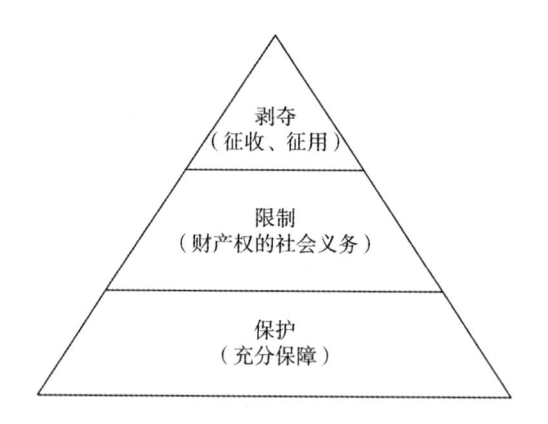

图 1-2　德国、韩国、日本宪法财产权条款的"三元结构"模式

市城市环境卫生责任区管理条例》规定："有条件的机关、企业、事业单位，应当向社会公众开放卫生间。"该《条例》要求企业的卫生间对公众免费开放即为对企业财产权施加的社会义务。

我国《宪法》财产权条款所展现出的是一种全有或全无的"二元结构"，即对财产权要么是保障，要么是剥夺，而未对"中间夹层"财产权的限制"地带"予以规定，这与财产权的规范实际并不相符。较"二元结构"而言，财产权条款的"三元结构"更为周延地概括财产权的地位情况，既有利于私有财产的保障，实现私益保护，又有利于私有财产权的合理管制，实现公益保护，"从而在私益与公益之间实现良性平衡，并对确定私有财产权的保障、限制与剥夺间的合理尺度和界限有所帮助"[①]。可见，我国《宪法》采用了财产权"二元结构"模式。由于缺少财产权保障与财产权剥夺之间的"财产权限制"地带，因此我国《宪法》实际上并未将"财产权的社会义务"予以制度化。这一结构性缺失并非说明财产权在我国不会受到剥夺以外的限制，而恰恰反映出该条款与我国的诸多立法与

[①] 房绍坤、王洪平：《公益征收法研究》，中国人民大学出版社 2011 年版，第 24 页。

实践情况不符，使实践中广泛存在的财产权应承担社会义务的情形失去了合宪性基础。虽然《宪法》第51条规定"中华人民共和国公民在行使自由和权利的时候，不得损害国家的、社会的、集体的利益和其他公民的合法的自由和权利"。但该条款仅确立了我国《宪法》上的"权利不得滥用"原则，虽然亦对财产权的行使构成一定的限制，但该种限制与财产权社会化意义上的"限制"系属不同的概念范畴。正如戴维德·库瑞（David Currie）所言："德国宪法上财产权社会化条款所正当化的财产权限制，远较不得对他人造成积极侵害的规则来得更广。"① 再次表明，我国《宪法》财产权条款存在不符合实践情况和无法充分保障私有财产的问题，难以在增进"社会利益"和保障"个人利益"二者间实现有机统一和协调均衡。

第二节　财产权"三元结构"的异化

在财产权"三元结构"中，征收是对财产权侵害最严重的情形，因此各国法律对征收都规定了严格的实体条件、程序条件和相关补偿制度。但20世纪以来，随着行政权力的扩张，公民所有权时常以征收、征用之外的情形受到侵害和限制，而这些限制远远突破了财产权社会义务的范畴。宪法中的财产权"三元结构"出现了异化情形。

一　征收的严苛条件不能适应行政权力扩张的需要

虽然财产权并非绝对自由，而应受到一定限制的观念已经成为现代财产权制度的基本共识，并且在各国宪法和法律中都有相应体现。其中，最为典型的就是公益征收制度。然而，征收是直接剥夺

---

① Gregory S. Alexander, The Global Debate over Constitutional Property: Lessons for American Takings Jurisprudence 132 (The University of Chicago Press, 2006).

公民财产权的制度，对公民的权利义务影响巨大。因此，各国宪法和相关法律对公益征收作出了较为严格限制，一般认为，只有符合以下条件，才能构成合法征收。

第一，为了公共利益。英国法学家布莱克斯通认为，财产权是英国公民固有的三项绝对权利之一，[1]"法律应严密保护财产权，哪怕是不允许对私有财产权最轻微的侵犯以及出于增进整个社会的共同利益的侵犯"[2]。"即使有人力陈个人利益应当服从社会利益，这种辩解也只是徒劳。因为，如果我们允许任何个人或者甚至是法院成为公共利益的批判者，对究竟在何种情况下让个人利益服从公共利益才合理作出裁定的话，那必将会造成极大的危害。"[3] 布莱克斯通认为，即使出于公共利益的需要也不得剥夺个人的私有财产，这实际上是在强调私有财产权应受到保障以及对公共利益判断主体提出要求。法院和个人不能成为公共利益的判断主体，但作为民主代议机关的议会却是适格的判断主体。因此，即使对于力倡私有财产权绝对保护的学者来说，为正当的公共利益而牺牲私益也是应予肯定的。因此，"公共利益的目的要求必须被作为征收适法性构成的首要条件"[4]。

第二，存在征收的法律行为。征收的构成当然须以存在一定的国家征收行为为前提，这样的行为可称为"特定目的的主权法律行为"[5]。因此，作为征收行为，需具备三种法律行为相关属性：一是

---

[1] 威廉·布莱克斯通认为，英国公民的三项绝对权利包括人身安全、人身自由和私有财产权。

[2] William Blackstone, *Commentaries on the law of England*: Book 1, Lawbook Exchange edition, 2011, p.127.

[3] William Blackstone, *Commentaries on the law of England*: Book 1, Lawbook Exchange edition, 2011, p.127.

[4] 房绍坤、王洪平：《公益征收法研究》，中国人民大学出版社2011年版，第131页。

[5] [德] 哈特穆特·毛雷尔：《行政法学总论》，高家伟译，法律出版社2000年版，第685页。

公法属性。征收是一种公法意义上的行为，是行政机关代表国家作出的行政行为，而非平等民事主体之间财产处分的私法行为。二是强制属性。征收是行政机关在予以补偿的前提下强制剥夺私有财产的行为，行政相对人并不具有处分财产的意思表示。三是法律属性。征收是具有法律意义的行为，而非事实行为。行政机关的征收行为需要受法律约束，同时，行政机关还需要为征收行为承担法律责任。只有满足上述"三性"才能符合征收的法律行为要件。

第三，遵循征收的法定程序。程序被视为"看得见的正义"，行政程序除了具有保障裁定结果的公正和行为结果的正当合法的功能，还具有控权功能和意志形成功能。[①] 美国新宪政主义学者凯斯·R. 孙斯坦提出："在保护财产权方面，程序比实体发挥了更为重要的作用。政府在干预公民私有财产之前，必须向公民提供听证的权利。而听证的功能在于促进准确发现事实以及实现尊严和参与的功能。"[②] 孙斯坦所谓促进准确发现事实，是指政府作出征收决定前为公民提供听证的机会，就能够确保政府剥夺公民私有财产的行为不是出于任性、冲动，也不是出于歧视或其他不合理的理由。通过听证，政府也能够证明对公民私有财产的剥夺具有法律正当性这一事实。而实现尊严和参与的功能，包含以下含义：人民不能未经听证而被剥夺财产，就是说在对他们做出不利行为之前，政府必须听取他们的意见。听证同样也能够加强行政行为的合法性。有很多证据表明，如果政府在采取损害公民利益的行动之前，给予公民发表意见的机会，人们就会感到更加安全，也会增强对政府的信任。

因此，在国家对私有财产强制剥夺的征收活动中，对行政权力的控制和公共意见的表达尤为重要。只有严格遵循《土地管理法》《国有土地上房屋征收与补偿条例》等法律、行政法规所规定的程序

---

① 参见王万华《法治政府建设的程序主义进路》，《法学研究》2013年第4期。

② Cass R. Sunstein, "On Property and Constitutionalism", *Cardozo L. Rev*, Vol. 14, 1992, pp. 907, 924.

原则与要求，才能在最大程度上保障被征收人的权益。通观各国征收立法，无不对征收程序作出系统规定。甚至可以说，这样的统一征收立法，与其说是一种实体立法，不如说是一种程序立法。

第四，征收必须给予补偿。有征收必有补偿。征收与补偿也被称为"唇齿条款"①。也有学者将"唇齿条款"译为"一揽子规则"，②"指法律规范就某一事项予以规定时，必须同时就与该事项相关联的其他事项进行规定"③。就财产权规范而言，其指法律在规定征收的同时，也必须对补偿的种类和标准作出规定。多数国家宪法财产权条款，均明确了有征收必有补偿原则。如美国 1791 年通过的联邦宪法第五修正案规定"不给予公平赔偿，私有财产不得充作公用"。1919 年的德国《魏玛宪法》第 153 条第 2 款规定："除联邦法律有特别规定外，征收必须给予适当的补偿。"日本《昭和宪法》第 29 条第 3 款规定："私有财产在正当的补偿下得收归公用。"韩国《宪法》第 23 条第 3 款规定："根据公共需要的财产权征用、使用或限制及补偿以法律来规定，应支付适当的补偿。"我国《宪法》第 13 条第 3 款也规定："国家为了公共利益的需要，可以依照法律规定对公民的私有财产实行征收或者征用并给予补偿。"

因此，只有满足上述条件，才能构成合法的公益征收。但随着 20 世纪以来各国行政权力的扩张，单纯对财产权进行征收的形式已无法满足各国行政活动的要求。在 1922 年美国的宾夕法尼亚煤炭公司诉马洪案中，宾夕法尼亚州颁布的《柯勒法案》（Kohler Act）为了防止地下开采活动引起地表塌陷，明确对相关煤炭公司开采煤炭

---

① 陈新民：《德国公法学基础理论》（增订新版·上），法律出版社 2010 年版，第 474 页。

② ［德］哈特穆特·毛雷尔：《行政法学总论》，高家伟译，法律出版社 2000 年版，第 692 页；［德］鲍尔、施蒂尔纳：《德国物权法》（上册），张双根译，法律出版社 2004 年版，第 254 页。

③ 鲍尔、施蒂尔纳：《德国物权法》（上册），张双根译，法律出版社 2004 年版，第 254 页。

的范围予以限制，直接影响了包括马洪在内的煤炭公司开采其所有煤炭的权利。① 再如，在1978年美国的佩恩中央车站诉纽约市案中，原告佩恩中央运输公司所拥有的中央火车站大楼被纽约市政府认定为纽约市的地标性建筑物，为了保护这一地标建筑物在城市的美感和历史意义，当地政府禁止原告对其进行改建。② 上述案例表明，随着行政权力的扩张，政府可以不通过法定的征收程序，而是以立法形式，以维护公共领域或公共秩序为名，对私有财产权予以各种各样的限制。通过与传统的征收要件对比来看，单纯对财产权进行限制在实体条件、程序条件等方面要简便得多，更为主要的是无须对财产权损失予以补偿。因此，较之采用征收的方式而言，国家对财产权的限制能够更为便宜地达到保护公共利益等行政目的。

二 财产权社会义务的突破

在宪法财产权条款的"三元结构"模式中，国家对财产权的限制即为财产权所应承担的社会义务范畴。然而，没有任何国家的宪法对财产权社会义务的范畴进行界定。实际上，财产权社会义务的范围究竟多大，各国理论和实务界自始至终都还没有一个清晰的界限。但是，通过德国联邦宪法法院和联邦普通法院以及美国联邦最高法院的判决，可以看出，诸多法律和政府行为对公民财产权造成的损害已经超出限度，突破了宪法规定的财产权应负社会义务的范畴，或已经满足需要补充的条件。

20世纪以来，美国联邦最高法院在侵犯公民财产权的案件中围绕是否构成管制征收以及应否补偿的问题展开了激烈讨论。相比19世纪而言，越来越多的案件被认定应给予公民相应补偿。如在1922年美国的宾夕法尼亚煤炭公司诉马洪案中，宾夕法尼亚州颁布的《柯勒法案》（Kohler Act）为了防止地下开采活动引起地表塌陷，明

---

① See Pennsylvania Coal Co. v. Mahon, 260 U. S. 393 (1922).
② See Penn Central Transportation Co. v. New York City, 438 U. S. 104 (1978).

确对相关煤炭公司开采煤炭的范围予以限制，直接影响了包括马洪在内的煤炭公司开采其所有煤炭的权利。以霍姆斯大法官为首的判决意见认为，"众所周知基本权利都存在内在的限制（an implied limitation）。但这些内在的限制显然又有其限度，否则契约精神和正当程序条款将不复存在"①。判断这一限度的一个标准就是财产权受影响的程度（extent of the diminution）。当达到一定限度时，就会形成应给予公民补偿的征收行为了。总之，联邦最高法院认为，"一般原则上财产权可以受到一定程度的限制，但如果这种限制走得过远，它就将构成征收"②。

德国《基本法》第14条第2款明确规定："财产应履行义务。财产权的行使应有利于社会公共利益。"而财产权履行社会义务的界限何在，均由立法者通过制定法律来规定。由此，产生的问题是究竟应如何区分应予补偿的征收行为和不必补偿的财产权社会义务？这也是自魏玛时代以来，学界及法院始终争议不绝的一个问题。德国魏玛时代著名宪法学家安许茨（Anschütz）认为，如果立法为了公共福祉需要，针对个别的、特定的人群实施了限制或剥夺财产权的行为，财产权受到的侵犯就应受到补偿；如果立法对财产权的侵犯是概括性的规定，系规定该种类的财产权利应一律受到侵犯，则属于财产权的社会义务范畴，而非个案的应予补偿的征收。这种理论被称为"个别处分理论"，是魏玛共和国时代的主流理论，也被当时的法院所采纳。在德国《基本法》实施后，这一理论被德国联邦普通法院予以修正，认为，"征收违反平等权原则，使少数人财产权遭受侵害，因而，基于负担均分原则，对少数人的牺牲予以补偿的必要性得以确立。而财产权的社会义务是一般性规定，没有特定的财产权受害人，因此不存在补偿的必要。这种修正后的理论被称为

---

① Pennsylvania Coal Co. v. Mahon, 260 U.S. 393 (1922).
② Pennsylvania Coal Co. v. Mahon, 60 U.S. 393, 413, 415 (1922).

特别牺牲理论"①。但这一时期的联邦行政法院对这一问题的认识却略有不同,认为应视该措施的严重程度、效果、重要性和持续性而定,这一措施属于财产权的社会义务抑或征收行为。"财产权的社会义务是对财产权极轻微的侵犯,而且可以期待人民能够忍受。而剥夺财产所有权是对财产权严重的侵害,并非财产权的社会义务所能涵盖的范畴。"② 这一理论被称为"可期待(忍受)理论""期待可能性理论"或"严重程度理论"。

三 准征收概念的提出

处理好平衡财产利益和公共利益之间的平衡关系,是财产法律制度在任何时期都始终追求的价值目标之一。在农耕时代,劳动者对其土地、房屋有着高度依赖,剥夺其土地或房屋的财产就等同于剥夺了劳动者的生存权。因此,在这一时期的欧洲,对私有财产的保护达到了顶峰。这种保护是绝对的、不附加任何条件的。但随着18世纪第一次工业革命到来,资本主义的发展使得越来越多的劳动者放弃对土地、房屋等固有财产的依赖,转而通过雇佣劳动和社会的保障措施维持生活,获得发展的机会。工业革命不仅深刻推动技术创新极大丰富了社会财富,还深刻影响了社会和制度的变革。这一时期,劳动者个体之间的经济交换愈发频繁,资本取代了土地和房屋,成为维系劳动者生存权的关键要素。土地和房屋作为可以被资本所衡量的物质,就具有了交换价值,这为打破财产权受到绝对保护的理念和征收制度的产生奠定了关键基础。财产权制度实现了第一次"财产利益和公共利益"之间的平衡。但随着经济社会发展,资本的无序扩张引发了诸多社会矛盾。囿于征收行为有诸多的条件和程序限制,愈加无法满足促进社会公共利益的需要,"财产利益和

---

① 陈新民:《德国公法学基础理论》(增订新版·上),法律出版社2010年版,第475—476页。

② 陈新民:《德国公法学基础理论》(增订新版·上),法律出版社2010年版,第477—478页;张翔:《财产权的社会义务》,《中国社会科学》2012年第9期。

公共利益"之间的平衡被打破。财产权的社会关联属性也使得财产权利的承认需要符合社会利益。"财产权应履行社会义务"即为恢复二者平衡，为维护公共利益一侧增加的重磅砝码。但"财产权应履行社会义务"是一个不确定的法律概念，社会义务的范围究竟有多广泛，直接决定财产权权利束（the bundle of rights）的饱满度。若将"财产权的社会义务"解释得过于宽泛，就将侵害财产权人的财产权利，在最极端的情况下甚至可能将财产权压缩为"零"。此时，国家虽未征收财产权，但在不需要履行征收程序和补偿的前提下就能限制财产权行使，实际上收到了比征收还好的效果。显然，"财产权应履行社会义务"过度保护了公共利益。对于政府对财产权限制过度而又不构成征收的行为是否需要补偿，目前是财产权限制领域最为棘手的问题。针对这一处于财产权征收与一般限制之间的灰色地带，以美国、德国为代表的各国学界都进行了探讨。为再次恢复"财产利益和公共利益"之间的平衡，就需要为"财产权应履行社会义务"划定界限，超出这一界限的即构成准征收，国家为此应承担补偿责任。由此可见，财产权保护所经历的由绝对保护到征收，再到财产权应履行社会义务，再到超越财产权社会义务的准征收这四个阶段的发展变化，是经济社会发展到特定历史阶段的制度产物，是体现经济基础决定上层建筑这一历史唯物主义的客观结果。

19世纪以来，在美国、德国等发达国家发生了一系列政府限制财产的使用、收益和处分而导致财产价值遭受严重损失的案件。所有权人因此提起诉讼要求予以补偿。这一系列案例和事例逐渐促成了准征收制度。与此同时，准征收相关理论在美国、德国等国家也得到长足发展。但是，这一理论性问题尚未引起我国学界和实务界的足够重视。因此，对准征收问题进行全面理论研究，对于保护公民财产权、完善我国财产保护与管制法律制度，具有积极意义。

第三节　准征收概念的界定

"行政法是最基本的人权保障法、最直接的治官制权法、最实际的现代民主政治推进法、最基础的公平正义社会秩序维护法、最重要的科学发展促进法。"① 在政府行使公权力管理国家事务的过程中，为了维护公共利益，对公民财产权的干涉在所难免。因此，只有通过构建准征收法律制度，才能制约国家该征收而不征收、过度干涉财产权行使及侵害私有财产价值的行为，进而构建起一套保障公民财产权利的准征收制度体系，确立对超出限度的干涉公民财产权的行为应当予以补偿的制度。

一　明确准征收概念的意义

准征收概念的明确，关系到对公民财产权干涉行为的规范和公民财产权的充分实现，对构建我国准征收制度以及完善行政补偿体系都具有重大意义。

第一，切实保障公民财产权的充分实现。"如果缺乏以所有权为核心的完备的财产法律制度，就不能形成一整套对财产予以确认和保护的完整规则，则人们对财产权利的实现和利益的享有都将是不确定的，从而也很难使人们产生投资的信心、置产的愿望和创业的动力。"② 长期以来，大量国家对公民财产权做出过度干涉的行为都没有相应补偿，这使公民财产权时常受到严重损失，打击了公民投资、创业的积极性，甚至严重影响了公民的起居生活。由于准征收补偿制度的缺位，实践中所产生的相关纠纷往往得不到妥善处理，最终激化社会矛盾。例如，在早期备受关注的"宁波栎社机场噪声

---

① 姜明安：《行政法》，北京大学出版社2017年版，序第1—5页。
② 王利明：《进一步强化对于私有财产的保护》，《法学家》2004年第1期。

扰民事件中",自 2002 年栎社机场二期扩建以来,浙江省宁波市鄞州区古林镇戴家村的近百名村民就深受机场噪声污染之害。2007 年 3 月,栎社机场建造滑行跑道,每天的施工作业时间严重干扰了居民的正常生活。饱受噪声损害许久的戴家村村民终于爆发,村民们走向了集体上访之路。后来,村民又对当时的国家环境保护总局[①]提起行政复议和行政诉讼。最终,当地政府与村民达成协议,约定鄞州区古林镇政府出资 120 万元用于戴家村新农村示范村建设。至此才解决了这场大范围的财产权纠纷。[②]《孟子·滕文公上》言:"有恒产者有恒心,无恒产者无恒心。"因此,准征收概念的明确,能够直接为公民财产权受到过度限制时获得补偿提供理论依据,进而切实保障公民财产权的充分实现。

第二,有助于我国财产权法律制度的建立健全。"财产关系决定着一个国家的上层建筑。只有构建一套完整的对私有财产的保护法律,才能适应生产力发展的需要,调动民众创造财富的积极性,促进财富的极大增长及合理利用。"[③]根据我国《宪法》规定,财产权在受到法律保护的同时,也可以被国家依法予以征收或者征用。这一规定即构成了我国宪法财产权条款的"二元结构"模式。而《宪法》并未规定除征收、征用以外的对财产权予以限制的情形。这也构成了与德国《基本法》所规定的财产权"保障——一般限制—剥夺"这一"三元结构"模式的根本区别。实际上,从理论来看,我国《宪法》所规定的财产权条款不仅应关注财产权一般限制的规定,还应当重点关注在"一般限制"与"征收"之间的"灰色地带",即补充对财产权过度限制的内容,从而形成"保护——一般限制—特别牺牲—剥夺"这一完整的宪法财产权"四元结构"模式(如图

---

① 2018 年国务院机构改革后更名后为"生态环境部"。
② 参见孔令全《机场噪声扰民状告环保总局 宁波 99 名村民获赔 120 万元》,《民主与法制时报》2008 年 2 月 25 日 A10 版;孔令全:《99 位村民与机场噪声之争》,《乡镇论坛》2007 年第 20 期。
③ 王利明:《进一步强化对于私有财产的保护》,《法学家》2004 年第 1 期。

1-3所示）。这一制度设计既能够为公民财产权提供更为充分的法律保护，还能够细化并完善我国的财产权法律制度，使国家对公民财产权的限制更加有法可依、依法进行，"从而在私益和公益之间实现良性的平衡"①。

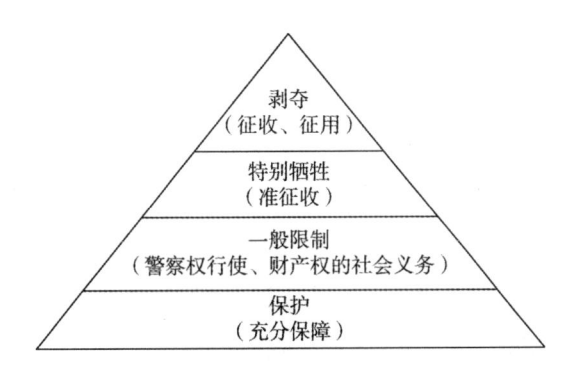

图 1-3 完整的宪法财产权"四元结构"模式

（金字塔结构，自上而下：剥夺（征收、征用）；特别牺牲（准征收）；一般限制（警察权行使、财产权的社会义务）；保护（充分保障））

第三，促进行政机关依法行政，推动法治政府建设进程。明确准征收概念，不仅能够切实保障公民财产权的充分实现，也能够强化对行政权力的制约和监督。通过构建完整的财产权法律制度，能够清晰划定财产权边界，严格限制政府滥用对财产权的一般干涉，切实把权力关进制度的笼子。同时，通过相关程序法制建设，能够严格规范作出行政机关限制财产权的主体、权限、方式、步骤和时限，确保行政机关按照法定权限和程序行使权力。总之，我国财产权法律制度的制度化、规范化、法治化，能够确定行政机关限制公民财产权的权力边界，赋予公民依法获得补偿的依据，减少政府和公民之间的财产纠纷，从而促进行政机关依法行政，推动法治政府建设进程。

虽然，我国学界对征收制度已有长期较为成熟的理论研究，也已建立了包括《土地管理法》《城市房地产管理法》《城乡规划法》

---

① 房绍坤、王洪平主编：《不动产征收法律制度纵论》，中国法制出版社2009年版，第33页。

《煤炭法》《电力法》《铁路法》《土地管理法实施条例》《大中型水利水电工程建设征地补偿和移民安置条例》等法律法规在内的较为完备的征收法律制度。然而，我国对财产权限制的制度仍处于空白状态，理论研究也刚刚起步。因此，准征收概念的明确，能够及时填补我国对限制公民财产权理论研究的空白，从而推动我国财产权法律制度的建立健全，切实保障公民财产权的充分实现，促进行政机关依法行政，推动法治政府建设进程。

二 准征收概念的厘清

"概念乃是解决法律问题所必需的和必不可少的工具。没有限定严格的专门概念，我们便不能清楚地和理性地思考法律问题。没有概念，我们便无法将我们对法律的思考转变为语言，也无法以一种可以理解的方式把这些思考传达给他人。"[①] 国家以增进公共福祉为目的的管制行为，客观上对私有财产权产生了不利影响，从而应当给予经济或其他补偿的法律制度，在美国法和德国法上都经历过一个漫长的演变过程。美国法和德国法对这一制度的理解和运用也存在一定的差异。

（一）美国法和德国法对准征收概念的界定

在中文中，一般将对财产的直接剥夺称为"征收"。"征收"一词在语义上不易出现含混，一般指国家为了公共利益，在给予补偿的情况下，将公民财产收归国有的行为。然而，美国法却有多个词汇来表达不同方式的"征收"。[②] 例如，"eminent domain"一词被《元照英美法词典》解释为"某一政府实体为公共目的，征用私有财产尤其是土地，将其转为公用，同时为其征用支付合理补偿的权

[①] ［美］E. 博登海默：《法理学：法律哲学与法律方法》，邓正来译，中国政法大学出版社2017年版，第503页。

[②] "eminent domain"、"expropriation"、"condemnation"和"taking"等词实际上都含有中文意义上"征收"的含义。

力"①。《元照英美法词典》进一步解释，该词源于17世纪法学家格劳秀斯（Grotius）首创的"eminens dominium"一语。即"为了社会利益，国家拥有征用或破坏财产的权力；但国家有义务补偿物主因此而遭受的损失。不过在英国英语中，'eminent domain'主要是国际法上的用语；而在美国英语中指联邦和地方政府宣布将某一私有财产转为公用的权力，在此意义上的英国英语用词为'expropriation'；具有美式英语特点的'condemnation'一词事实上与此同义"②美国联邦宪法第五修正案规定"任何人的生命、自由或财产，未经正当法律程序不得被剥夺；私人财产非经公平补偿不得加以征收作公共使用"③。美国联邦宪法第五修正案所规定的"taking"更应被理解为"剥夺"，且是一个广义的"剥夺"概念，既包括征收的剥夺，也包括没有征收的剥夺，即侵权。其含义十分广泛。而所谓"eminent domain"实际上就是中文意义中的狭义"征收"，即"国家为了公共利益需要，在给予补偿的前提下，将公民财产权收归国有的行为"这一概念。

而对于政府限制公民私有财产权的行为，有学者称之为"regulatory taking"④。"regulatory taking"一词源于"taking"（剥夺）。在"taking"之前增加"regulatory"，是因为大多数干涉公民财产权的行为都是通过制定相关法规、法令、决定完成的。而行政机关制定相关法规、法令、决定的目的就在于对公民财产的使用进行管制。《布莱克法律词典》将"regulatory taking"解释为"通过对财产权人权

---

① 薛波主编：《元照英美法词典》，北京大学出版社2017年版，第278、468页。
② 薛波主编：《元照英美法词典》，北京大学出版社2017年版，第278、468页。
③ Fifth Amendment to the United States Constitution: "No person shall be... deprived of life, liberty, or property, without due process of law; nor shall private property be taken for public use without just compensation."
④ For example, Daniel R. Mandelker, Carol Necole Brown, Stuart Meck, Dwight H Merriam, Peter W. Salsich, Jr, Nancy E. Stroud, Julie A, Tappendorf, *Planning and Control of Land Development: Cass and Materials*, LexisNexis 8th editon, 2011, p. 86.

利的严格管制的方式，实现联邦宪法第五修正案所规定的征收"。①简言之，对于严格限制公民私有财产权从而达到严重程度的即构成"管制征收"。例如，在1922年的宾夕法尼亚煤炭公司诉马洪案中，由于宾夕法尼亚州颁布的《科勒法案》（Kohler Act）限制了煤炭开采权人开采煤炭的范围，因此法院认为当局这一行为构成了管制征收，应当对相对人予以补偿。从美国现有理论研究来看，美国诸多财产法的教材都专门设置"taking"一章来讨论财产权的剥夺问题。而在"taking"章节下，又将狭义的"征收"（eminent domain）和"管制性征收"（regulatory taking）分为不同的节来讨论。② 也有教材不设"taking"一章，而是直接将狭义的"征收"（eminent domain）和"管制性征收"（regulatory taking）直接分为两章或两节来讨论。③综上，美国法中的"eminent domain"一般对应的是中文意义上"征收"的概念，而"regulatory taking"一般对应的是中文意义上"管制征收"的概念。较之"征收"概念而言，"管制征收"不仅在不同国家有着不同称呼，而且各国对这一概念的理解也存在一些差异。

此外，美国法上还有"de facto taking"、"inverse condemnation"、"reverse condemnation"、"permanent taking"、"physical taking"和"actual taking"等相关概念。其中，"reverse condemnation"也被称为"constructive condemnation"或"inverse condemnation"，翻译为"反向征收"或"逆向征收"。该词源于"征收"（condemnation）。《布莱克法律词典》将其解释为"财产权人对行政机关未经正式征

---

① Bryan A. Garner, *Black's Law Dictionary*, Thomson Reuters 10th edition, 2014, p. 1682.

② For example, D. Benjamin Barros & Anna P. Hemingway, *Property Law*, Wolters Kluwer, 2015, pp. 829 – 977. James Charles Smith, Edward J. Larson, John Copeland Nagle & John A. Kidwell, *Property: Cases and Materials*, Aspen Publishers 2nd edition, 2008, pp. 785 – 844.

③ For example, Christopher Serkin, *The Law of Property*, Foundation Press 2nd Edition, 2016, pp. 243 – 285. Calvin Massey, *Property Law: Principles, Problems, and Cases*, Thomson Reuters, 2012, pp. 778 – 844.

收程序而征收其财产所提出的补偿请求"。① "de facto taking"可以直译为事实上的征收,《元照英美法词典》将其解释为"有国家征用权(eminent domain)的机关事实上干预了财产所有者对财产使用、占有和收益的征用行为"②。

"physical taking"和"actual taking"的含义相同,指"行政机关对私有财产进行的物理性占有"③。而"permanent taking"可译为永久性征收。实际上,对财产进行物理上的永久占有,是对公民财产权进行过度限制的一种表现形式。例如,政府将市政电线或水管铺设在私有土地下方或上方,对公民的私有土地及房屋就构成了物理上的永久性占有。美国联邦最高法院将这种类型称为"物理性征收"或"永久性的物理性征收"④。总之,"regulatory taking"、"inverse condemnation"、"permanent taking"和"physical taking"等不同概念所表达的含义存在较大差异,这一概念在美国法上呈现出多样性和复杂性。

在德国法中存在"应予公平补偿的财产权内容限制"、"准征收侵害"(也称为"类似征收之侵害")和"征收性侵害"(也称为"具有征收效果之侵害")等相关概念。德国法中的概念皆由司法审判实践产生。德国联邦普通法院和德国联邦宪法法院从各自立场出发时常运用不同方法,对财产权的干涉行为是否应予补偿的问题得出不同结论。德国联邦宪法法院主要审查侵犯财产权行为的适法性、合宪性,从宪法规定的财产权保障理念出发审理案件;而德国联邦普通法院主要审查侵犯财产权的行为是否应当给予补偿,以及应当给予多少补偿,从牺牲补偿的理念出发审理案件。由此,"德国联邦

---

① Bryan A. Garner, *Black's Law Dictionary*, Thomson Reuters 10th edition, 2014, p. 353.
② 薛波主编:《元照英美法词典》,北京大学出版社2017年版,第385页。
③ Bryan A. Garner, *Black's Law Dictionary*, Thomson Reuters 10th edition, 2014, p. 1682.
④ Loretto v. Teleprompter Manhattan CATV Corp., 458 U. S. 419 (1982).

宪法法院创造了'应予公平补偿的财产权内容限制'概念。而德国联邦普通法院创造了'准征收侵害'和'征收性侵害'这两个概念"①。

"德国联邦普通法院于1952年的裁判中确立了准征收侵害概念，将其定义为：国家机关虽无故意或过失，但不法侵害人民之一切有财产价值之权利，致其发生特别牺牲时，得类推适用征收补偿之法理，由国家负补偿责任。"② 其后，德国联邦普通法院将"准征收侵害"的概念不断扩大，认为凡公务员故意或过失违法侵害人民具有财产价值的权利，均属于"准征收侵害"。因此，"准征收侵害"是指"对财产的违法侵害，就其适法性而言，无论从内容还是从效果方面都可以视为征收，实际上具有给关系人造成特别牺牲的效果"③。联邦普通法院考虑的因素主要是："无责任之侵害既可依据补偿原则使受损失人享有补偿之请求权，则违法有责之侵害行为，更应如此。因而，'准征收侵害'要件如下：第一，对具有财产价值之权利所为之侵害；第二，直接发生财产上之侵害；第三，基于公共利益而为侵害；第四，对于当事人构成特别牺牲。其中，所谓'特别牺牲'，系以国家行为之'违法性'为表征，故其认定较为明确。"④ 由于"准征收侵害"系由德国联邦普通法院创设，德国联邦普通法院通常从牺牲补偿的理念出发审理案件，重在审查侵犯财产权的行为是否应当给予补偿，以及应当给予多少补偿，而并不重视对违法行为与合法行为造成损失的区别。因此，"在法制体系上，准征收侵害概念将补偿的适用范围扩大至国家违法行为，与针对国家

---

① 翁岳生主编：《行政法》（下），中国法制出版社2009年版，第1722—1739页。

② 翁岳生主编：《行政法》（下），中国法制出版社2009年版，第1831页。

③ ［德］哈特穆特·毛雷尔：《行政法学总论》，高家伟译，法律出版社2000年版，第669页。

④ 翁岳生主编：《行政法》（下），中国法制出版社2009年版，第1831—1832页。

合法行为的补偿固有观念有所不同，从而使赔偿与补偿间之分野趋于模糊；此外，因联邦普通法院将'准征收侵害'概念之适用范围扩及于国家'违法有责'行为，亦使'准征收侵害'与'国家赔偿'之间有相当程度之重叠性，其二者间之竞合关系"[1]。

"征收性侵害又被称为具有征收效果之侵害，其针对的是无特定目的的事实行为"[2]，指"多数不能预见的合法行政活动派生后果造成的财产损害，超过了征收法上的牺牲的界限，国家应给予补偿。例如，道路施工造成交通不便，因此对依赖交通的道路沿线企业、特别是对道路沿线的商店、报亭等造成销售损失。根据联邦最高法院的判决，这种损害原则上视为《基本法》第14条第1款第2句规定的不予补偿的单纯社会约束；但在例外情况下侵害的方式和强度如此严重，以至于对有关的财产所有人造成了特别牺牲，必须根据征收原则予以补偿"[3]。

综上所述，在德国联邦普通法院的判决中，"准征收侵害"主要针对的是违法侵害行为，而"征收性侵害"主要针对的是合法但超出财产权的社会义务范围，对财产所有权人造成了牺牲而应补偿的事实行为。

继德国联邦普通法院创设"准征收侵害"和"具有征收效果之侵害"概念后，德国联邦宪法法院在"无偿提交出版品义务案"中又创设了"应予公平补偿的财产权内容限制"这一关于财产权受侵害补偿的又一概念。"应予公平补偿的财产权内容限制"是介于"征收"和"财产权社会义务"之间的情形。在《基本法》第14条第1款第2句"有关内容和权利限制由法律予以规定"和第3款"只有符合社会公共利益时，方可准许征收财产……"之间，还存在

---

[1] 翁岳生主编：《行政法》（下），中国法制出版社2009年版，第1833页。

[2] [德]哈特穆特·毛雷尔：《行政法学总论》，高家伟译，法律出版社2000年版，第670—671页。

[3] 参见翁岳生主编《行政法》（下），中国法制出版社2009年版，第1731—1732页。

其他广泛领域。① 在"无偿提交出版品义务判决"中，联邦宪法法院认为："立法者课予出版商无偿提交出版品之义务，乃是对出版商财产权的一种限制，此种限制对于出版昂贵套书的出版商而言，则是一项不小的负担，如未给予适当补偿，将与基本法第十四条第一项保障财产权之意旨不符。"② "以宪法允许的方式对财产作一般限制的法律规则在特殊情况下可能导致特别负担。这种负担由于不符合比例原则，从而不具有正当性和可预期性。"③ 综上所述，"应予公平补偿的内容限制"指虽然《基本法》第14条第1款第2句虽然规定有关财产权内容和权利限制由法律予以规定，但对于为公众承担特别的、不可预期的牺牲，仍然应当给予补偿。这意味着，虽然德国《基本法》已经规定法律可以对财产权予以限制，但若这种限制是极为不公平且不可预期，使财产权人造成了特别牺牲，那么这一法律即构成违宪，或者应当赋予财产权人相应的补偿请求权。

由此可见，"准征收"这一概念并非产生于美国法和德国法，这一概念实际是由我国台湾地区学者所创。例如，谢哲胜在《从美国法上的土地准征收论既成道路公用地役权之妥当性》一文中提出"准征收"概念，④ 随后又发表了《准征收之研究——以美国法之研

---

① 德国《基本法》第14条对财产权的规定共分为三款。第1款规定："保障财产权和继承权。有关内容和权利限制由法律予以规定。"第2款规定："财产应履行义务。财产权的行使应有利于社会公共利益。"第3款规定："只有符合社会公共利益时，方可准许征收财产。对财产的征收只能通过和根据有关财产补偿形式和程度的法律进行。确定财产补偿时，应适当考虑社会公共利益和相关人员的利益。对于补偿额有争议的，可向普通法院提起诉讼。"

② 翁岳生主编：《行政法》（下），中国法制出版社2009年版，第1733—1734页。

③ ［德］哈特穆特·毛雷尔：《行政法学总论》，高家伟译，法律出版社2000年版，第701页。

④ 参见谢哲胜《从美国法上的土地准征收论既成道路公用地役权之妥当性》，《经社法制论丛》1994年第4期。

究为中心》①《准征收理论的司法实践——释字第747号解释评析》②等文章，探讨准征收在美国法和我国台湾地区司法实践中的发展。再如，林明锵在《财产权之特别牺牲与社会义务——评司法院大法官释字第747号解释》一文中，也将财产权特别牺牲的情形称为"准征收"。③

实际上，美国法并无"准征收"这一概念，将"准征收"用于对美国法问题的探讨是值得商榷的。然而"准征收"这一概念的提出，为保障公民财产权及相关理论发展具有重大贡献。谢哲胜认为，准征收是指"国家不征收私人土地亦不付任何费用，而强制将私人土地作为公共事业或公共利益之用"④。"准征收"这一概念也被部分大陆学者所采纳。例如金俭、张先贵认为，"对财产权的限制超过必要的限度，构成了特别限制，因而须给予相应的补偿的制度就是准征收"⑤。王思锋认为，"政府行使公权力造成对公民私有财产权限制过多、程度过深即构成准征收，同时建议重构中国财产征收法律制度、制定《中华人民共和国征收法》"⑥。

（二）中国学界对准征收概念的理解与运用

在进一步对准征收制度进行探讨之前，对其法律概念的界定无疑有着重要的奠基意义。因为"法律概念是法律规范的基础，也是进行法律思维和推理的根本环节"⑦。我国学界对准征收问题的研

---

① 参见谢哲胜《准征收之研究——以美国法之研究为中心》，《中兴法学》第40期（1996年）。

② 参见谢哲胜《准征收理论的司法实践——释字第747号解释评析》，《月旦法学杂志》2017年第7期。

③ 参见林明锵《财产权之特别牺牲与社会义务——评司法院大法官释字第747号解释》，《月旦裁判时报》2017年第64卷。

④ 谢哲胜：《准征收理论的司法实践——释字第747号解释评析》，《月旦法学杂志》2017年第7期。

⑤ 金俭、张先贵：《财产权准征收的判定基准》，《比较法研究》2014年第2期。

⑥ 王思锋：《财产征收的理论反思与制度重构——以不动产准征收为视角》，《法学杂志》2014年第10期。

⑦ 雷磊：《法律概念是重要的吗》，《法学研究》2017年第4期。

究，在概念选择、概念界定方面仍较为混乱。概念的不统一不仅会妨碍学术共识的形成，还可能会阻碍准征收制度的建立健全。因此，尽快推动学界对准征收概念在最大程度上达成共识，是准征收法治化、制度化和规范化的前提。

1. "准征收"概念的选择

国家因公共利益对公民私有财产权造成牺牲因而需要补偿的问题源于美国法和德国法。目前我国对准征收问题的研究仍处于起步阶段，只有极少量的研究对准征收的概念进行阐述。在学界现有研究中，对概念的选择也主要来源于域外经验。而域外代表性的概念主要有美国法上的管制征收（"regulatory taking"）和反向征收（"inverse condemnation"），德国法中的"应予公平补偿的财产权内容限制"、"准征收侵害"（也称为"类似征收之侵害"）和"征收性侵害"（也称为"具有征收效果之侵害"），以及中国台湾地区的"准征收"等。因此，我国学者对这一概念的选择也主要集中在"准征收"[①]"管制性征收"[②]"管制征收"[③]"反向征收"[④]"管理性征收"[⑤]"财产权的变相夺取"[⑥]等。

概念的选择应当充分考虑这一概念产生的渊源和内在含义。这一理论由美国法和德国法的相关判例、理论传入我国，就需要对美

[①] 金俭、张先贵：《财产权准征收的判定基准》，《比较法研究》2014年第2期；王思锋：《财产征收的理论反思与制度重构——以不动产准征收为视角》，《法学杂志》2014年第10期。

[②] 彭涛：《美国管制性征收法律制度简史及启示》，《西北大学学报》（哲学社会科学版）2015年第3期。

[③] 林华、俞祺：《论管制征收的认定标准——以德国、美国学说及判例为中心》，《行政法学研究》2013年第4期。

[④] 吴真：《反向征收确认中权利冲突的化解——以公民生存权与环境权为视角》，《河南师范大学学报》（哲学社会科学版）2010年第3期。

[⑤] 胡建淼、吴亮：《美国管理性征收中公共利益标准的最新发展——以林戈尔案的判决为中心的考察》，《环球法律评论》2008年第6期。

[⑥] 孙凌：《论财产权的"变相夺取"及其救济——以〈杭州市历史文化街区和历史建筑保护办法〉第26条为分析原型》，《法治研究》2007年第8期。

国法和德国法的相关概念及其在整个法律体系中的意义进行深入研究，否则，简单的"拿来主义"难免会出现水土不服的问题。在我国相关学术研究中，虽然"准征收""管制性征收"和"反向征收"（"inverse condemnation"或"reverse condemnation"）的概念表述占据了学界主流地位，但实际上，不同概念所代表的含义存在一定的差异。

目前，我国已有学者对"管制性征收"进行研究，并对这一概念作出界定。例如，有学者提出，"政府措施虽然没有剥夺相对人的财产权，但是来自公权力的限制已经超越了财产权社会义务的限度的情形即为管制征收。"[1] 有学者借用美国1992年宾夕法尼亚煤炭公司诉马洪案[2]判决中霍姆斯大法官的意见，将管制征收界定为"政府对私有财产的管制走得太远"。[3] 有学者从侵害后果的角度进行界定，认为"管制征收是指当法院判定政府的管制导致土地利用权利受到严重侵害从而产生类似于征收的损失时，行政机关就应当承担补偿责任的法律制度"[4]。有学者认为，"管制征收是指政府限制私有财产的某些用途或者附加一定条件，但这种管制行为或立法对所有权人的财产价值造成不利影响。如果这种行政行为超越宪法和法律的许可范围，则产生财产征收的法律效果"[5]。还有学者认为，"管制性征收指国家并未正式发动征收程序，但其管制性行为却造成了对私有财产权剥夺的结果，因而财产权人可以主张政府行为已经

---

[1] 林华、俞祺：《论管制征收的认定标准——以德国、美国学说及判例为中心》，《行政法学研究》2013年第4期。

[2] Pennsylvania Coal Co. v. Mahon, 260 U.S. 393, 415 (1922).

[3] 刘连泰：《法理的救赎——互惠原理在管制性征收案件中的适用》，《现代法学》2015年第4期。

[4] 彭涛：《规范管制性征收应发挥司法救济的作用》，《法学》2016年第4期。

[5] 王丽晖：《管制性征收主导判断规则的形成——对美国联邦最高法院典型判例的评介》，《行政法学研究》2013年第2期。

构成征收而请求征收补偿"①。上述学者对"管制征收"概念的界定在表述方面略有不同，但可以推知"管制征收"一般指国家以增进公共福祉为目的，通过法律、法规等抽象行政行为或者具体行政决定实施的管制行为，客观上对私有财产权产生了不利影响，从而应当给予经济或其他补偿的法律制度。因此，如果政府的管制行为构成管制征收，就意味着国家应当对造成的私有财产损失予以补偿。能够明确的是，从方式来看，"管制征收"限于公权力机关通过抽象行政行为或者具体行政决定，对财产权予以限制或为财产权施加义务，而无法囊括对财产权造成利用妨碍等事实上对公民财产权产生特别牺牲的情况。例如行政机关因兴办水利事业而在乡镇修建地下水管道，妨碍了沿线饭店的正常经营，给饭店造成了经济损失。这种事实上对公民财产权产生特别牺牲的情况就无法被"管制征收"概念所涵摄。

所谓"反向征收"，是征收行为并非由行政机关依照相关法律发动，而是由财产权受到侵害的对象通过申请或者诉讼程序，要求将行政机关的行为视为征收，从而对其财产权受到的损失予以补偿。由此可见，"反向征收"这一概念把握住了实践中由受到侵害的财产权人向行政机关或司法机关请求救济这一主要面向。"反向征收"较"管制征收"的一个不同之处在于，"反向征收"可以涵盖实践中大量事实上侵害公民财产权的行为。如上所述，从财产权承受特别牺牲的方式来看，除国家通过法律、法规等抽象行政行为或者具体行政决定对财产权进行限制或为财产权施加义务以外，实践中还存在大量事实上对公民财产权造成特别牺牲的情形。此类特别牺牲表现为，国家并未有意针对财产权采取措施或做出行为，而在其他行政活动中，客观上严重影响了财产权的经济价值。如在常振山等诉襄垣县人民政府案中，2008年，襄垣县人民政府实施修建"古韩大道

---

① 房绍坤、王洪平：《公益征收法研究》，中国人民大学出版社2011年版，第31页。

跨太焦铁路立交桥"工程后，明显更改了该地段原道路格局。受高大桥身遮挡的影响，原告常振山等毗邻 7 人之前投资的商业综合用地使用权和商用楼房利用价值大幅度降低，致使原告当前及今后应得收益远远低于同等投资的相似地段内的投资户，投资资产严重贬值。[①] 此外，美国诉卡斯比案也是一个经典案例。美国空军飞机低空飞行的路线恰好在原告的商业养鸡场上空。美国空军每天频繁地低空飞行导致原告的鸡群因惊慌而乱飞撞墙而死者高达 150 只和养鸡场的倒闭，而原告也因此而经常无法安眠。美国联邦最高法院认为，联邦政府允许其飞机在原告邻接飞机场之土地上空低飞，剥夺了原告将土地作为养鸡场之使用，已经构成应给予公平补偿的征收。[②] 然而，"反向征收"概念的缺陷在于不能涵盖立法或行政机关在对私有财产权造成特别牺牲时主动给予财产权人补偿的面向。例如，2008 年 6 月 11 日，北京市人民政府、公安部、交通运输部、环境保护部联合印发《2008 年北京奥运会残奥会期间北京市交通保障方案的通知》，要求自 2008 年 7 月 20 日至 9 月 20 日，北京市机动车和外地来京车辆实行"单双号"限行措施。2018 年 7 月，《北京公布奥运期间机动车减征养路费车船税方案》，明确"停驶、限行的持有北京号牌的机动车，都可减征三个月养路费和车船税。其中，小汽车共计减免税费 450 元"。由此可见，行政机关对私有财产权的限制，不尽然是由财产权人提出补偿请求，实践中存在行政机关主动进行补偿的情形。这种情况就无法涵摄在"反向征收"概念之下。

而在德国法上的三个概念中，"应予公平补偿的内容限制"专指法律、法规等抽象规定对财产权内容进行的限制；而与之相对应的"征收性侵害"是指无特定目的的事实行为形成的特别牺牲。将二者结合起来，才是本书所研究的对象。而"准征收侵害"针对的政府违法行为对财产造成的特别牺牲情形，与本书所研究的政府合法行

---

① 参见山西省高级人民法院（2016）晋行终 469 号行政判决书。
② United States v. Causby, 328 U. S. 256（1946）.

为对财产造成特别牺牲的情形并不一致。

　　此外,还有学者从物权法的角度对私有财产权承受特别牺牲的问题进行研究,认为应通过创设公共地役权解决土地使用管制问题。所谓"公共地役权",是指为保障和增进公共利益,国家在未征收土地的情况下,以强制命令、行政合同等方式在土地权利人和行政主体之间创设权利、义务,为土地权利人提供补偿,要求土地权利人承担某种义务或对土地权利进行限制。正如罗建认为,"现有的征收、征用、出让、划拨、租赁、临时用地、地役权等制度工具无法解决为了公共利益而对个人土地的利用实施了过度管制,造成了权利人特别牺牲,但未予补偿的问题。公共地役权制度可以弥补现有制度工具的不足。"① 肖泽晟认为,公共地役权制度能够促进司法财产进行有利于公共利益的利用,弥补公物所有权制度的不足。② 张程提出,在反思如何完善征收制度的同时,应当引入公共地役权方式,以公权主体为公众的代表,与不动产财产权人通过协商方式,实现不动产财产为公需所用与保护财产权人利益的双重目的。③ 赵自轩认为,"在公共地役权的设立模式下,政府机关通过与不动产权利人订立公共地役权合同,对公共地役权的设立范围、设立目的、利用方式、费用补偿、终止情形等内容进行规定,克服了征收制度下公共利益实现的刚性冲突,可以较好地实现对公共利益的保护"④。由上可见,具有强烈私法属性的公共地役权,并不是一个描述因增进公共利益而对私有财产造成特别牺牲问题的概念,而仅是一个解决该问题的可行进路。

---

　　① 罗建:《公共地役权制度研究》,载刘云生主编《中国不动产法研究》(第9卷),法律出版社2014年版,第84—107页。
　　② 参见肖泽晟《公物的二元产权结构——公共地役权及其设立的视角》,《浙江学刊》2008年第4期。
　　③ 参见张程《公共地役权在不动产利益冲突调和中的适用》,《求是学刊》2015年第6期。
　　④ 赵自轩:《公共地役权在我国街区制改革中的运用及其实现路径探究》,《政治与法律》2016年第8期。

本书之所以选择使用"准征收"概念，是因为这一表述较之"管制性征收""反向征收"等概念在表达的含义上更为广泛，符合本书所研究的内容需要，也更易被理论界和实务界所接受。具体而言，首先，"准征收"从表述上既涵盖了过度限制公民财产权的法律行为，也能够包括事实上对公民财产权侵害的情形；既体现出由受到侵害的财产权人向行政机关或司法机关请求救济这一主要面向，也能够容纳行政机关在过分限制私有财产权时主动给予财产权人补偿的情形。因此，"准征收"这一表述从逻辑上看是非常周延的。其次，"准征收"这一表述更加符合中国现实情况，更易被理论界和实务界所接受。一方面，较之英文中的"eminent domain""expropriation""condemnation"和"taking"等能够涵盖"征收"之意的词汇，中文"征收"一词的含义更为清晰和明确，指中文中的狭义"征收"，即"国家为了公共利益需要，依法强制将公民财产权收归国有并对公民给予相应补偿的行为"这一概念。我国不仅有对征收较为长期的理论研究，更有较为健全的法律制度。另一方面，在我国的法律体系中，"准"字已经被多次使用，不易产生歧义，如《现代汉语词典》将"准"解释为"程度上虽不完全够，但可以作为某类事物看待"[①]。因此，在我国法律中也存在大量相关概念，如"准物权""准契约""准不动产""准法律行为"，等等。综上所述，采用"准征收"的表述不仅在逻辑上符合本书的研究需要，而且也最接近我国的法律语言环境，符合我国现实情况，容易实现学术话语的统一。因此，本书也选择"准征收"作为本书核心研究对象的概念表述。

2. 准征收的概念界定及其主要特征

目前，虽然已有中国台湾地区和大陆学者对准征收概念作出界定，但理论界对这一概念的表述存在差异，对这一概念的理解也不尽相同。例如，有学者认为，"财产权准征收，主要是指对财产权的

---

① 商务国际辞书编辑部：《现代汉语词典》，商务印书馆2017年版，第1412页。

限制超过必要的限度,构成了特别限制,财产权人因此承受特别牺牲,因而须对受损的财产权人给予相应的补偿"①。有学者提出,"准征收是指由于政府公权力行为或由于立法规定,政府没有动用征收权,对公民财产权并未行使传统意义上以剥夺公民财产所有权为特征的征收,但是事实上造成公民财产权的损失,产生类似征收的效果。"② 以上是现有研究成果中,对准征收概念具有代表性的阐述。上述定义从财产权社会义务的限制、财产权损害结果、行为表现等不同角度出发,具有一定的合理性。但本书从研究内容的需要和准征收的核心特征出发,在借鉴学界对准征收概念代表性阐述的基础上,将准征收界定为:国家以增进公共利益为目的,通过抽象行政行为、具体行政决定或在事实上对私有财产权造成了特别牺牲,严重影响私人对财产的使用或财产经济价值,从而应当给予经济或其他补偿的法律制度。准征收主要具有以下特征。

首先,准征收的目的是增进公共利益。所谓公共利益(public interest),"是与纯粹的私人利益相对的,对于某一社会共同体内法律秩序的维持而言,不可或缺的重大利益"③。简言之,公共利益就是"被正当认可并应予保护的公众的一般福祉"④。公共利益之所以被广泛讨论,是因为公共利益具有证成国家权力正当性的功能。正如卢梭在《社会契约论》中提出:"公意始终是公正的,永远以公共的福祉为宗旨……公益之所以能成为公益,不在于它所得的票数,而在于其间有使人们结合起来的共同的利益。"⑤ 而私有财产绝对自由同样是由公共意志形成的宪法和法律所明确的。因此,"私益"并

---

① 金俭、张先贵:《财产权准征收的判定基准》,《比较法研究》2014年第2期。

② 王思锋:《财产征收的理论反思与制度重构——以不动产准征收为视角》,《法学杂志》2014年第10期。

③ 房绍坤、王洪平:《公益征收法研究》,中国人民大学出版社2011年版,第173页。

④ Bryan A. Garner, *Black's Law Dictionary*, Thomson Reuters 10th edition, 2014, p.1452.

⑤ [法]卢梭:《社会契约论》,李平沤译,商务印书馆2017年版,第32、36页。

非应无条件地服从"公益",但缺乏"公益"要素,就绝不能对私有财产进行干预。可以说,"公益"是干预"私益"的必要条件。由此,在公民财产权受法律保障的宪法原则下,国家只有以增进公共利益为目的,才能在予以补偿的情况下对私有财产权予以限制甚至剥夺。然而,实践中对何为公共利益的判断,并没有一个明确的标准,公共利益已不仅是一个行政行为合法性的问题,更成为一个行政行为正当性的问题。美国联邦最高法院在多个判决中试图对政府的管制行为究竟是否符合公共利益作出判断。通过这些尝试也形成了管制行为是否以增进公共利益为目的、管制行为与公共利益是否具有实质联系,以及维护公益的价值与对私益的侵害是否具有均衡性这三个具体考量因素。这对我国判断公共利益的理论研究具有重要的借鉴价值。

其次,准征收的行为性质可能表现为抽象行政行为,也可能表现为具体行政决定,甚至是事实行为。征收一般是行政机关依照法定程序行使征收权的行政行为。而准征收的表现形式更为多样,既可能是行政机关行使行政权作出的具体行政决定,对私有财产权造成不利影响;也可能是法律、法规、行政立法及行政规范性文件为了增进公共利益,而对私有财产权造成的特别牺牲;还可能是国家各机关的事实行为客观上对私有财产权造成的不利影响。总之,抽象行政行为、具体行政决定或事实行为均可能在客观上使私有财产权受到不利影响,致使财产权人受到特别牺牲,从而构成准征收。

再次,准征收的客体是私有财产的部分权利或价值。在征收制度中,征收的客体是私有财产的所有权,征收就意味着权利主体的变更。而准征收最大的特点在于客体不是私有财产的整个所有权,而是部分权利或价值。部分权利,是指准征收可能使私有财产的占有、使用、处分或收益权不能充分自由实现。例如,行政机关颁布限制商品房在一定期限内不得买卖的规定,就是对财产处分权的限制。此外,准征收的客体还可能是财产权的价值。实践中很多构成准征收的情形为私有财产权价值受到了贬损。

复次，准征收的构成标准是对财产权造成特别牺牲。如前所述，财产权具有社会义务。国家可以通过抽象行政行为、具体行政决定对私有财产权进行适当限制或施加相关义务，或者行政活动在事实上对私有财产权造成不利影响。但这些行为均不能超过一定的限度，否则行政活动对财产权产生的影响将突破财产权社会义务的范畴，从而构成准征收，应对财产权人予以补偿。当然，对财产权造成特别牺牲只是抽象意义上的准征收构成标准。对于如何判断对私有财产权的不利影响是否构成了特别牺牲，是否超出了财产权社会义务的范畴，则是准征收制度的核心内容。而只有提出准征收的识别标准，才能明确准征收与财产权社会义务的界限，在增进公共福祉与保障财产权人合法财产利益间取得平衡。从域外经验来看，以德国和中国台湾地区为代表的大陆法系国家、地区发展出了一套以特别牺牲理论、比例原则和期待可能性理论为核心的准征收识别标准，而美国联邦最高法院则用一个多世纪的时间形成了较为具体的管制征收识别标准。域外国家、地区关于准征收识别标准的理论和实务为我国准征收识别标准的构建提供了可资借鉴的宝贵经验。

最后，准征收的法律后果是给予经济补偿或其他非经济补偿。有征收必有补偿。征收与补偿也被称为"唇齿条款"。明确准征收概念和建立准征收制度的目的是制约国家该征收而不征收，过度干涉财产权行使及侵害私有财产价值的行为，同时也是为了对受到财产权过度干预的权利人提供必要的补偿，进而构建起一套保障公民财产权利的准征收制度体系。不同于征收中的补偿措施绝大多数为经济补偿，准征收制度中的补偿以能够消除或减轻对财产权干预程度的各种非经济补偿措施为主，其次才是经济补偿。这些准征收非经济补偿措施主要包括消除财产利用妨碍、恢复财产原状、调整财产管制行为、土地发展权转让以及其他符合经济利益互惠标准的补偿措施五类。例如，政府可以通过修筑隔音带，来缓解高速公路上的车流噪声对高速公路旁财产权利人的影响，即为消除财产利用妨碍的非经济补偿措施。本书将在第五章讨论准征收的补偿措施。

综上所述，财产权是财产所有权人对财产享有的支配性权利，不受其他任何组织和机构的非法侵占、剥夺和限制。而准征收，是指国家以增进公共利益为目的，通过抽象行政行为、具体行政决定或在事实上对私有财产权造成特别牺牲，严重影响私人财产经济价值，从而应当给予经济或其他补偿的法律制度。20世纪以来，随着行政权力的扩张，国家以公共利益为理由对私有财产权进行各种各样的限制时有发生，部分限制措施严重影响了财产权人对财产权权能的实现，使财产价值受到严重损失，而权利人请求相应救济又于法无据。按照传统的征收理论，只要国家不以强制手段获取私有财产所有权，就不构成征收，因而无须向财产权人提供经济补偿。因此，国家时常通过对私有财产权进行限制或施加义务的方式来实现公共目的。财产权的宪法规范在财产权社会义务与征收之间也出现一段对财产权进行过度限制的"灰色地带"。对准征收这一话题的讨论，正源于国家时常在未征收财产的情形下通过立法、行政决定等形式，对财产权的权能予以限制、为财产权施加额外负担、将财产用于公用等，在不同程度上限制了财产权人对其财产的正常使用，尤其是严重影响了财产的经济价值。虽然国家使财产权承受的特别牺牲均以增进公共利益为目的，增进公共利益的成本不应由特定财产权利主体承担。因此，构建准征收制度，就是为了制约国家该征收而不征收、过度干涉财产权行使及侵害私有财产价值的行为，进而构建起一套保障公民财产权利的准征收制度体系。对准征收理论的研究，还能够及时填补财产权保障相关的理论空白，使学界对准征收问题达成共识，推动准征收法律体系的建立健全，从而强化对权力的规范、制约以及为公民财产权的实现提供充分保障。

第四节　构建准征收制度面临的问题

明确准征收的由来、概念、特征，是构建准征收制度的前提。

而准征收制度在我国真正生根、发展，还需厘清我国对公民财产权承受特别牺牲的现状及构建准征收制度所面临的问题。通过梳理相关立法、司法案例和社会事例，能够较为全面地展现当下我国准征收制度构建需要解决的问题，进而为准征收制度构建提供理论支撑。

一 准征收与财产权社会义务的界限难以划定

界分准征收与财产权的社会义务是准征收制度的核心内容，只有提出准征收的识别标准，才能明确准征收与财产权社会义务的界限，在增进公共福祉与保障财产权人合法财产利益间取得平衡。然而，准征收与财产权社会义务的识别标准又是构建准征收制度的首要难点。

国家以增进公共利益为目的，通过抽象行政行为、具体行政决定或在事实上对私有财产权造成干涉的情形纷繁复杂，国家行为构成准征收还是属于财产权的社会义务，似乎很难分辨清楚。例如，北京市人民政府为巩固大气污染治理成效，降低机动车污染物排放，持续改善首都空气质量，发布《关于实施工作日高峰时段区域限行交通管理措施的通告》[1]采取机动车尾号限行措施，属于财产权的社会义务还是构成应予补偿的准征收？根据《文物保护法》的规定，非国有不可移动文物由所有人负责修缮、保养，法律赋予财产权人的修缮、保养义务属于财产权的社会义务还是构成应予补偿的准征收？

此外，我国部分规定有准征收补偿的法律、行政法规均以财产权人受到实际的经济损失为补偿前提，这意味着部分立法将实际经济损失作为准征收补偿的标准。例如，《种子法》第14条所规定的补偿，以单位和个人减少经济收入为前提。财产权人没有减少收入就无法获得相关补偿。再如，《铁路安全管理条例》第31条所规定的补偿，除已对财产权人的相关权利造成限制以外，还必须具备造

---

[1] 京政发〔2018〕15号。

成损失这一条件。然而，准征收的类型有财产权权能限制，财产权义务负担，财产权公益使用，行政许可中止、变更或撤回，财产权去除，以及对财产权事实上的不利影响六类。其中，造成财产权人实际经济损失的情形能够更为直接地表现在财产权义务负担领域。但实际上，财产权权能限制、对财产权事实上的不利影响和财产权行政许可中止、变更或撤回领域存在更为大量的侵害财产权情形。这些情形虽然对财产权人未造成直接的经济损失，但对财产权权能限制和侵害程度不低于对财产权的义务负担，或者严重影响了财产权人对财产的使用，这些结果也都可能构成准征收。准征收与财产权社会义务的界限不清，导致实践中对准征收的补偿，以财产权人实际经济损失为前提，忽视了大多数造成间接损失的情形。因此，明确准征收与财产权社会义务的界限，是构建准征收制度的关键环节。

二 准征收补偿法律依据匮乏

通过"北大法宝"搜索全文中包含"补偿"的现行有效的法律和行政法规，检索到我国目前仅有28部包含准征收及其补偿规定的法律和行政法规，其中包括《公路法》《畜牧法》在内的16部法律和包括《风景名胜区条例》《电力供应与使用条例》在内的12部行政法规。同时，本书以"补偿"为关键词，通过"北大法宝"检索到2016年1月1日至2018年7月8日各级法院作出判决的73个相关案例，其中有54件都集中在对财产权行政许可的中止、变更或撤回领域。

（一）准征收案件集中于行政许可的中止、变更或撤回领域

如在兴隆县赣通房地产开发有限公司诉兴隆县人民政府案中，河北省承德市中级人民法院判决指出，被告为了公共利益的需要，依法调整了"兴隆豪庭与时代广场"工程项目规划方案，降低了该工程项目的容积率，此调整规划的行政行为并不违反《行政许可法》第8条及相关法律、法规的规定。但由于被告改变了"已经作出的

行政许可"给原告造成了损失,被告就应当依据《行政许可法》第8条第2款的规定,对原告合理的损失予以补偿。① 在建始县中盛水电开发有限责任公司诉建始县人民政府案中,湖北省恩施土家族苗族自治州中级人民法院认为,虽然建始县人民政府最终决定不授予中盛水电公司石门河水能资源开发权属正当履职,且符合法律规定,但依据《行政许可法》第8条第2款规定,确应考虑中盛水电公司因下游野三河水电站水库水位高于拟建设的普济桥水电站水位,而实际无法再行建设的经济损失问题。② 在岳阳市蓝天冶金建材有限公司诉岳阳市环境保护局案中,湖南省高级人民法院指出,岳阳市环保局于1996年1月18日批准同意蓝天公司的冶铅项目开工建设,国务院于同年8月2日颁布《国务院关于环境保护若干问题的决定》(国发〔1996〕31号),岳阳市环保局据此于同年12月6日向蓝天公司下达停建通知,岳阳市环保局的该行为系对行政许可的撤回。岳阳市环保局因撤回对蓝天公司的行政许可,应对该行为给蓝天公司造成的损失进行补偿。蓝天公司于停建通知下达前因冶铅项目投入资产造成的损失,为岳阳市环保局补偿的范围。③ 实践中不乏根据资源和环境保护新要求、城乡规划调整而需要对已经作出的行政许可进行变更、中止或撤回的案例。为保护和增进公共利益而对已经颁发的行政许可进行调整,具有合法性和目的正当性,但财产权人由行政许可而产生的信赖利益同样值得法律保护。一旦对财产权人获得的行政许可予以变更、中止或撤回,就会对财产权人在获得行政许可后的经济投入造成巨大损失,进而造成对财产权人的特别牺牲。

　　准征收案件集中于行政许可的中止、变更或撤回领域,主要是因为在多种准征收类型中,仅有行政许可的中止、变更或撤回具有

---

① 参见河北省承德市中级人民法院(2016)冀08行初154号行政判决书。
② 参见湖北省恩施土家族苗族自治州中级人民法院(2014)鄂恩施中行初字第00002号行政判决书。
③ 参见湖南省高级人民法院(2016)湘行再19号行政判决书。

予以财产权人相应补偿的法律依据。《行政许可法》第 8 条规定为行政许可变更、中止或撤回提供了明确的补偿依据。然而，准征收并不限于行政许可的中止、变更或撤回领域，还包括财产权权能限制，财产权义务负担，财产权公益使用，财产权去除，以及对财产权事实上的不利影响等诸多类型。但由于只有《行政许可法》等零星法律、法规规定了准征收补偿的依据，实践中约四分之三的准征收案例都集中于行政许可的中止、变更或撤回领域，则说明了我国准征收补偿的法律依据极其匮乏。

（二）多数准征收案件中财产权人获得补偿无法可依

除了行政许可的中止、变更或撤回领域有《行政许可法》的补偿规定以及个别单行立法规定，在因增进公共利益而使私有财产权遭受特别牺牲的广泛案件中，财产权人就特别牺牲而请求补偿并无任何法律依据。这也给法院对相关案件的审理带来了困难。

如在王新明等诉浙江省临安市人民政府案中，原告承包经营的 4000 余亩石竹林被临安市人民政府划入天目山自然保护区后，不能对林地进行劈山抚育，使原告经营收入减少。对此，临安市人民政府以会议纪要的形式承诺，对原告的经济林损失给予补偿。但经原告多次书面申请，临安市人民政府一直未予答复和作出补偿决定，故原告请求法院判令被告对原告的石竹林经营损失作出具体补偿方案。临安市人民法院在一审时认为，"临安市人民政府以会议纪要形式作出的扩区补偿承诺，与国家林业局批准的利益分享的扩区原则不符，且未经国家林业局审批，故市政府的补偿承诺尚不具法律效力。且据《自然保护区条例》规定，国家级自然保护区的行政主管部门是省级政府部门或国务院有关部门，故县级人民政府无权对扩区补偿问题径行作出决定。因此，被告临安市人民政府未对原告的补偿问题作出具体方案，该行为并不违法，不属拒绝或拖延履行法定职责。"[①] 杭州市中级人民法院二审认为，"被上诉人未对上诉人

---

① 参见浙江省杭州市临安市人民法院（2001）临行初字第 13 号行政判决书。

的补偿要求作出具体方案，系因国家级自然保护区的补偿问题尚无法律法规予以规范。故上诉人要求被上诉人在判决生效后60天内作出补偿方案的上诉理由于法无据，本院不予采纳。"① 浙江省高级人民法院再审指出，"临安市人民政府在会议纪要中关于对规划要求绝对保护的范围由市政府作适当补偿的公开承诺合法有效，该承诺所确定的义务应视为其必须履行的法定职责。临安市人民政府关于法律没有明确规定其有对新扩区村民经济损失进行补偿的职责，王新明等诉其履行法定职责无法律依据的意见不能成立。"② 该案中，王新明等原告之所以经历三审周折才获得胜诉，主要缘于我国缺乏准征收补偿的法律依据。临安市人民法院一审认为，"临安市人民政府以会议纪要形式作出的扩区补偿承诺，因与国家林业局批准的利益分享的扩区原则不符，且未经国家林业局审批，而不具法律效力"；③ 杭州市中级人民法院在二审也明确指出，"被上诉人未对上诉人的补偿要求作出具体方案，系因国家级自然保护区的补偿问题尚无法律法规予以规范"④。一审和二审法院无视财产权人因自然保护政策而遭受的财产权损失，以法律没有明确规定为由驳回原告补偿请求的判决显然过于苛刻。除反思一审和二审判决的正当性以外，更需要意识到我国法律在为因增进公共利益而受到特别牺牲的财产权人提供补偿的缺位。

再如，在重庆东方远海置业发展有限公司诉重庆市北碚区人民政府案中，重庆市第一中级人民法院认为，根据《土地管理法》第2条第4款和第58条第1款的规定，区县级人民政府需要对土地使用权人进行适当补偿的前提是，由有关人民政府土地行政主管部门报经原批准用地的人民政府或者有批准权的人民政府批准收回了国有土地使用权，并且符合为公共利益需要使用土地的或是为实施城

---

① 参见浙江省杭州市中级人民法院（2002）杭行终字第12号行政判决书。
② 参见浙江省高级人民法院（2003）浙行再字第3号行政判决书。
③ 参见浙江省杭州市临安市人民法院（2001）临行初字第13号行政判决书。
④ 参见浙江省杭州市中级人民法院（2002）杭行终字第12号行政判决书。

市规划进行旧城区改建需要调整使用土地这两项条件。而本案中涉案土地使用权仍属于原告,并未发生将此国有土地使用权收回的事实,故原告要求被告进行补偿缺乏事实依据,不予支持其诉讼请求。[①] 该案中,重庆市第一中级人民法院将原告获得补偿的条件僵化地限定为行政机关收回土地使用权的情形,而未考虑到行政机关为增进公共利益而使财产权人受到特别牺牲的情形。造成这一问题的原因也主要在于对因增进公共利益而受到特别牺牲的财产权人提供补偿的法律缺位。

三 行政规范性文件是财产权特别牺牲的主要政策载体

从法律保留原则来看,行政规范性文件的功能只能是法律范围内"执行性"的"规定权",而非"创设性"的"设定权",且不得增设调整公民权利义务的规定。但实践中,行政规范性文件作为程序最为便宜,成本最为低廉的抽象行政行为,被各级行政机关广泛运用,成了调整社会关系的主要角色,其中含有大量限制公民权利、为公民施加义务的内容。例如,在重庆巴某休闲体育有限公司诉重庆市巴南区人民政府案中,"原告重庆巴某休闲体育有限公司于1999年获得了修建宾馆、保龄球馆等项目的立项批复、土地使用权出让合同、建设用地规划许可证、土地使用证书等法律文件。2004年、2007年,被告重庆市巴南区人民政府分别进行区划调整,要求将原告所购地块调整为城市公园绿地。原告由此无法按原受让用途使用土地"[②]。再如,在重庆市北碚区蔡家岗镇灯塔屠场诉重庆市北碚区人民政府案中,"灯塔屠场分别依法取得了营业执照、卫生许可证、肉品品质检验合格验讫印章等法律文件,经营生猪屠宰手续齐全、合法。北碚区政府于2004年6月15日发布《关于规范生猪屠宰和猪肉流通秩序的通告》,明确'本区城市规划范围内不符合国家

[①] 参见重庆市第一中级人民法院(2016)渝01行初287号行政判决书。
[②] 参见重庆市第五中级人民法院(2009)渝五中法行初字第73号行政判决书。

现行生猪屠宰资质条件、未依法取得定点屠宰资格的生猪屠宰厂（场）自 2004 年 6 月 30 日起停业关闭。'2004 年 6 月 20 日，北碚区政府以灯塔屠场已经不符合有关条件为由，作出《关闭屠宰场决定书》，决定自 2004 年 6 月 30 日起关闭灯塔屠场。灯塔屠场提起要求撤销关闭屠宰场决定的行政诉讼"①。上述案例反映出，行政规范性文件作为政策载体，在实践中时常对公民财产权造成特别牺牲的现象。实际上，2015 年，中共中央、国务院印发的《法治政府建设实施纲要（2015—2020 年）》就明确要求："规范性文件不得设定行政许可、行政处罚、行政强制等事项，不得减损公民、法人和其他组织合法权益或者增加其义务。"而 2014 年修订后的《行政诉讼法》第 53 条第 1 款规定："公民、法人或者其他组织认为行政行为所依据的国务院部门和地方人民政府及其部门制定的规范性文件不合法，在对行政行为提起诉讼时，可以一并请求对该规范性文件进行审查。"2018 年《最高人民法院关于适用〈中华人民共和国行政诉讼法〉的解释》第 149 条第 1 款指出："经审查认为规范性文件不合法的，不作为人民法院认定行政行为合法的依据。"由此，对于实践中存在的没有法律、法规、规章依据，违法增加公民、法人和其他组织义务或者减损公民、法人和其他组织合法权益的行政规范性文件，人民法院有权在原告请求一并审查后，不将其作为人民法院认定行政行为合法的依据。

四　构建准征收制度的路径不明

《宪法》第 13 条就财产权条款作出规定："公民的合法的私有财产不受侵犯。国家依照法律规定保护公民的私有财产权和继承权。国家为了公共利益的需要，可以依照法律规定对公民的私有财产实行征收或者征用并给予补偿。"该条构成了我国《宪法》财产权条

---

① 一审：参见重庆市第一中级人民法院（2004）渝一中行初字第 251 号行政判决书；二审：参见重庆市高级人民法院（2005）渝高法行终字第 54 号行政判决书。

款的全部内容，确立了合法私有财产不受侵犯这一有关公民权利的基本原则，以及征收、征用制度。由此，我国《宪法》"财产权保护—应予补偿的公用征收"的财产权"二元结构"得以确立。构建准征收制度，能否在现行《宪法》财产权条款"二元结构"之下实现？言下之意，财产权受到特别牺牲的公民，能否通过"反向征收"（"inverse condemnation"或"reverse condemnation"），即请求国家对其财产予以征收而获得相应补偿，抑或必须修改当下的《宪法》财产权条款，将准征收融入《宪法》文本，构建"财产权保护—财产权社会义务—应予补偿的财产权限制—应予补偿的公用征收"完整的财产权"四元结构"体系？

"反向征收"由美国法中的"inverse condemnation"和"reverse condemnation"翻译而来《布莱克法律词典》将"反向征收"解释为"财产权人对行政机关未经正式征收程序而征收其财产所提出的补偿请求"[①]。所谓"反向"是就行政机关通过正式的征收程序对公民财产权予以征收这种"正向"方式而言的。因此，反向征收的法律含义是，征收行为并非由行政机关依照相关法律发动，而是由财产权在未被征收的情况下而受到侵害的权利人通过向行政机关申请或者诉讼程序，要求行政机关对其财产进行征收，从而可以从中获得补偿。由此可见，"反向征收"这一概念凸显了实践中由受到侵害的财产权人向行政机关或司法机关请求救济这一主要面向，涵盖了实践中大量行政机关在未予征收的情况下侵害公民财产权而公民无法获得相应救济的情形。

在顾敏诉重庆市永川区人民政府案中，原告于2003年2月15日在国有土地转让中获得了永川区双竹镇3148平方米的国有土地使用权，办有《国有土地使用权证》，用途为综合用地，使用期限至2049年1月7日。随后，原告依照原规划用途对该宗地进行了土地

---

① Bryan A. Garner, *Black's Law Dictionary*, Thomson Reuters 10th edition, 2014, p. 353.

整治。被告于2006年11月18日发布了《永川市饮用水源保护区划分方案的通知》(永府办发〔2006〕77号)将原告所有的土地划分入卫星湖饮用水一级保护区。被告通过制定《永川区卫星湖片区控制性详细规划》等一系列新规划,使原告该宗土地的用途实质上发生了根本变化,无法进行原有的别墅开发修建。被告重庆市永川区人民政府在拒绝原告的补偿请求后,原告提起行政诉讼,要求被告对原告土地和土地上构筑物予以补偿。重庆市第五中级人民法院认为,根据《水污染防治法》第58条规定和涉案地块属于饮用水源一级保护区范围和绿地的用地性质的客观情况,原告实际上已不能进行与供水设施和保护水源无关的建设开发,故原告要求被告对其土地和土地上构筑物进行补偿。但因涉案地块的国有土地使用权仍属原告所有,在被告未依法收回的情况下,原告径行要求予以相应金额补偿的法律条件尚不具备。原告提出补偿申请认为,该地块已调整为非建设用地,事实上被被告征收占用,因此提出被告应当收回国有土地使用权证并给予补偿。基于此,原告提出补偿的诉求即被告履行收回其国有土地使用权并依法进行补偿的法定职责。被告在明知涉案地块土地用地性质已改变的情况下仍在答复中否认该事实并告知原告可以依法实施开发建设,从而拒绝补偿,被告的答复其实是拒绝履行依法收回国有土地使用权并补偿的职责。将饮用水源一级保护区范围规划控制为绿地用途应属公共利益需要,因此,被告应征收土地并对土地使用权人给予适当补偿,被告拒绝履行于法无据。①

由此,在现行《宪法》财产权条款"二元结构"的框架下,征收是补偿唯一的关联要件。于是,在财产使用权受到限制的情况下,法院在该案中将原告提出补偿的诉求,与要求被告履行收回其国有土地使用权画上等号。因为只有请求征收其国有土地使用权才能够依法获得补偿。然而,财产权人是否有公法上的征收请求权?如果

---

① 重庆市第五中级人民法院(2016)渝05行初36号行政判决书。

承认公民享有公法上的征收请求权,则意味着在符合法定要件时,公民即可依法请求行政机关征收其财产并获得相应补偿,行政机关不得拒绝。但实际上,公民不应享有公法上的征收请求权,理由有二:首先,现行《宪法》第13条第3款规定:"国家为了公共利益的需要,可以依照法律规定对公民的私有财产实行征收或者征用并给予补偿"。由此可见,发动主体只能是国家,以国家主动征收公民的私有财产的正向形式体现。《宪法》并未赋予公民"反向征收"请求权。其次,征收私有财产的前提是公共利益的需要,而"公共利益"形成的判断主体应当是国家,而非财产权人。质言之,只有国家才能对"公共利益"的形成作出判断,进而在增进"公共利益"和维护私有财产权之间进行恰当衡量。因此,无论是基于对《宪法》文本的解释,还是对公共利益需要的判断,均不应赋予公民公法上的征收请求权。不赋予公民反向征收的权利,并不意味着公民不得请求行政机关征收其财产。在财产权因公共利益而受到特别牺牲的情况下,除了直接申请行政机关予以补偿,公民还可以请求行政机关发动对其财产权的征收。

五 缺乏补偿标准

德国《基本法》明确规定,征收必须依法律进行,并且该法律应当同时规定征收的补偿标准和种类。如果规定征收的法律没有规定补偿的种类和标准,即构成违宪而无效。联邦德国立宪者的这一理念,是将法律规定的征收制度与补偿规定强制性地联结在一起,强调征收补偿的不可或缺性。因此,这一条款也被称为"唇齿条款",形象地展现出征收与补偿的紧密关联。然而,我国现行规定了补偿条款的财产权准征收法律、行政法规中,未有一部法律或行政法规清晰规定了补偿标准。例如,《公路法》《行政许可法》《防洪法》《民用航空法》《城乡规划法》《农村土地承包法》《种子法》《风景名胜区条例》《水生野生动物保护实施条例》《森林法实施条例》《畜禽规模养殖污染防治条例》《铁路安全管理条例》仅概括规定"应当给予相应的补偿""应当依法给予补偿"或"按照有关规定给予经济补偿",而未释明补偿的标准;《畜牧法》《矿产资源法》《电力供应与使用条例》《乡镇煤矿管理条例》中规定的"给予合理的补偿"或"给予适当的补偿"同样属于不确定法律概念,难以理解何为"适当"或"合理";而《农田水利条例》虽然同样未直接就补偿标准作出规定,但明确补偿标准由省、自治区、直辖市制定,能够使准征收补偿在一定程度上具有法律确定性;只有《石油天然气管道保护法》较为明确地规定了补偿标准,规定"管道企业应当按照管道建设时土地的用途给予补偿"。但细致而论,"管道建设时土地的用途"作为补偿标准仍具有模糊性。综上所述,我国虽有规定了补偿条款的财产权准征收法律、行政法规,但这些法律、行政法规未能就补偿标准作出明确规定。

实践中不乏因补偿标准问题而产生争议的准征收行政诉讼案件。例如,在牟大伟与长春市绿园区人民政府案中,2012年3月28日,原告牟大伟向长春市工商行政管理局绿园区分局申请办理了养殖场个体工商户营业执照。2014年绿园区政府修建兴隆湖公园项目,原告为支持项目建设,主动将生猪卖掉。政府表示会对原告进行合理补偿,并对养殖场进行制图测绘统计。但其后政府下达的评估报告只补偿原告273万元,原告认为该评估报告存在漏项、价格不合理的问题。经原告委托评估,原告财产损失价值已逾590万元。原告故向法院提起行政诉讼。① 对于准征收补偿的标准还存在诸多问题应在理论上探讨清楚,例如,准征收补偿应是完全补偿还是适当补偿?若是适当补偿应当考虑哪些因素作为补偿依据?等等。

六 补偿方式单一

如前所述,我国部分规定有准征收补偿的法律、行政法规均以财产权人受到实际的经济损失为补偿前提。以财产权人实际经济损

---

① 参见吉林省长春市中级人民法院(2016)吉01行赔初4号行政判决书。

失为准征收的补偿前提，就必然会导致经济补偿成为补偿的主要方式。例如，《畜牧法》第 13 条第 3 款明确规定了对财产权人的"经济补偿"："……有关单位、个人应当配合畜禽遗传资源基因库采集畜禽遗传材料，并有权获得适当的经济补偿。"再如，《农田水利条例》第 24 条："……占用者应当建设与被占用的农田水利工程设施效益和功能相当的替代工程；不具备建设替代工程条件的，应当按照建设替代工程的总投资额支付占用补偿费；造成运行成本增加等其他损失的，应当依法给予补偿……"该条同样将补偿方式指向经济补偿，明确了支付补偿费以及对成本增加造成损失的补偿。然而，实践中存在许多准征收对财产权人造成间接经济损失的情形，这意味着对不动产财产权人的补偿可以经济补偿以外的形式进行。尤其是在对财产权产生事实上的不利影响领域，国家为了公共利益对私有不动产财产权利用所造成的妨碍，可以优先考虑给予非经济类补偿。例如，在街道、乡镇修建高速公路，为邻近住户造成了严重噪声污染，妨碍了不动产财产权人对财产权的正常使用。此时，应当优先采取修筑隔音墙、绿化带等措施排除新建高速公路对不动产财产权人造成的使用妨碍，而非一律给予经济补偿。

综上所述，在我国构建准征收制度，还面临着准征收与财产权社会义务的界限难以划定、准征收补偿法律依据匮乏、行政规范性文件作为对财产权形成特别牺牲的主要政策载体、构建准征收制度的路径不明、缺乏补偿标准和补偿方式单一等问题。其中，准征收与财产权社会义务的界限难以划定是构建准征收制度所面临的最为关键的问题。只有提出准征收的具体识别标准，才能明确准征收与财产权社会义务的界限，在增进公共福祉与保障财产权人合法财产利益间取得平衡。构建准征收制度的路径不明则是我国构建准征收制度所面临的基础问题。目前我国《宪法》财产权条款所确立的"财产权保护—应予补偿的公用征收""二元结构"能否容纳准征收制度，在很大程度上取决于我国能否引鉴美国的"反向征收"制度。所谓"反向征收"，指财产权人对行政机关未经正式征收程序而向行政机关提出征收其财产并予以补偿的请求。如果承认反向征收，就意味着公民享有要求国家对其财产予以征收并给予相应补偿这一公法上的请求权。但事实上，从我国现行《宪法》财产权条款规定来看，征收的发动主体只能是国家，公民无权要求国家征收其财产。从公共利益需要的角度来看，只有国家才是对"公共利益"的形成作出判断的适格主体，进而在增进"公共利益"和维护私有财产权之间进行恰当衡量。这意味着公民因不宜对公益和私益作出权衡判断而不应享有反向征收请求权。由此，我国现行《宪法》的财产权条款并不具备容纳准征收制度的条件，构建准征收制度需要另行明确其制度路径。

第 二 章

准征收识别标准

界分准征收与财产权的社会义务是准征收制度的核心内容，只有提出准征收的识别标准，才能明确准征收与财产权社会义务的界限，在增进公共福祉与保障财产权人合法财产利益间取得平衡。从域外经验来看，以德国和中国台湾地区为代表的大陆法系国家、地区发展出了一套以特别牺牲理论、比例原则和期待可能性理论为核心的准征收识别标准，而美国联邦最高法院则用一个多世纪的时间形成了较为具体的管制征收识别标准。域外国家、地区关于准征收识别标准的理论和实务为我国准征收识别标准的构建提供了可资借鉴的宝贵经验。

第一节　期待（忍受）可能性理论标准

德国行政法上的损失补偿制度体系自《魏玛宪法》时期得以快速发展。在魏玛共和国时期，具有典型性代表的是1927年帝国法院对采砂石案作出的判决。帝国法院在该案中认为："所有权人依民法所享有自由使用、处分、收益之权利，基于第三人利益而受到侵害时，即属于征收。"[1] 帝国法院在此基础上又提出"期待（忍受）可能性理论"标准以及"值得保护理论""本质减损理论"等标准来判别"公用征收"与"财产权限制"的界限。这些标准的运用对《基本法》颁布后德国联邦普通法院和联邦宪法法院对相关案件的审理，也产生了重要影响。

一　形式区别理论式微：期待（忍受）可能性理论标准产生的背景

由于扩张征收概念不以转移所有权为必要，有别于古典征收概念，因此产生了扩张征收与单纯财产权限制之间的区分问题。对此，早在魏玛共和国时期，帝国法院就在采砂石案中提出"个别处分理论"标准并将其作为区分是否应予补偿的标准。帝国法院指出，所谓征收者，系指国家对于特定人或可得特定之人之财产权予以个别侵害；反之，对于法律适用范围内之人或物，所为一般性、一体适用性之限制或干预者，则属财产权之限制。[2] 这一理论以帝国法院1927年3月11日的一则关于古迹保护的判决为代表。原告在位于某古迹旁的土地上实施采集砂石工程。古迹维护机关命令原告停止采砂，并将原告的土地指定为"古迹环绕土地"载入古迹名录中，于是原告向法院提起损失补偿之诉。审理过程中，被告主张有关古迹之指定及其使用限制属于财产权之限制，而非应予补偿之征收。但是，帝国法院在判决中指出：古迹暨自然保护法赋予行政机关可以通过特定行政措施（例如将某一土地载入古迹保护名录），使某特定土地所有权人不得任意行使其所有物之权利。因此，是否构成一种征收，应视个别财产权人依法所享有的权利是否受到阻碍。[3] 进而，

---

[1]　翁岳生编：《行政法》，中国法制出版社2009年版，第1725—1726页。
[2]　参见李建良《行政法上损失补偿制度之基本体系》，《东吴法律学报》1999年第11卷第2期。
[3]　参见李建良《行政法上损失补偿制度之基本体系》，《东吴法律学报》1999年第11卷第2期。

所谓个别财产权人的权利受到侵害,即属于行政机关的个别处分。因此,帝国法院的"个别处分理论"基本上承袭了古典征收概念。但以征收方式是否为行政处分作为区分标准,只能算作一种形式判断基准,并无实质内容,"个别处分理论"只能被称为形式区别理论,其在后期的相关案件中因具有难以克服的局限性而被摒弃,取而代之的即是期待(忍受)可能性理论。

二 期待(忍受)可能性理论标准的发展

由于帝国法院的"个别处分理论"标准仅具有形式意义,无法圆满解决"公用征收"与"财产权限制"的区分问题。因此,学者在采砂石案后尝试提出具有实质意义的区分标准,例如"值得保护理论""本质减损理论""私利用性理论""目的相左理论""重大性理论(严重性理论)"等标准,其中最具有代表性、影响最为深远的是"期待(忍受)可能性理论"标准。

"值得保护理论"标准主要着眼于受干预法益的种类,将征收界定为对"有财产价值权利之值得保护实体"予以侵害。该理论提出者瓦尔特·耶利内克(Walter Jellinek)认为,面对立法者,财产权具有一定程度之弱点,亦即,并非所有立法者之干预均可视为公用征收。关于财产权是否值得保护之区分,可依历史沿革、社会一般通念以及法律之用语意旨探求之。"本质减损理论"认为,征收指公权力对于人民财产权之实质现状及内容有所侵害,致使该权利本质所必要之经济性功能受到剥夺或最严重侵犯者。[1] 此学说以私有财产权是否发生"实质减损"为识别标准。

然而,"值得保护理论"标准和"本质减损理论"标准在魏玛共和国时期的影响力远不及"期待(忍受)可能性理论"标准。"期待(忍受)可能性理论"标准为罗尔夫·施特(Rolf Stödter)

---

[1] 参见李建良《行政法上损失补偿制度之基本体系》,《东吴法律学报》1999年第11卷第2期。

提出，认为若对财产权之本质构成重大之侵害者，即属征收；对财产权干预程度如属轻微，仅构成财产权之社会义务，国家并无损失补偿之义务。此外，应予补偿的公用征收和不予补偿的财产权限制的区分取决于具有实质内容之准据。综言之，具有决定性者，乃高权干预之严重程度、范围、重大性及强度。此等实质之区别要素，主要系源自平等原则。权利人如果必须忍受超越通常负担之侵害时，即受不平等之待遇。唯有对个人权利领域之侵害，触及主观权利之本质时，始构成实质之不平等，从而使国家负有公法上之补偿义务。[①] 罗尔夫·施特提出的"期待（忍受）可能性理论"标准影响深远，甚至在"二战"后，联邦普通法院及联邦行政法院所发展的"特别牺牲理论"标准和"重大性理论"标准多少受到罗尔夫·施特的"期待（忍受）可能性理论"标准影响。

第二节　特别牺牲理论标准

德国联邦普通法院在1952年的判决中创造了"特别牺牲理论"标准。该标准是指国家对人民财产权的干预，若使财产权人的牺牲程度与他人所受限制相比显失公平且无期待可能性，国家就应予补偿。反之，如果国家对人民财产权的干预与他人所受限制相比较未达到显失公平且无期待可能性的程度，则属单纯财产权之社会义务，国家就无补偿义务。德国联邦普通法院和联邦宪法法院均将特别牺牲理论作为判断是否构成准征收的重要标准，而中国台湾地区"司法院""大法官"近乎将特别牺牲理论视为判别是否构成准征收而对财产权人予以补偿的唯一标准。

[①] 参见李建良《行政法上损失补偿制度之基本体系》，《东吴法律学报》1999年第11卷第2期。

一 特别牺牲理论标准在德国联邦普通法院的诞生及发展

《基本法》颁布后，公民因财产权受到特别牺牲而向法院提起诉讼要求予以补偿的案件屡有发生。德国联邦普通法院在审查相关案件时，主要考量政府行为属于"应予补偿的公用征收"还是"不予补偿的财产权限制"，如果属于"应予补偿的公用征收"则应予补偿，而如果属于"不予补偿的财产权限制"就无须补偿。对于如何区分"应予补偿的公用征收"和"不予补偿的财产权限制"，联邦普通法院则发展出并运用了特别牺牲理论标准，同时辅之以私利用性理论、目的相左理论和重大性理论等标准加以判断。

关于如何区分"应予补偿的公用征收"和"不予补偿的财产权限制"，联邦普通法院在1952年的判决中发展出特别牺牲理论标准。根据该判决，特别牺牲理论标准指国家对人民财产权的干预，若使财产权人的牺牲程度与他人所受限制相比显失公平且无期待可能性，国家就应予补偿。反之，如果国家对人民财产权的干预与他人所受限制相比较未达到显失公平且无期待可能性的程度，则属单纯财产权之社会义务，国家就无补偿义务。[①] 之所以将这一标准称为"特别牺牲理论"标准，是因为只要财产权所受限制的强度达到特别牺牲，就构成公用征收，其实质内涵则以平等原则为判别基准。

特别牺牲理论标准的提出为是否需要补偿财产权牺牲提供了理论判别工具，但这一理论本身在实务中仍然欠缺可操作性，有时还无法发挥判别的作用。因此，德国学界与实务界在特别牺牲理论标准的基础上，又提出了各种区分征收和财产权社会义务的理论，作为辅助识别标准。第一，"私利用性理论"标准。私利用性理论标准以财产权的制度性保障为基础，认为征收指透过具体之措施，而使财产权丧失其私有利用价值者。第二，"目的相左理论"标准。"目

---

① 参见李建良《行政法上损失补偿制度之基本体系》，《东吴法律学报》1999年第11卷第2期。

的相左理论"又称"目的不符说"标准,系基于财产权本身合理目的之考量,认为法律对财产权所为之限制,若合于该财产权本身之目的者,系属于财产权之社会义务;反之,财产权人所受之限制,如已经超越该财产标的之原有目的时,则属于一种征收。第三,"重大性理论"标准。"重大性理论"标准又称"严重性理论"标准,该理论由联邦行政法院提出,后被联邦普通法院广泛运用。该理论以"期待(忍受)可能性理论"标准为基础,认为对财产权侵害之程度及范围若属重大者,即属公用征收;反之,若未达重大之情事者,则为财产权之社会义务。①

综上所述,以上标准的表述虽有差异,但都基本未脱离魏玛共和国时期值得保护理论标准和期待(忍受)可能性理论标准的范畴。这些标准的含义也具有共同之处:即判断行为对财产的侵害程度,财产权人是否能够忍受,财产是否仍具有经济价值或使用价值等综合因素。《基本法》颁布实施后,特别牺牲理论标准成为联邦普通法院的主要识别工具。当然,联邦普通法院还不断吸纳了上述各项实质区分标准。例如,"在联邦普通法院裁判中经常提及侵害之重大性、强度或忍受程序等观点,尤其是特别牺牲理论标准的核心要素平等原则,或援用联邦行政法院之重大性理论,检视财产权所受侵害之强度,以判别征收之存否。"② 总之,对于"特别牺牲"的认定,可以首先判断这一干预行为的合法性,若存在违法,则侵害的违法性就构成一种特别牺牲。其次,可从实质方面考量干预行为的程度是否违反平等原则,如果违反平等原则,则构成特别牺牲,国家应予补偿。"须指出者,联邦普通法院所发展出之'征收理论',其系着眼于'补偿'之问题,至于该侵害行为本身是否应予除去,则非联邦普通法院所关注者,故法院对此暂置不论。是以,在实务

---

① 参见翁岳生编《行政法》(下),中国法制出版社2009年版,第1730页。
② 李建良:《行政法上损失补偿制度之基本体系》,《东吴法律学报》1999年第11卷第2期。

上，当事人得向行政法院诉请除去违法之侵害行为，或者容忍此项侵害，而向普通法院请求补偿。"①

二 中国台湾地区"司法院""大法官"释字中特别牺牲理论标准的运用

中国台湾地区所谓"宪法"未如德国《基本法》对公用征收作出明确规定，仅在第 15 条规定："人民之生存权、工作权及财产权，应予保障。"而从"土地法""都市计划法""文化资产保存法""平均地权条例"等单行法来看，其中所规定的征收均指基于公共利益的需要，以转移土地或者建筑物所有权为目的的对财产权利剥夺的狭义公用征收。因此，中国台湾地区所谓"宪法"和其他所谓"法律"均未对财产权利用限制是否属于"应予补偿的公用征收"作出规定。虽然立法未对财产权利用限制的问题作出规定，但实务中引发的相关法律争议却不在少数，其中共有 5 个案件由所谓"司法院""大法官"作出解释（以下简称释字）。"司法院""大法官"就这 5 个案件作出的解释代表了中国台湾地区对财产权特别牺牲补偿标准的基本态度。

"司法院""大法官"是中国台湾地区依照所谓"宪法"在最高司法机关——"司法院"中所设置的机构。根据所谓"宪法"第 79 条第 2 款规定，"'司法院'设'大法官'行使'宪法'第 78 条规定事项——解释'宪法'"，此为"大法官"释字的所谓"宪法"基础。"大法官"释字制度经过 60 余年的发展，已经与德国联邦宪法法院制度具有了很高程度的相似性。在"司法院""大法官"释字中，有较多案件涉及征收补偿问题，其中第 336 号、第 400 号、第 440 号、第 444 号和第 747 号释字均与公权力行使对公民财产权造成特别牺牲相关。

---

① 翁岳生主编《行政法》（下），中国法制出版社 2009 年版，第 1732—1733 页。

(一) 第 336 号释字通过特别牺牲理论标准否认"财产权持续限制"必然属于"应予补偿的公用征收"

1974 年 11 月 28 日，被告为实施新店市扩大都市计划，发布公告将原告所有的坐落于台北县新店市的一块土地划设为公共设施保留地。根据 1973 年 9 月 6 日修正后的"都市计划法"的规定，被告应当最迟于 1984 年 11 月 28 日前征收原告土地。逾期未征收的，应视为撤销公共设施保留地。由于被告逾期未征收原告土地，原告于 1991 年 5 月 9 日向被告申请撤销公共设施保留地。被告以"都市计划法"于 1988 年修正时，已将原第 50 条关于公共设施保留地取得年限的规定删除为由，拒绝了原告撤销公共设施保留地的申请。原告就此先后提起诉愿和行政诉讼。

1994 年 2 月 4 日，"司法院""大法官"就此案作出第 336 号释字。解释文指出："1988 年 7 月 15 日修正公布之都市计划法第五十条，对于公共设施保留地未设取得期限之规定，为增进公共利益所必要，与'宪法'并无抵触。"理由书亦指明："公共设施保留地，如认为无变更必要，机关应尽速取得之……对权利受有个别损害，而形成特别牺牲者，予以不同程度之补偿。"所谓公共设施保留地是指为便利公共设施的设置，将特定私有土地制定为征收准备用地，在主管机关未征收或购买期间，均应禁止妨碍征收的合理使用。由此，公共设施保留地的使用权受到限制。在对该案的解释中，"司法院""大法官"首先明确了公共设施保留地制度的"合宪性"。认为"都市计划法"未规定公共设施保留地的征收取得期限，是为了增进公共利益所必要的，与所谓"宪法"并无抵触。其次，在对是否应予补偿的问题进行判断时，主要采用了"特别牺牲理论"，认为若对权利受损害而形成特别牺牲的，予以不同程度的补偿。由此可见，对于设立公共设施保留地这类财产权持续受到限制的情形，并非必然给予补偿，只有形成特别牺牲的才视不同程度给予相应补偿。

(二) 第400号释字通过特别牺牲理论标准赋予财产权人"征收请求权"

原告为嘉义市一条道路的所有权人。该道路为柏油路面，是市区交通往来的重要道路。嘉义市政府进行都市计划（规划）时，将原告所有的道路更名为"孜和路"，并于1974年将道路的性质由"建"改为"道"。至此，原告土地已失去了市场交易价值，仅能期盼政府通过征收来给予相应补偿。原告在请求被告对土地进行征收补偿后，被告答复称：现依公用地役关系继续使用之道路过多，因地方财源拮据，经费宽裕或上级下拨专案补助经费时，再行依法征收并补偿其地价。原告不服，提起诉愿、再诉愿遭驳回后，提起行政诉讼。

1996年4月12日，所谓"司法院""大法官"就此案作出第400号释字指出："既成道路符合一定要件而成立公用地役关系者，其所有权人对土地既已无从自由使用收益，形成因公益而特别牺牲其财产上之利益，'国家'自应依法律之规定办理征收给予补偿，各级政府如因经费困难，不能对上述道路全面征收补偿，有关机关亦应订定期限筹措财源逐年办理或以他法补偿。"理由书亦指明："惟个人行使财产权仍应依法受社会责任及环境生态责任之限制，其因此类责任使财产之利用有所限制，而形成个人利益之特别牺牲，社会公众并因而受益者，应享有相当补偿之权利。"

"大法官"在解释文字中指出，"如因公用或其他公益目的之必要，'国家'机关虽得依法征收人民之财产，但应给予相当之补偿，方符'宪法'保障财产权之意旨"，似乎有意对"公益征收"作出解释，在指出公益征收的目的是"公用或其他公益目的"的同时，也明确了"国家"机关对征收的补偿义务。然而"大法官"并未对征收的内涵作出说明。"大法官"在解释文中还指出："既成道路符合一定要件而成立公用地役关系者，其所有权人对土地既已无从自由使用收益，形成因公益而特别牺牲其财产上之利益，自应依法律之规定办理征收给予补偿"，就此而论，释字将"所有权人对土地无从自由使用收益"这种财产权内容限制的情形视为已达"公用征收"的程度。但释字似乎并不认为凡"所有权人对土地无从自由使用收益"的情形一律达到"公用征收"的程度，只有达到特别牺牲程度的才可构成"公用征收"。值得注意的还有，"大法官"对本案所提供的解决方案是"应依法律之规定办理征收给予补偿"，而并非在维持道路现状的基础上直接要机关对财产权人予以补偿。换言之，"大法官"在本案中赋予了土地财产权人"请求'国家'机关对其土地予以征收的权利"，并未直接对具体补偿问题进行判定。

（三）第440号释字通过特别牺牲理论标准创造了"应予公平补偿的财产权限制"概念

原告为台北市信义区的土地所有权人，因被告机关未对其所有的位于庄敬路与吴兴街间的都市计划十一公尺宽道路用地办理征收补偿，却擅自兴筑排水设施及铺设柏油路面为由，于1994年3月31日向被告机关请求办理征收补偿。被告机关答复拒绝办理征收补偿后，原告提起诉愿、再诉愿遭驳回后，提起行政诉讼。

1997年11月14日，"司法院""大法官"就此案作出第440号释字指出："主管机关埋设地下设施物妨碍土地权利人行使权利，致生损失，形成特别牺牲，应享有补偿权利。"理由书亦指明："既成道路符合一定要件而成立公用地役关系者，其所有权人对土地既已无从自由使用收益，形成因公益而特别牺牲其财产上之利益，'国家'自应依法律之规定办理征收给予补偿。"

解释文中并未提及"公用征收"或其他相关征收的概念，而直接将"逾其社会责任应忍受之范围，特别牺牲"作为补偿的要件。由此可见，第440号解释采用了德国联邦宪法法院对无偿提交出版品义务案的判决思路，在"应予补偿的公用征收"之外，创造了"应予公平补偿的财产权限制"概念。

此外，此解释文还指出："主管机关对于既成道路或都市计划道路用地，在依法征收或价购以前埋设地下设施物妨碍土地权利人对其权利之行使，致生损失，形成其个人特别之牺牲，自应享有受相当补偿之权利。"这一解释与第400号释字有所不同。第400号释字中对于道路所有人因无从自由使用收益所受之损失解决方案是，"应依法律之规定办理征收给予补偿"，而对办理征收之前财产权人的损失予以直接认定。而在本案中，释字明确指出，在依法征收或购买土地以前，财产权人因土地利用受到妨碍而造成的损失，如土地征收前，土地权利人原可在地下兴建停车场、市场、商场等，却因主管机关埋设水电管线或下水道而无法兴建的损失，土地权利人就享有获得相应补偿的权利。因此，可以认为第440号解释创造了"应予公平补偿的财产权限制"概念，承认"财产权持续限制亦应补偿"的原则，比释字第400号解释在更大程度上保护了财产权人的权利。

（四）第444号释字确立了执行上位法的权利限制规定不抵触对"宪法"财产权的保障意旨

1998年1月9日作出的第444号释字中认为："非都市土地容许使用执行要点所规定的在水质、水量保护区范围内，不得新设畜牧场及使用畜牧设施，系为执行自来水法及水污染防治法，乃按本项但书之意旨，就某种使用土地应否依容许使用之项目使用或应否禁止或限制其使用为具体明确之例示规定，此亦为实现前揭之立法目的所必要，并未对人民权利形成限制，与财产权之意旨及法律保留原则尚无抵触。"这一解释就"非都市土地容许使用执行要点"是否创设了对人民权利所没有的限制进行了审查，认为只要上位法中有关于限制人民权利的依据，下位法中关于执行相关法律的规定并不违反财产权保障意旨。

（五）第747号释字通过特别牺牲理论标准创造了"地上权征收"制度

申请人指南宫及南宫建设开发股份有限公司于1992年询问国道新建工程局关于修建北部第二高速公路木栅隧道是否会通过其投资兴建的指南宫地藏王宝殿。国道新建工程局于1993年答复表示北部第二高速公路木栅隧道并未穿越原告所欲兴建的指南宫地藏王宝殿。申请人于是开始建设工程。1997年3月26日，国道新建工程局修建的隧道完工。申请人于2008年12月查证到该隧道确实穿越了申请人工程下方，认为其权利受到侵害，（实际上，土地财产权人对土地的占有、适用、处分、收益权均未受到任何影响，只是由于隧道在土地35米下方穿越，土地价值受到了一定程度的影响）于是在2010年6月8日向国道高速公路局申请协议收购原告土地。2010年7月2日，国道高速公路局答复拒绝收购后，申请人经行政诉讼败诉后，于2013年2月23日申请作出解释并变更释字第400号解释。

2017年3月17日作出的第747号释字指出："人民之财产权应予保障，需用土地人因兴办土地征收条例第3条规定之事业，穿越私有土地之上空或地下，致逾越所有权人社会责任所应忍受范围，形成个人之特别牺牲，而不依征收规定向主管机关申请征收地上权者，土地所有权人得请求需用土地人向主管机关申请征收地上权。"此理由书还指出："'宪法'第15条规定人民财产权应予保障，旨在确保个人依财产之存续状态，行使其自由使用、收益及处分之权能，并免于遭受公权力或第三人之侵害，俾能实现个人自由、发展人格及维护尊严。'宪法'上财产权保障之范围，不限于人民对财产之所有权遭国家剥夺之情形。'国家'机关依法行使公权力致人民之财产遭受损失（诸如所有权丧失、价值或使用效益减损等），若逾社会责任应忍受范围，形成特别牺牲，'国家'应予补偿，方符'宪法'第15条规定人民财产权应予保障之意旨。'国家'如征收土地所有权，人民自得请求合理补偿因丧失所有权所遭受之损失；如征收地上权，人民亦得请求合理补偿所减损之经济利益。按征收原则上固由需用土地人向主管机关申请，然'国家'因公益必要所兴办事业之设施如已实际穿越私人土地之上空或地下，致逾越所有权人社会责任所应忍受范围，形成个人之特别牺牲，却未予补偿，属对人民财产权之既成侵害，自应赋予人民主动请求征收以获补偿之权利。"

在本案中，释字具有创造力地明确了"地上权征收"制度。所谓"地上权",即我国《物权法》所规定的"建设用地使用权",是"以国家或集体所有的土地及其上下建造建筑物、构筑物及其附属设施并保有其所有权为目的而占有、使用、收益土地的用益物权"[①]。根据我国台湾地区"土地征收条例"第 57 条第 2 项规定:"前项土地因事业之兴办,致不能为相当之使用时,土地所有权人得自施工之日起至完工后一年内,请求需用土地人征收土地所有权,需用土地人不得拒绝。"可见,"土地征收条例"仅赋予了土地权利人请求需用土地人征收土地所有权的权利,而并未赋予土地权利人请求征收地上权的权利。而释字在法律未明文规定土地财产权人可以请求征收地上权的情况下,为补偿财产权人遭受的损失,创造性地赋予了土地地上权征收请求权,指出,"需用土地人因兴办土地征收条例第 3 条规定之事业,穿越私有土地之上空或地下,致逾越所有权人社会责任所应忍受范围,形成个人之特别牺牲,而不依征收规定向主管机关申请征收地上权者,土地所有权人得请求需用土地人向主管机关申请征收地上权"。

(六)小结

不同于德国《基本法》第 14 条对财产权条款作出的财产权剥夺、财产权限制和财产权保护"三元结构"规定,中国台湾地区所谓"宪法"第 15 条对财产权条款作了非常简单的规定:"人民之生存权、工作权及财产权,应予保障。"仅凭这一规定,难以把握中国台湾地区对财产权因公共利益受到牺牲是否应予补偿及其范围、标准等问题。得以慰藉的是,我国台湾地区"司法院"大法官至今已对这一问题作出五次所谓"宪法"解释,在很大程度上弥补了所谓"宪法"和其他单行法律的立法缺漏。从五次释字的发展脉络来看,中国台湾地区对私有财产权因公共利益受到牺牲而给予补偿的制度也经历了诸多发展变化,从尚未承认"财产权持续限制"必然属于"应予补偿的公用征收",到赋予财产权人"征收请求权",再到创

---

① 梁慧星、陈华彬:《物权法》(第六版),法律出版社 2016 年版,第 240 页。

造"应予公平补偿的财产权限制"概念，最后到创造"地上权征收"制度。释字不断丰富了保障人民财产权的内涵，为依法行使公权力致使财产权遭受特别牺牲的权利人提供了财产权保障，从实质上实现了保障人民财产权的意旨。更为重要的是，五次大法官释字无一例外地采用了德国联邦普通法院所创的特别牺牲理论标准，认为："机关行使公权致人民财产损失，若逾越财产权社会责任应忍受范围，形成特别牺牲，就应予以补偿。"然而遗憾的是，五次释字均未提及具体应当考量哪类因素，来判断对人民财产遭受的损失是否达到个人特别牺牲的程度。因此，可以认为，释字对如何界分"不予补偿的财产权社会义务"和"应予补偿的财产权限制"，并未在"特别牺牲理论"之下提出更为具体的识别标准。

三 中国台湾地区财产权遭受特别牺牲的争点问题

财产权因公权力行使而遭受特别牺牲的事例绝大多数集中于不动产领域。对于不动产领域财产权遭受特别牺牲是否应予补偿，公用地役关系、使用既成道路或都市计划道路地下部分、公共设施保留地、限制土地使用或收益权这四个问题一直都存在较大争议，学界和实务界对这四个问题也作出了诸多探讨。

（一）公用地役关系问题

根据所谓"行政法院"的判决，"私有土地如果供公众通行多年后而成为道路，该土地因经过一定时效而存在公共地役关系。土地所有权人虽然仍拥有土地所有权，但其对所有权的行使必然受到限制，不得违反供公众通行的目的，因为该土地已成为他有公物中的公共用物。"① 这一情形在中国台湾地区被称为"既成道路"，由于各级政府在进行都市计划时，多将此类土地改编为"道路"，并将其目的变更为"道"。根据1996年4月12日作出的第400号释字，土地所有权人在这种情况下有权要求主管机关依法将土地予以征收

---

① "行政法院"1956年判字第8号，"行政法院"1968年判字第32号。

从而获得补偿。但在实践中，多数主管机关因为"财政困难"而无法对土地财产权人进行补偿，致使土地所有权人既无法充分使用土地，又不能获得相应补偿，对于土地财产权人权利影响甚大。例如所谓"行政院"在1980年2月23日作出的台1980年内字第2072号函中所言："查台1980年内字第6301号院函说明2第2项核释日据时期既成道路仍依公用地役关系继续使用乙节，乃系顾及地方财政困难，一时无法筹措巨额补偿费，并非永久不予依法征收，依'土地法'第14条：'公共交通道路土地不得为私有……其已成为私有者，得依法征收'之原旨，作出如下补充：'今后地方政府如财政宽裕或所兴筑道路曾获上级专案补助经费，或依法征收工程受益费、车辆通行费者，则对该道路内私有既成道路土地应一律依法征收补偿。'"

因此，公共地役关系实际上是通过判例所创制，属于以"造法"的方式限制人民基本权利。"细查大法官于此号解释之意旨，似乎认为'公用地役关系'系一种'习惯法'，换言之，似承认'习惯法'亦得限制人民之基本权利。"[①]但第400号释字指出："既成道路成立公用地役关系，所有权人对土地已无从自由使用收益，形成因公益而特别牺牲其财产上之利益，自应办理征收给予补偿。"由此，对于已经形成的公用地役关系，只要对财产权人造成特别牺牲，就应对其予以补偿。至于主管机关所提出财政困难的问题第400号释字予以阐明："各机关如因经费困难，不能对上述道路全面征收补偿，有关机关亦应订定期限筹措财源逐年办理或以他法补偿。"

（二）使用既成道路或都市计划道路地下部分问题

依据"台北市市区道路管理规则"第15条规定："既成道路或都市计划道路用地，在不妨碍其原有使用及安全之原则下，主管机关埋设地下设施物时，得不征购其用地，但损害地上物应予补偿。"这一规定仅对地上物的损害设有补偿规定，但对于地下部分的损失

---

① 翁岳生主编：《行政法》（下），中国法制出版社2009年版，第1819页。

并无补偿规定。这一规定是否抵触保障人民财产权的意旨，存在争议。实践中，广泛存在使用既成道路或都市计划道路地下部分对财产权人造成损失的问题。例如，政府基于增进公共利益的需要，在既成道路下埋设电线、电缆、水管等设施，必然会在不同程度上影响财产权人对土地的正常使用。例如，土地所有权人本可在地下兴建停车场、商场，但因为主管机关埋设水电管线而无法兴建。对这一问题1997年11月14日作出的第440号释字中明确认为："主管机关埋设地下设施物妨碍土地权利人行使权利，形成特别牺牲，应享有补偿权利。"可见，对于既成道路或都市计划道路地下部分的财产权损失是否应予补偿，主要取决于是否构成特别牺牲。释字还指出："台北市政府于1975年8月22日发布之'台北市市区道路管理规则'第15条对使用该地下部分，既不征购又未设补偿规定，与上开意旨不符者，应不再援用。"

（三）公共设施保留地问题

"都市计划法"第42条第1项规定："公共设施用地指在都市计划地区范围内，所设置供作公共设施使用之土地，如道路、公园、绿地、河道、学校、医疗卫生机构、上下水道等"；而"公共设施保留地"则指"未经政府开辟或使用的被指定为公共设施用地的土地。一旦被指定为公共设施保留地，就不得在该土地从事妨碍公共设施用地目的的行为，只能继续为原来的使用或妨碍公共用地目的较轻的使用"。因此，公共设施用地的指定与保留，旨在便利公共设施的设置。私有土地经指定为公共设施保留地的，在主管机关未征收或购买的保留期间，均应禁止土地为妨碍征收的正常使用行为。因此，公共设施保留地的指定和设置，必然使土地的使用权受到限制。公共设施保留地的指定，旨在便利都市计划的实施，为增进公共利益所必要，因此，因暂时无法正常利用土地所生的价值减损，基于财产权的社会义务，土地所有权人自应予以容忍。但根据第336号释字，如果对公民权利的损害达到特别牺牲的程度，就应当给予补偿，才符合财产权保障的意旨。由于公共设施保留地所有权人所受损失会随时间的延长而递增，因此，是否予以补偿以及补偿多少，均应当依照时间的长短来决定。①

（四）限制土地使用或收益权问题

为保障公共利益而限制人民土地的使用或收益是常有之事，特别是基于保护环境的需要，而对财产权进行限制的情形更是普遍，在这些情形下，除了应制约该征收而不征收、过度干涉财产权行使及侵害私有财产价值的行为，还应对财产权受到的损害予以适当补偿。

如1998年1月9日作出的第444号释字认为："非都市土地容许使用执行要点所规定的在水质、水量保护区范围内，不得新设畜牧场，不得使用畜牧设施，系为执行自来水法及水污染防治法，乃按本项但书之意旨，就某种使用土地应否依容许使用之项目使用或应否禁止或限制其使用为具体明确之例示规定，此亦为实现前揭之立法目的所必要，并未对人民权利形成限制，与保障人民财产权之意旨及法律保留原则尚无抵触。"这一解释仅就"非都市土地容许使用执行要点"是否创设了"区域计划法"、"水法"及"水污染防治法"中对人民权利所没有的限制进行了审查，而未就损失补偿的问题加以阐释。对于禁止在水质、水量保护区新设畜牧场是否构成特别牺牲而给予补偿，有学者认为："人民之土地若被编定为农牧用地，因其主要功能为农牧养殖，若禁止土地所有权人设置畜牧场，则该土地经济功能受到严重侵害，且与其他土地所有权人相较，显受不平等之待遇，已逾越所有权人所能容忍的界限，形成特别牺牲，'国家'应给予合理之补偿，始合乎'宪法'保障人民财产权之意旨。"②

---

① 参见李建良《行政法上损失补偿制度之基本体系》，《东吴法律学报》1999年第11卷第2期。

② 翁岳生主编：《行政法》（下），中国法制出版社2009年版，第1830—1831页。

第三节 比例原则审查

德国联邦普通法院所发展出特别牺牲理论等一系列判别"应予补偿的公用征收"和"不予补偿的财产权限制"的标准，对德国司法实务和征收补偿理论的形成都起到了重要作用。然而到了20世纪80年代以后，联邦宪法法院开始改变这种形势，其作出的一系列判决开始给识别"应予补偿的公用征收"和"不予补偿的财产权限制"带来新的变化。尤其在无偿提交出版品义务案中，德国联邦宪法法院运用比例原则标准，创造出"应予公平补偿的内容限制"概念。

一 比例原则的运用：无偿提交出版品义务案

在无偿提交出版品义务案中，《黑森邦出版法》第9条规定："黑森邦文化部长有权制定实施细则，规定本法适用领域的所有出版商，应为指定图书馆无偿提交其出版品样本。""根据该法和黑森州据此制定的实施细则，所有出版商都有义务将其出版物的一份样品免费提供给州图书馆，以供审查。某出版商认为其所出版物的书籍成本高、印数少、价值高，免费提供给州图书馆就遭受了特别负担。联邦宪法法院于1981年7月14日作出裁定，免费提供高成本、低印数的出版物构成不符合比例和违反公平性的负担，在此范围内抵触《基本法》关于财产权存续保障的意旨，据此判决义务样品规则一律不予补偿违宪。联邦宪法法院还指出：立法者课予出版商无偿提交出版商之义务，乃是对财产权的限制，此种限制对于出版昂贵套书的出版商而言属于较大负担，如未补偿，将与《基本法》保障财产权的意志不符。"[①]

[①] 翁岳生主编：《行政法》（下），中国法制出版社2009年版，第1733—1734页；[德]哈特穆特·毛雷尔：《行政法学总论》，高家伟译，法律出版社2000年版，第675页。

二 通过比例原则标准所提出的"应予公平补偿的内容限制"

无偿提交出版品义务案的另一贡献是,"应予公平补偿的内容限制"作为"应予补偿的公用征收"和"不予补偿的财产权限制"之间的一个独立概念和法律课题被提出。德国 1949 年《基本法》第 14 条财产权条款基本沿袭了《魏玛宪法》第 153 条对财产权的规定。《基本法》分三款对财产权予以规定。第 1 款规定:"保障财产权和继承权。有关内容和权利限制由法律予以规定。"第 2 款规定:"财产应履行义务。财产权的行使应有利于社会公共利益。"第 3 款规定:"只有符合社会公共利益时,方可准许征收财产。对财产的征收只能通过和根据有关财产补偿形式和程度的法律进行。确定财产补偿时,应适当考虑社会公共利益和相关人员的利益。对于补偿额有争议的,可向普通法院提起诉讼。"可见,德国《基本法》中的财产权条款遵循了保障财产权、财产权履行社会义务、对财产权征收并予以补偿的基本思路。对公民财产权的限制,基本可以分为"应予补偿的共用征收"(《基本法》第三款)和"不予补偿的财产权限制"(《基本法》第二款)两大类。从立法来看,这两个范畴彼此独立,互不干涉,可谓"不归杨,即归墨"。但在无偿提交出版品义务案中,德国联邦宪法法院在"应予补偿的公用征收"和"不予补偿的财产权限制"之间提出了"应予公平补偿的内容限制"。至此,德国财产权保障与损失补偿体系发生了重大变革。"应予公平补偿的内容限制"专指德国《基本法》第 14 条第 1 款第 2 句虽然规定有关财产权内容和权利限制由法律予以规定,但对于为公众承担特别的、不可预见的、与其他人相比不公平的牺牲,仍然应当给予补偿的情形。

综上所述,德国行政法上的损失补偿制度体系由联邦普通法院和联邦宪法法院共同发展而成。联邦普通法院对损失补偿案件的处理思路是对"公用征收"作扩大化解释,对是否构成将"公用征收"的判断,着眼于国家对人民财产权限制的强度,并形成了以

"特别牺牲"理论为主,以"私利用性理论"、"目的相左理论"和"重大性理论"为辅的考量基准。这种判断方式所构建的损失补偿体系就自然分为"应予补偿的公用征收"和"不予补偿的财产权社会义务"两类。而联邦宪法法院对公用征收的解释侧重于考察行为的合法性。在这一审查思路下,"公用征收"概念的内涵自然要比联邦普通法院的界定狭窄。因此,联邦宪法法院所建构的损失补偿制度体系就由"应予补偿的公用征收""不予补偿的财产权社会义务"和"应予补偿的财产权限制"三类构成。而在界分"不予补偿的财产权社会义务"和"应予补偿的财产权限制"方面,联邦宪法法院主要以比例原则为判别基准。值得注意的是,联邦宪法法院在无偿提交出版品义务案中虽然采用的是"违反公平性的负担"表述,此处的公平性原则实际非常接近联邦普通法院所采用的"特别牺牲"标准。

第四节　美国联邦最高法院典型案例中的管制征收识别标准

管制征收(regulatory taking)是美国法上的概念,接近德国法上的"应予公平补偿的内容限制"[1]或"应予补偿之财产权限制"[2]。概言之,管制征收是指国家以增进公共福祉为目的的管制行为,在客观上对私有财产权产生了不利影响,从而应当给予经济或其他补偿的法律制度。因此,如果认为政府的管制行为构成管制征收,就意味着国家应当对造成的私有财产损失予以补偿。自1885年的沃茨诉霍格兰案以来,美国联邦最高法院已对数十个管制征收案

---

[1] [德]哈特穆特·毛雷尔:《行政法学总论》,高家伟译,法律出版社2000年版,第701—705页。

[2] 翁岳生编:《行政法》(下),中国法制出版社2009年版,第1808页。

件进行审理。其中，1922年的宾夕法尼亚煤炭公司诉马洪案是美国联邦最高法院作出最具代表性的构成管制征收的案例。在该案之后的近一个世纪中，联邦最高法院对警察权[①]的行使是否构成管制征收的认识几经变化，逐步发展出几类构成管制征收的识别标准。美国学界也尝试通过这些判例归纳出管制征收的识别标准，但学界最终形成的结果却是众说纷纭。如斯帕克林和科莱塔所著的《财产——一个当代的取向》一书中将美国管制征收标准分为奠基时期标准、新时期原则标准、佩恩中央车站案标准和三种分类标准，认为在Penn Central案标准之下，三个因素决定是否构成管制征收。①对权利人的经济影响；②对权利人合理投资回报期待的干扰程度；③政府行为的性质。此外，还应针对三种类型进行单独认定：①一切政府的永久性占有均构成管制征收。②如果管制消除所有经济收益或生产使用，则构成管制征收，除非管制具有国家财产或妨害法的正当性基础。③强行索取构成管制征收，如果强行索取与合法的国家利益之间没有本质联系或强行索取与对财产权的影响在大体上不成比例。[②] 塞金在《财产法》一书中同样认为除构成直接征收以外，佩恩中央车站案所提出的三类识别标准为评估大多数管制行为是否构成管制征收的案件提供了判断框架。[③] 马西在《财产法——原则、问题、案例》一书中提出，"联邦最高法院创造了三类规则及一系列标准去判断一项管制行为是否构成管制性征收：首先，只要对财产权的管制行为能够取消或减轻已经存在的普通法妨害，无论管制行为对财产权造成多大影响，都

[①] 警察权（police power）是美国法上的一个概念，"是指联邦及各州可以拥有'警察权力'来管理人民，而且连带地也可以将人民的自由权等基本权利予以限制及剥夺"。陈新民：《德国公法学基础理论》（增订新版·上），法律出版社2010年版，第486页。

[②] See John G. Sprankling & Raymond R. Coletta, *Property: A Contemporary Approach*, Thomson Reuters 2nd edition, 2012, pp. 913-967.

[③] See Christopher Serkin, *The Law of Property*, Foundation Press 2nd Edition, 2016, p. 259.

不构成管制性征收。其次，当管制行为对财产权形成了永久性的物理占有，无论占有的程度多么轻微，都构成管制性征收。最后，当管制行为没有取消或减轻已经存在的普通法妨害，并且剥夺了财产权人期望可得的财产使用价值，构成管制性征收。"[1] 史密斯、拉森、内格尔、凯德维尔在《财产——事例和资料》一书中将剥夺（Taking）分为物理性侵占征收（Physical Takings）和管制征收（Regulatory Taking），并用不同判例描述了物理性侵占征收和管制征收的识别标准。[2] 由此可见，美国理论界对管制征收的识别标准尚未达成共识。即使将多数学者认同的 Penn Central 案形成的三类标准作为通说，其中何为对权利人的经济影响、对权利人合理投资回报期待的干扰程度以及政府行为的性质仍然是不确定概念，需要结合具体考量因素作出判断。

目前已经有越来越多的国内学者开始关注美国管制征收相关理论。例如，刘连泰提出美国联邦最高法院交替适用实体正当程序、平均利益互惠和权利束来判断是否构成管制性征收。[3] 彭涛通过对1922年的宾夕法尼亚煤炭公司诉马洪等案例的分析，认为美国管制征收的认定由价值减损标准、违宪条件标准、明确的投资回报期待以及政府行为的性质四个主要标准来认定。[4] 王丽晖通过对美国联邦最高法院相关判例的梳理，认为在认定具体案件是否构成管制征收时，哪种规则发挥决定性作用，需要结合案件的特定事实进行审查。[5] 杨显滨提出美国管制征收与警察权行使的区分主要有公共利益

---

[1] Calvin Massey, *Property Law: Principles, Problems, and Cases*, Thomson Reuters, 2012, pp. 791-792.

[2] See James Charles Smith, Edward J. Larson, John Copeland Nagle & John A. Kidwell, *Property: Cases and Materials*, Aspen Publishers 2nd edition, 2008, pp. 800-844.

[3] 参见刘连泰《确定"管制性征收"的坐标系》，《法治研究》2014年第3期。

[4] 参见彭涛《论美国管制征收的认定标准》，《行政法学研究》2011年第3期。

[5] 参见王丽晖《美国法上管制性征收界定标准的演变》，载刘连泰、刘玉姿等《美国法上的管制性征收》，清华大学出版社2017年版，第8—46页。

标准、财产剥夺标准、非法妨碍标准和因果联系标准。① 张卉林通过梳理美国和德国的相关学说、案例,将管制征收标准归纳为特别牺牲理论、实质损害论、期待可能性理论,认为应当建立以经济补偿为主的救济制度,确定补偿数额时应当采取以市场价格标准为原则,兼采多样化价格评估的方式。②

这些研究大多从中国私有财产权因管制行为受到不利影响的问题入手,整理美国个案中判定对财产权管制征收的标准及相关理论学说,尝试将这些域外的有益经验嫁接到本土,从而提出中国的财产权管制征收认定标准。这些研究必然对解决本土实践问题以及管制征收理论在本土的发展有所助益。但这些研究或未跳出"本土个案问题—域外个案经验—确立本土理论"的模式窠臼,或未对域外财产权管制征收标准进行系统化、类型化的建构。实际上,行使公权力方式的多样性必然导致财产权因公共利益而受到侵害种类的多样性。单一的财产权管制征收标准或模式难以准确涵摄所有管制征收的样态。财产权管制征收的确立必然建立在一个系统、立体、多元的判定标准之上。本书正是基于这一观察,尝试在更为宏观的层面对美国管制征收具有代表性的 33 个判例进行归纳描述,提炼出判断管制行为是否构成管制征收的主要标准(或称考量因素)。

一 管制行为是否属于物理性侵占

管制行为是否属于物理性侵占(physical occupation of property)标准③是最为直接和显而易见的一个标准,一般指管制行为使部分私有财产因公共利益被他人占领、利用,尽管这种占领、利用可能不

---

① 参见杨显滨《管制性征收与警察权行使的区分标准》,《法学杂志》2016 年第 11 期。
② 参见张卉林《论我国的所有权过度限制及立法改进》,《法学论坛》2013 年第 5 期。
③ 联邦最高法院在部分案件中表述为"永久物理性侵占"(a permanent physical occupation of property)。本书统一称为"物理性侵占"。

直接改变财产权的性质，也不直接造成财产的价值减损，但依然构成管制征收。

在 United States v. Causby 案中，Causby 拥有一座养鸡场，距离军用机场跑道不到半英里。低空飞行的军用飞机干扰了 Causby 的养鸡场，致使 Causby 的 150 只鸡死亡，并停止了养鸡生意。美国政府声称拥有飞越 Causby 农场的公共权利，而 Causby 则认为这种低空飞行使其财产权受到损害，有权获得公正的赔偿。联邦最高法院认为，低空飞行是对土地权利人领地的直接侵犯（a direct invasion），因此支持了原告的诉讼请求。[1] 可见，联邦最高法院将低空空域作为不动产领土的组成部分，认为对不动产低空空域的侵犯也属于对不动产本身的侵犯。该案中，联邦最高法院虽然表达了财产不得受到物理性侵犯，但并未正式提出物理性侵占这一标准。

联邦最高法院在洛雷托诉曼哈顿有线电视公司（Loretto v. Teleprompter Manhattan CATV Corp.）案中正式提出是否属于物理性侵占标准。该案中，《纽约行政法》（the Executive Law of New York）第828条要求财产权人允许在其财产上安装和维护有线电视线路。原告洛雷托在纽约市拥有一栋五层高的公寓楼。在洛雷托收购该房产之前，被告曼哈顿有线电视公司根据《纽约行政法》第828条的规定，在洛雷托的财产上安装了有线电视线路。原告就此提起诉讼，认为该行为构成未给予公正补偿的征收行为。联邦最高法院认为，当政府行为构成对财产的物理性侵占时，管制行为就会在其占有范围内构成管制征收，而不必考虑该行为是否促进了重要的公共利益或对财产经济价值的影响。马歇尔大法官撰写的多数派意见中明确提出，排他权（right to exclude）是财产权利束（the bundle of rights）当中最重要的一支。如果存在对财产的入侵，就破坏了对财产的占有使用和处置的权利。[2] 该案正式确立了管制征收的物理性侵占标

---

[1] United States v. Causby, 328 U. S. 256 (1946).
[2] Loretto v. Teleprompter Manhattan CATV Corp., 458 U. S. 419 (1982).

准。这意味着只要管制行为构成了对财产权的物理性侵入，无论该行为是否促进了公共利益或对原告财产造成损失的大小，都构成管制征收。联邦最高法院将物理性侵占标准作为压倒一切的标准。

而在霍恩诉农业部（Horne v. Department of Agriculture）案中，联邦最高法院将管制征收条款适用于个人动产。在大萧条时期，美国葡萄干价格下跌了80%以上。国会于是在1937年制定《农产品销售协议法案》（Agricultural Marketing Agreement Act），授权美国农业部动态调整禁止葡萄干在市场流通的份额，以减少市场供给的方式提高葡萄干价格。美国农业部葡萄干委员会实时发布限制葡萄干出售份额的管制规定，要求葡萄干种植者将其种植的特定份额的葡萄干交由葡萄干委员会处置。而葡萄干委员会将葡萄干通过拍卖、定向出口、资助学龄儿童等形式进行处置，有时也会适当返还给种植者。原告霍恩认为，自己并非葡萄干种植者，自己销售的葡萄干是从其他种植者处购买的。因此不适用葡萄干销售管制的规定。葡萄干委员会在否定原告请求后，原告提起诉讼，认为葡萄干管制规定构成了违反宪法的征收。联邦最高法院认为，联邦宪法的征收条款对个人动产的保护丝毫不少于对个人不动产的保护。由于政府直接以物理性手段占有了种植者的葡萄干，因此，这一对葡萄干禁售的管制构成物理性侵占（physical taking）。同时，Thomas大法官还认为葡萄干禁售管制规定并未有效满足实现公共利益的目的。因此，该行为构成管制征收。[①] 联邦最高法院在该案中首次将管制征收制度适用于动产，再次诠释了联邦宪法第五修正案对个人动产给予高强度保护的宪法内涵。

虽然在多数情况下，对财产权的物理性侵占不会对财产造成直接经济损失，但造成了财产权人对财产的利用妨碍，影响了财产权人对财产的正常利用，侵犯了财产权利束中最重要的排他权，由此便产生了类似征收的效果。因此，是否属于物理性侵占标准是联邦

[①] Horne v. Department of Agriculture, 576 U.S. 1 (2015).

最高法院审理相关案件时优先考虑的标准。只要管制行为使部分私有财产在未经补偿的情况下因公共利益被占领、利用，在不考虑是否对财产权人造成经济损失的情况下，就可以直接判定管制行为构成管制征收。

二 管制行为是否属于经济利益互惠

为了公共利益而使私有财产权受到牺牲是构成管制征收的前提。但若在私有财产权受到限制的同时，管制行为也使私有财产权受益，联邦最高法院则认为，管制行为属于利益互惠（average reciprocity of advantage），[①] 因而不须对财产权人给予补偿。

在1885年的沃茨诉霍格兰（Wurts and another v. Hoagland and others, Com'rs, etc.）案中，根据新泽西州1871年制定的法律，地质调查委员会认为易被洪水淹没或者低洼、沼泽、湿地地带需要修建排水系统的，由土地财产权人分摊费用进行修建。1879年，地质调查委员会建设排水系统后，要求沃茨等土地权利人支付相应费用。沃茨等原告认为，政府行为因增加了权利人负担而构成未予补偿的征收。联邦最高法院认为，这一行为是为了特定土地范围内成员的利益，是警察权的合理行使，并非为了整个公共利益的征收或者对妨碍危险的排除。在管制行为中，土地权利人的利益也得到满足，因而应当承担相关费用。[②] 促进公共利益是对私有财产权进行管制的目标和前提。由于该案中包括财产权人在内的特定土地范围内成员的利益都因管制行为得以增加，因此该案中管制行为的目的是增进特定群体的利益，而非增进整个公共利益，因而不具备管制征收的前提条件。

在福个布鲁克灌溉区诉布拉德利（Fallbrook Irrigation Dist. et

---

① 经济利益互惠意为财产权人从管制行为中也获得大致与承受负担相等同的财产性利益。

② Wurts and Another v. Hoagland and Others, Com'rs, etc., 114 U. S. 606 (1885).

al. v. Bradley et al.）案中，1887 年，加利福尼亚州颁布的一部法律规定：为了对干旱土地进行人工灌溉，灌溉渠内的所有土地所有人必须共同支付灌溉和土地评估的费用，以维持灌溉系统的正常运转。布拉德利等人认为，该项法律构成未经补偿的征收，违反了美国宪法第五修正案。联邦最高法院认为，这是一个为了提升普遍福利的管制，尽管财产权人承受了负担，但也从土地品质的提升中得到了利益，因此，该法律不构成对土地所有权人财产未经公正补偿的征收。[①] 本案中，管制行为要求灌溉渠内的土地所有权人支付灌溉和评估的费用，是为了维持灌溉系统的正常运转，从而使灌溉渠内的所有财产权人受益。这意味着凡是支付灌溉和评估费用的财产权人都是维持灌溉系统正常运转的受益者。因此，该管制行为不存在为了公共利益而让个人承受不均等负担的情况。

在诺布尔国家银行诉哈斯克尔等人（Noble State Bank, Piff. in Err. v. C. N. Haskell, G. W. Bellamy, J. P. Connors, J. A. Menefee, M. E. Trapp, and H. H. Smock.）案中，根据奥克拉荷马州的法律规定，各商业银行应根据日均存款额缴纳费用作为存款担保基金。诺布尔国家银行认为自己具有偿还能力，该行为构成未经公正补偿的征收。联邦最高法院认为，国家法律规定的银行保证金制度是为了确保银行在无力偿付的情况下以保证金进行全额偿还的有效性。而且银行都在这一保障体制中享受到了利益。因此，这是警察权的有效行使，不能视为在未经正当程序情况下对银行自由或财产权的剥夺。[②] 该案中，管制行为要求承受特定义务的对象是所有银行，而管制行为所保护对象的范围也并未溢出特定义务的承担者范围。因此，要求原告缴纳存款担保基金的管制行为并不构成管制征收。

在普利茅斯煤炭公司诉宾夕法尼亚等（Plymouth Coal Company

---

① Fallbrook Irrigation Dist. et al. v. Bradley et al., 164 U. S. 112 (1896).
② Noble State Bank, Piff. in Err. v. C. N. Haskell, G. W. Bellamy, J. P. Connors, J. A. Menefee, M. E. Trapp, and H. H. Smock., 219 U. S. 104 (1911).

v. Commonwealth of Pennsylvania, David T. Davis, Inspector of Mines, etc.）案中，宾夕法尼亚州于1891年通过了一部法律，要求煤矿主在与人相邻的不开采部分增加弯梁，以确保毗邻矿主的权利。联邦最高法院认为，该法律不构成管制征收。要求矿主增加弯梁，是两个相邻矿主的利益互惠……这种管制是无偏私、公平和理性的，是对受益的每一个矿主施加普遍的负担。[①] 同样，本案中的管制行为要求煤矿财产权人在相邻煤层增加弯梁，是为了保护相邻煤矿的安全。如此，财产权人也成为管制行为的受益者。因此，不构成管制征收。

在杰克曼诉罗森鲍姆（Jackman v. Rosenbaum Co.）案中，根据宾夕法尼亚州法律，罗森鲍姆应在其与杰克曼的剧院之间建造界墙。原告杰克曼认为，修建界墙和拆除旧墙的工期太长，影响了剧院演出的租金收入，因此构成未经公平补偿的征收。联邦最高法院认为，国家有权以各种方式对财产施加负担或以各种方式削减其价值，而不给予赔偿，这是行使警察权的一种方式。在某些情况下，我们可以称之为利益平均互惠（average reciprocity of advantage），尽管在特定情况下，这种利益可能并不对等。比如，修建界墙原告可以获得防止火灾等利益。因此，不构成未经公正补偿的征收。[②] 本案中管制行为要求原告修建界墙是为了防止火灾等灾害，因此原告一定是管制行为的受益人。然而，能否因为财产权人从管制行为中受益就可忽略不计财产权人因管制行为而遭受的牺牲，是本案提出的一个新问题，尽管联邦最高法院对该问题给予了否定答案。

综上所述，是否属于经济利益互惠同样是一个直接和显而易见的标准。一旦被确认财产权人因管制行为受到牺牲的同时也有相应受益，那么管制行为就不构成管制征收。然而，判断管制行为是否属于经济利益互惠的核心有二：首先，管制行为所保护对象的范围

---

① Plymouth Coal Company v. Commonwealth of Pennsylvania, David T. Davis, Inspector of Mines, etc., 232 U.S. 531 (1914).

② Jackman v. Rosenbaum Co., 260 U.S. 22 (1922).

是否溢出管制行为所要求的特定义务承担者范围。如果管制行为所保护对象的范围溢出了管制行为所要求的特定义务承担者范围，则意味着仍有他人在未承受财产牺牲的前提下受益，因此有违公平原则；而只有在义务承担者与受益者范围完全一致的情况下，管制行为才符合属于经济利益互惠的条件。其次，管制行为对财产权人带来的利益与管制行为对财产权人造成的损害在经济价值上应当基本等同。如果管制行为对财产权人造成较大经济损失的同时对财产权产生的利益却微不足道，这种情况就不能构成经济利益互惠。

最为典型的是，在马厄诉新奥尔良市（Maher v. City of New Orleans）案中，根据地方法律规定，在旧法语区（Old French Quarter）区域内，对特定建筑物做任何外部改造之前，都需得到地方政府的批准。而该案中，房屋所有权人向政府申请拆除房屋后在原地重新建造新的房屋，但政府拒绝了原告请求。法院认为，虽然地方政府对建筑物的管制有利于保持当地原貌，但这并不意味着就无须对财产权人给予补偿，因为保持当地原貌的受益可能会溢出受到管制的土地所有权人，而流向该地区内的其他人，比如那些从更加繁荣的旅游业中获益的人。①

"利益互惠在美国法上可以被分为经济利益互惠和社会利益互惠。财产权人从经济利益互惠中得到的利益是直接的、财产性的利益，而从社会利益互惠中得到的是间接的、不限于财产性的利益。"② 上述5个案件均是因符合经济利益互惠而被联邦最高法院认定不构成管制征收的案例。然而，社会利益互惠的认定标准过于模糊，其逻辑在于管制行为对财产权人造成的负担增进了社会整体利益，财产权人作为社会成员的一分子而也获得了相应利益。如在启

---

① Maher v. City of New Orleans, 516 F. 2d 1051（5th Cir. 1975）. Also see Richard A. Epstein, *Takings: Private Property and the Power of Eminent Domain*, Harvard University Press, 1985, p. 267.

② 刘连泰：《法理的救赎——互惠原理在管制性征收案件中的适用》，《现代法学》2015年第4期。

斯在烟煤协会诉德欠内迪克莘斯（Keystone Bituminous Coal Ass'n v. Debenedictis）案中，美国联邦最高法院将管制行为对财产权人造成的负担比作纳税，提出不是每一个人都因支付税收而从中获得相等的回报，也没有人认为纳税人因支付不同的税收而有权请求获得补偿。① 但"没有实质促进政府目标实现或过于严苛的管制均不能证成社会利益互惠"，② 这又使判断是否满足社会利益互惠的标准回归到本书接下来要讨论的管制行为是否符合公共利益标准和管制行为对财产价值的影响程度标准。因此，社会利益互惠实际上不能构成判断管制行为是否构成管制征收的独立标准。

三 财产权行使是否构成对公共或他人的妨碍

管制行为使特定财产权受到牺牲，目的在于增进公共利益。然而，在私有财产权行使本来就可能对公共或他人造成妨碍（nuisance）时，对财产权进行管制的目的就是消除财产权造成的妨碍。在这种情况下一般不把管制行为视为管制征收。

在哈达切克诉锡巴斯琴（Hadacheck v. Sebastian）案中，为了防止砖窑生产对环境的不利影响，洛杉矶的一项法令严禁任何人在规定的地域范围内建立或经营砖厂。原告长期在这一区域内从事制砖工业的收入是每英亩80万美元。而法令禁止原告制砖，将土地作为住宅用途后，土地财产降低到每英亩6万美元。联邦最高法院认为，虽然法令禁止原告在指定区域内制砖，但并未禁止原告在该城其他地方制砖。关闭砖厂是为了禁止砖厂对城市造成妨害，不构成恣意或不公平的歧视，因此不予补偿。③ 值得一提的是，本案是联邦最高法院第一批根据分区法（zoning laws）处理管制征收问题的案件之一。此外，本案还首次提出了妨害控制措施标准（nuisance-control

---

① Keystone Bituminous Coal Ass'n v. Debenedictis, 480 U.S. 470, 492 (1987).
② 刘连泰：《法理的救赎——互惠原理在管制性征收案件中的适用》，《现代法学》2015年第4期。
③ Hadacheck v. Sebastian, 239 U.S. 394 (1915).

measures test）。联邦最高法院认为，如果财产权的行使构成了对公共或他人的妨碍，则管制行为对财产权造成的影响不构成征收。同样，在雷因曼诉小石城案中，由于车马行的马厩位于城市人口密集区，而马厩的经营方式容易使马匹产生传染疾病，因此小石城颁布法令，禁止车马行继续经营。联邦最高法院支持了该项法令，认为车马行对公共利益造成了一种妨害，因此对车马行的管制属于警察权的合理行使范畴。[1]

在穆格勒诉堪萨斯州案中，1880 年修改后的堪萨斯州宪法规定："除医疗、科学和机械用途外，该州将永远禁止生产和销售醉酒。"在堪萨斯州宪法修正案通过之前，原告穆格勒在堪萨斯州的萨利纳（Salina）建造了一家啤酒厂。他在酿酒厂的建设上花费了 1 万美元，并从该州获得了一份公司章程许可，允许他经营一家啤酒厂。在法令颁布后，穆格勒未再获得制造或销售酒精的许可证，整个酒厂建筑的价值也随之由 1 万美元降至 2500 美元。原告认为，根据"第十四修正案"，堪萨斯州没有任何权力禁止制造供个人使用或用于出口的酒精。穆格勒的财产由于法律的修改，从 1 万美元贬值到 2500 美元，应当构成征收。联邦最高法院认为，为保护公共健康和安全而禁止使用财产，不能被视为剥夺或占有私有财产。联邦最高法院进一步指出：私有财产因为国家警察权的行使而受到贬值，不同于将财产用于公共用途的征收。在前一种情况下，私有财产对社会的妨碍得以减少；而在后一种情况下，财产权被完全剥夺。[2] 该案中，联邦最高法院采用财产权行使是否构成对公共或他人的妨碍标准，认为管制行为可以减少私有财产对社会的妨碍。因此，出于保护公共健康和安全的目的而对财产权予以限制的管制行为不构成管制征收。

由此可见，在私有财产权行使对社会公共造成的妨碍时，对财

---

[1] Reinman v. City of Little Rock, 237 U. S. 171 (1915).
[2] Mugler v. State of Kansas, 123 U. S. 623 (1887).

产权的管制行为不视为管制征收。值得注意的是，私有财产权行使对社会公共造成的妨碍应当是既成状态，而非对社会公共造成妨碍的可能性。换言之，只有在对社会公共造成的妨碍为既成状态下，对私有财产权的管制才是排除妨碍行为，因而不构成管制征收。

四 管制行为是否符合公共利益

促进公共利益是对私有财产权进行管制的目的和前提。对财产权的管制行为无法促进公共利益或增加的公共福祉远小于对财产权人造成的损失，管制行为就构成了应予补偿的管制征收。美国联邦最高法院通过以下三个考量因素判断是否符合公共利益标准。

（一）管制行为是否以增进公共利益为目的

联邦最高法院在部分案件中仅关注管制行为的目的是否为增进公共利益。只要管制行为能够增进公共利益，就是警察权的合理行使，因而不构成管制征收；反之则构成应当给予公正补偿的管制征收。在多宾斯诉洛杉矶（Dobbins v. City of Los Angeles）案中，多宾斯依法获得煤气厂经营许可后，洛杉矶市政条例的修改，导致多宾斯的煤气厂不再处于合法经营的范围之内。联邦最高法院认为，不允许原告煤气厂继续经营并不符合公共利益的需要，看起来更像是为了维护本地区其他煤气厂的垄断地位。因此，这一行为是对财产权的过度干涉，是警察权武断地和歧视性地行使，相当于构成了未遵循正当程序以及联邦宪法第十四修正案对财产权的征收。[①] 同样，在洛杉矶诉洛杉矶燃气公司（City of Los Angeles v. Los Angeles Gas & Electric Corp.）案中，洛杉矶市为了新建电灯系统，要求财产权人迁移其所有的电杆和电线。联邦最高法院认为，建造电路系统的权力不属于公权力或警察权的行使范畴，而类似于一种专有权利或者私人权利。因此，不能在未经补偿的情况下，拆除或者要求其他公

---

① Dobbins v. City of Los Angeles, 195 U. S. 223, 241 (1904).

司迁移已经建造的照明系统，从而为新的照明系统工程腾出地方。①联邦最高法院认为，要求迁移电杆和电线的管制行为不属于公权力或警察权的行使范畴，质言之就否定了这一行为具有促进公共利益的目的。通过上述两个案例可见，促进公共利益是对私有财产权进行管制的目的，更是对私有财产权进行管制的前提。一旦管制行为不具备促进公共利益的目的，就毫无疑问地构成管制征收。相反，在美国诉河岸该景公司（United States v. Riverside Bayview）案中，河岸该景公司在其位于密西根州圣克莱尔湖旁的湿地上放置了货物。当地官方组织根据《清洁水法》（Clean Water Act）向联邦地区法院提起诉讼，阻止河岸该景公司在圣克莱尔湖旁放置填充物。联邦最高法院认为，根据《清洁水法》的语言、政策和历史来看，《清洁水法》关注水质和水生态系统健康，当地官方合理地依据《清洁水法》禁止河岸该景公司在湿地放置货物的管制行为，有利于保护湿地环境。因此，不构成管制征收。②该案中正是因为《清洁水法》对湿地的管制以增进公共利益为目的，警察权合理行使，因而不构成管制征收。

（二）管制行为与公共利益是否具有实质联系

无论是立法机关制定的法令，还是行政机关进行的相关活动，均应当为了增进公共利益。然而管制行为究竟与增进公共利益有多大关联，在多大程度上能够增进公共福祉，成为联邦最高法院进一步考量是否符合公共利益标准的主要因素。

在1980年的阿金斯诉蒂布龙（Agins v. Tiburon）案中，联邦最高法院明确了是否构成管制征收的判断依据是这一行为是否实质性地促进了公共利益。Tiburon市发布了一项法令，要求Agins所在的土地只能根据密度限制建造单户住宅、附属建筑或者开放空地。Agins提起诉讼，认为该管制规定构成了未经公正补偿的征收。美国

---

① City of Los Angeles v. Los Angeles Gas & Electric Corp., 251 U.S. 32 (1919).
② United States v. Riverside Bayview, 474 U.S. 121 (1985).

联邦最高法院认为，将一般分区法适用于特定财产，如果该法令没有实质性地促进公共合法利益，就构成管制征收。而本案中该法令极大地促进了政府合法目标的实现，阻止了过早和不必要地将开放用地转化为城市用途，从而避免了城市化的不利影响。因此，该管制法令不构成未经公正补偿的征收。[1] 在鲍威尔诉宾夕法尼亚州（Powell v. Commonwealth of Pennsylvania）案中，1885年的《宾夕法尼亚州法律》（Act of the Legislature of Pennsylvania）规定，为了保护公共健康，禁止制造和销售掺假的牛奶和掺杂黄油或者类似的仿制食物。原告在因销售人造黄油而被罚款后提起诉讼。联邦最高法院认为，禁止制造和销售掺假的牛奶和黄油或者类似的仿制食物的法规，属于国家行使警察权力的范围，与保护公共健康存在实质联系。因此，在适当行使警察权的范围内法律所规定的能够或者不能够出售商品的规定，不能被解释为在没有公正补偿情况下的征收。[2] 同样，在高布诉福克斯（Gorieb v. Fox）案中，为确定建筑线路、规范和限制建筑物的建造和位置，弗吉尼亚州罗阿诺克的一项法令将城市划分为商业区和住宅区。另一项经1924年修订的条例为街道设置了一条后退线，要求所有之后建造的建筑物都必须符合这一规定。原告向当地议会申请建造砖房。当地议会同意原告请求，但要求房屋必须距离街道后退34.67英尺。原告认为，这一要求违背宪法规定，故诉至法院。联邦最高法院认为，这一规定是合法有效的，因为这些要求与公共安全、卫生、道德或一般福利有合理的关系，因此可以作为行使警察权的合法基础。[3] 另在圣雷莫酒店诉旧金山市（San Remo Hotel v. City and County of San Francisco）案中，法令要求城市酒店的从业者交付56.7万美元用于将住宅房间改造成旅游房间。原告就该法令提起诉讼，认为构成未经公正补偿的征收。联邦

---

[1] Agins v. Tiburon, 447 U. S. 255 (1980).
[2] Powell v. Commonwealth of Pennsylvania, 127 U. S. 678 (1888).
[3] Gorieb v. Fox, 274 U. S. 603 (1927).

最高法院认为，原告未能证明被告未实质性地促进合法的政府利益。因此，不构成管制征收。①

相反，在韦尔奇诉斯韦奇（Welch v. Swasey）案中，原告韦尔奇是波士顿一个住宅区土地所有权人。当地立法规定建筑高度不得超过 100 英尺。在 Welch 被拒绝在他的地产上建造一座 124 英尺高的建筑后，他提起诉讼并声称："这些行为的目的不足以证明警察权行使的正当性。因为事实上，他们的真正目的是美学性质的，纯粹是为了保持建筑的对称性和固定的天际线。"联邦最高法院认为，法规所采用的手段与政府能够实现的公共目标没有真正的、实质性的关系，而且这些法规是任意的和不合理的，并且超出了案件的需要，因此法院宣布其无效。② 在诺兰诉加州海岸委员会（Nollan v. California Coastal Commission）案中，原告诺兰向被告加州海岸委员会申请在其拥有的一块临海土地上重建住宅。委员会告知其可以获得许可，但是，由于其重建的房子面积更大，阻碍了公众对海洋的观望视线，因此必须将其土地的指定部分开放给公众通行。诺兰就此起诉，认为构成征收。联邦最高法院认为，管制行为须与促进合法的公共利益的目标有密切联系。因此，给予行政许可的附加条件必须能够促进政府目标的实现，否则对建筑物财产权的限制就不是一个合法的管制，而是一个敲诈。本案中，要求公众能够进入 Nollan 的特定土地与 Nollan 的财产阻碍了公众对海洋的观望视线并没有密切的关联。如果将许可条件改为要求 Nollan 在房屋顶上建造一个观望平台，才能够与目标的实现产生密切联系。因此，本案构成管制征收。③ 多兰诉泰格德市（Dolan v. City of Tigard）案是限制公权力通过土地分区管制（zoning）来强迫私有财产对无关的公共利益作出让步的一个具有里程碑意义的案件。原告多兰向政府申请扩大其店铺

---

① San Remo Hotel v. City and County of San Francisco, 545 U. S. 323 (2005).
② Welch v. Swasey, 214 U. S. 91 (1909).
③ Nollan v. California Coastal Commission, 483 U. S. 825 (1987).

及停车场的道路面积。城市规划委员会作出了一个附条件的许可，要求原告贡献出一部分土地作为公共绿道，同时修建一条人行道和一条自行车道以缓解交通压力。原告认为这一要求构成征收。联邦最高法院采用了两个标准：一是许可条件与合法的国家利益之间是否存在本质联系；二是对许可条件的要求能否满足拟议发展的目的（所促进的公共利益的目标）。联邦最高法院认为，城市规划委员会对许可的附条件能够满足第一个标准。但是，城市规划委员会未能证明许可条件与拟议发展的预期在性质和程度上有关联。因为，要求原告贡献公共绿道的条件是过度的，同时城市规划委员会未能证明修建人行道和自行车道对于补偿由于扩大商店面积所增加的交通流量是必要的。[①] 因此，本案构成管制征收。

将七个案件对比可见，法院认定前四个案件的管制行为与公共利益具有实质联系，因此属于警察权的正当行使；而后三个案件的管制行为与公共利益不具有实质联系，因此构成管制征收。第一个案件中，分区管制法令阻止了过早和不必要地将开放用地转化为城市用途，从而避免了城市化的不利影响。因此，该管制法令极大地促进了政府合法目标的实现。第二个案件中公共健康是公共利益的重要内容，对制造和销售掺假的牛奶和掺杂黄油或者类似仿制食物的管制行为与保护公共健康就存在实质联系。第三个案件中对建筑物后退的要求与公共安全、卫生、道德或一般福利有合理的关系。第四个案件中，促进合法的政府利益仍是构成管制征收核心标准，但联邦最高法院将举证责任置于原告。第五个案件中，对房屋高度进行限制与其能够实现的公共利益没有实质联系。第六个案件中，联邦最高法院明确指出要求公众能够进入诺兰的特定土地与诺兰的财产阻碍了公众对海洋的观望视线并没有密切的关联。第七个案件中，联邦最高法院认为被告城市规划委员会未能证明修建人行道和自行车道对于补偿由于扩大商店面积所增加的交通流量是必要的，

---

① Dolan v. City of Tigard, 512 U. S. 374 (1994).

因此管制行为与公共利益目标不具有实质联系。因此，后三个案件均违反了联邦宪法第五修正案，构成未经公正补偿的管制征收。

（三）维护公益的价值与对私益的侵害是否具有均衡性

即使管制行为是为了实现公共利益、增进公共福祉，并且管制行为与实现公共利益的目标具有实质联系，联邦最高法院还对管制行为的合法性提出了更高要求：管制行为所维护的公益价值必须明显重于对私益造成的侵害。在米勒诉舒尼（Miller v. Schoene）案中，1926年，弗吉尼亚州政府根据《弗吉尼亚州雪松锈菌防治法》（Cedar Rust Act of Virginia），要求原告米勒砍伐红雪松，因为红雪松锈菌可能会传染附近的苹果树。原告认为，政府的行为构成未经公平补偿的征收。联邦最高法院认为，种植苹果树是弗吉尼亚州的支柱产业，苹果大量出口解决了弗吉尼亚州人口的就业问题。虽然砍伐红雪松会对原告的财产造成损害，但同时能保护公共利益这一更大的价值。因此，这一法律和命令并未违反宪法的正当程序条款。[1] 此外，还可以认为，原告砍伐其种植的观赏性红雪松在某种程度上已经构成了对公共或他人的妨碍，因此，弗吉尼亚州政府对其进行的管制具有合法性和正当性。同样，在凯撒埃特纳诉美（Kaiser Aetna v. United States）案中，原告 Aetna 拥有一块毗邻太平洋的土地并在土地上建立了码头，对经过自己地界进入太平洋的船只收取费用。根据1899年的《河流和港口拨款法》（Rivers and Harbors Appropriation Act）规定，只能由政府进行此类收费。这就意味着公众船只都可以任意经过原告私有的水域进入太平洋。政府便要求埃特纳开放码头，让公众自由通行。联邦最高法院认为，政府尝试创造一个可以任意经过原告私有土地的公共权利从而改善水域的通航效果。但这一行为已经远远超过了传统的通航改进措施。[2] 言外之意，这一航道改进措施虽然能够促进公共利益，但是对财产权人造成的损失难

---

[1] Miller v. Schoene, 276 U. S. 272 (1928).

[2] Kaiser Aetna v. United States, 444 U. S. 164 (1979).

以衡量。可以认为,与改善水域的通航效果相较,政府对原告埃特纳水域权利的干涉是过度的,其损失是难以估量的,因而对其进行的管制不具有合法性和正当性。

(四) 小结

综上所述,美国联邦最高法院共在 12 个判决中主要采用了是否符合公共利益标准。这一标准的适用,经历了从单纯判断管制行为是否符合公共利益、是否构成对公共或他人的妨碍,到管制行为是否与公共利益有密切联系,再到将公共利益与财产权人私益损失进行价值衡量的发展历程。综合联邦最高法院的判决,可以认为是否符合公共利益标准具体应考虑以下要素:首先,促进公共利益是对私有财产权进行管制的前提。如果以保护公共利益为口号的管制行为实际上与保护公共利益并无关系,或者管制行为并非以保护公共利益为目的,那么就不具备管制征收的前提条件。[①] 如在多宾斯诉洛杉矶案中,联邦最高法院认为,不允许原告煤气厂继续经营并不构成公共利益的需要,看起来更像是为了维护本地区其他煤气厂的垄断地位,因此,这一行为是对财产权的过度干涉,不能证明是警察权的正当行使。其次,管制行为应当与实现公共利益具有真实、实质的联系。这意味着管制行为即使以保护公共利益为目,但管制行为不能有效实现保护公共利益的目标,则不属于警察权的正当行使。如在诺兰诉加州海岸委员会案中,联邦最高法院认为,要求公众进入诺兰的土地与诺兰的财产阻碍了公众对海洋的观望视线并没有密切的关联。如果将许可条件改为要求诺兰在房屋顶上建造一个观望平台,才能够与目标的实现产生密切联系。最后,在满足前两个要素的基础上,还应在管制行为促进公共利益的效益与对财产权人承受的牺牲之间进行衡量。如果管制行为对财产权人造成损失的程度明显大于促进公共利益的效益,则也不构成警察权的正当行使。如

[①] 参见王玎《论管制征收构成标准——以美国联邦最高法院判例为中心》,《法学评论》2020 年第 1 期。

在米勒诉舒尼案中，联邦最高法院认为，虽然砍伐红雪松会给原告的财产造成损害，但同时能保护公共利益这一更大的价值。因此，这一法律和命令属于警察权的正当行使，并未违反宪法的正当程序条款。

五 管制行为对财产价值的影响程度

管制行为对财产权的影响主要集中在财产权的经济价值。如果管制行为使财产权价值受到严重减损，就意味着财产权人承受了过重负担，此时应当对财产权人予以补偿。

发生在1922年的宾夕法尼亚煤炭公司诉马洪案是对美国财产管制征收制度具有最重要历史意义的一个案件。宾夕法尼亚州于1922年颁布的科勒法案（Kohler）禁止可能导致地表塌陷的煤炭开采活动。地表所有权人据此从法院申请禁令，要求宾夕法尼亚煤矿公司停止煤矿开采。宾夕法尼亚煤矿公司认为科勒法案违反宪法对财产权的保护规定，由此诉请法院撤销禁令。联邦最高法院霍姆斯大法官首先肯定了警察权的正当性，认为如果不支付补偿就不能对财产权进行任何程度的减损，那么政府将难以维持运转。但是，这种限制显然必须是有限度的，否则契约和正当程序条款将不复存在。霍姆斯大法官进而提出，煤炭公司的采矿权利被剥夺，基本等同于被政府完全侵占。因此，当政府的管制行为走得过远，就构成了管制性征收。征收条款最初只适用于政府实际取得或占有财产的情况。1922年以前，美国法院遵循了一条明确的规则：对土地的管制不是征收，而只是政府行使警察权力来保护公众健康、安全、福利和道德的行为。本案最重要的历史意义在于，联邦最高法院确立了"管制征收"（regulatory taking）制度。此外，联邦最高法院还在本案中提出了政府管制行为是否走得过远的识别标准：价值减损标准（diminution of value test）。联邦最高法院认为，一项管制行为是否构成应当予以补偿的管制征收行为，取决于管制行为对财产价值减损的程度。①

欧几里得村诉岁布勒房地产公司（Village of Euclid, Ohio v. Ambler Realty Co.）案是一起因原告未能举证证明管制行为对财产权造成影响而败诉的案件。安布勒房地产公司在克利夫兰郊区的村庄拥有68英亩土地。为了防止克利夫兰工业区工业的增长可能改变该村的性质，该村制定了分区条例，共将村庄土地划分为6种用途、3种高度和4种面积。涉案土地被划分为三个用途类别以及不同的高度及面积类别，因而妨碍了安布勒房地产公司发展工业用地。安布勒地产公司对该村提起诉讼，声称分区条例限制了土地的使用，大大降低了土地的价值，相当于未经正当程序剥夺了安布勒的自由和财产。联邦最高法院认为，分区条例并非对警察权不合理的扩张，亦不具有权力任性的特点，因此是合宪的；同时，安布勒地产公司并没有提供证据证明该条例实际上对有关财产的价值造成任何影响，因此，不能证明构成管制征收。本案是分区法（zoning laws）方面的第一个重要案例，极大地推动了美国和加拿大等国家城镇分区条例的发展。② 该案中联邦最高法院主要采用管制行为对财产价值减少的程度标准，同时将这一举证责任置于原告。

安德勒斯诉阿拉德（Andrus v. Allard）案由于是一起动产为管制征收标的的案件，因此具有一定的特殊性。联邦最高法院裁定，《联邦鹰保护法》（The Federal Eagle Protectino Act）可以禁止出售合法购买的鹰的肢体。原告长期从事印第安手工制品，收购了很多鹰羽毛进行加工销售。因此，原告在受到刑事指控后诉至法院。联邦最高法院指出，该法没有没收所有权人的财产，而是对出售条件作出了规定，即《联邦鹰保护法》并没有强迫所有权人交出鹰羽毛制品，也不存在对鹰羽毛制品物理性的侵占或限制。当所有权作为一个整体权利束时，对所有权一部分的限制就不能构成管制征收。虽

---

① Pennsylvania Coal Co. v. Mahon, 260 U. S. 393 (1922).
② Village of Euclid, Ohio v. Ambler Realty Co., 272 U. S. 365 (1926).

然，《联邦鹰保护法》妨碍了财产权人出售鹰的肢体以使财产利益最大化，但这不是决定性的，因为对财产权价值的减损并不绝对地等同于征收。在本案中，并不确定原告因此就不能通过文物获得收益。比如，原告可以举办文物展览而通过门票获得收益。在更大的程度上，不具有物理性限制的价值减损很难构成征收。因此，该案中对财产价值的减损难以估计，尤其是不能同其他传统财产权价值实际受到减损的案件相比，因而不构成管制征收。[1] 本案中，联邦最高法院认为，对动产的非物理性限制很难构成征收，因为财产权人可以通过管制规定所禁止方式以外的其他方式来使用财产获得收益。换言之，联邦最高法院并未认为管制行为对财产权的价值造成了减损。

佩恩中央车站诉纽约市案是关于管制征收的一个标志性案件。本案将对权利人投资回报期待的干扰程度标准作为管制行为对经济的影响程度的重要考量因素。纽约州为了保护对城市有历史意义的建筑以及建筑物的正常使用，于1965年通过了《地标法》（The New York City Landmarks Law）。原告佩恩中央车站申请在其享有产权的中央火车站上方建造一座55层高的办公楼，但纽约市地标保护委员会以根据《地标法》保护火车站的地标为由，拒绝了原告请求。联邦最高法院认为，通过考虑管制行为对经济影响程度、对权利人明确的投资回报期待的干扰程度，以及政府行为的性质，可以判断政府的管制行为是否构成管制征收。[2] 在本案中，联邦最高法院虽然考量了较多标准，但其中最主要的还是管制行为对财产价值的减损程度标准。围绕这一标准，联邦最高法院提出了三项拒绝原告请求的理由：第一，原告可以像过去65年以来一样继续使用财产，因此该项法律并没有干涉原告对财产正在进行的使用及使用预期，而是允许原告从中央火车站获利并且获得合理的投资回报。第二，被告虽

---

[1] Andrus v. Allard, 444 U. S. 51 (1979).
[2] 本案中联邦最高法院提出的这三项标准后来受到批评。因为法院未能就这些因素的确切含义提供指导。比如必须证明什么才能满足管制征收的标准，是同时满足三个因素、两个因素或任何一个因素即可满足管制征收的标准。

然拒绝原告在中央火车站上方建造超过50层的高楼,但是没有反对建造较低的建筑。第三,虽然在中央火车站上空不许建造办公楼,但原告仍然可将此权利进行转移,在其他至少八块火车站周边的土地上建造办公楼。假如构成管制性征收,这些权利或许不能构成公平补偿,然而这些权利的转移毫无疑问地已减轻了该法律施加在原告之上的财政负担。因此,这项限制与促进公共利益具有实质关联,同时它不仅允许地标建筑的使用和收益,也为原告公司提供了使中央火车站及其他财产创造繁荣的机会。因此,该案不构成管制征收。①

在判断管制行为对财产价值的影响程度时,还有一类特殊的情形:一旦管制行为被认定对财产权造成了彻底破坏,即可直接认定构成管制征收。

在第一英国福音路德教会诉洛杉矶郡(First English Evangelical Lutheran Church v. Los Angeles County)案中,原告在其享有所有权的位于洛杉矶的国家森林为残疾儿童开办了一个休闲中心。一场严重的洪水摧毁了休闲中心的所有建筑后,洛杉矶政府通过了一项临时法令,禁止在泛洪区建造任何建筑。原告提起诉讼,认为这一法令剥夺了原告对财产的使用。联邦最高法院认为,临时管制行为对财产价值造成了彻底破坏,构成管制征收,即使这种管制征收是暂时的,而且财产后来得到了恢复。②

同样,在柯廷诉本森(Curtin v. Benson)案中,为了保护国家公园的景观,加利福尼亚州颁布法令,禁止在国家公园内的私人土地上放牛。原告认为该法令构成未经公平补偿的征收。联邦最高法院认为,这一命令阻止了对土地所有权合法、必要的使用。禁止放牛的规定侵害了土地所有权的根本价值,只有通过征收程序,才能

---

① Penn Central Transportation Co. v. New York City, 438 U. S. 104 (1978).
② First English Evangelical Lutheran Church v. Los Angeles County, 482 U. S. 304 (1987).

达到这一目的，否则就超越了权力行使的边界。①

而在启斯在烟煤协会诉德贝内迪克蒂斯案中，为防止煤矿开采对地表土地塌陷造成地基开裂、沉陷和地下水损失等危险，1966年宾夕法尼亚州颁布了《塌陷法》（The Subsidengce Act）。根据该法案，原告所属的四家煤炭公司将损失2700万吨烟煤。原告起诉主张该法案构成管制征收。联邦最高法院认为，该法案在事实上虽然与1922年的宾夕法尼亚煤炭公司诉马洪案极其相似，但二者的不同之处远远大于相似之处。二者的不同之处主要在于宾夕法尼亚煤炭公司诉马洪案中的《科勒法案》（Kohler Act）受到质疑，是因为其禁止开采煤矿是为了保护少数的私人财产，因此并非是合理地行使警察权；而《塌陷法》旨在使广大公众受益。由于《塌陷法》目的是保护公众在健康、环境和财产利益，因此为警察权的合理行使。联邦最高法院首先考虑了两项评估是否构成管制征收时必须考虑的标准：一是管制行为是否实质性地促进了国家的合法利益，二是管制行为是否剥夺了财产权人在经济上对土地可行的使用。联邦最高法院认为，原告并没有举证证明符合上述两个标准。反而，《塌陷法》通过防止对公共利益造成重大威胁，实质性地促进了国家的合法利益，同时原告并非没有可能从他们的财产中获得利益。此外，联邦最高法院还认为财产权应作为一个权利束整体来看待，从其中拿走一枝并不构成管制征收。根据法律规定，只有2%的煤炭被禁止开采，煤炭公司没有被剥夺财产的合理经济利用价值，或对投资回报期待产生实质影响，因此这并不构成管制征收。② 由此可见，该案中，联邦最高法院首先判断通过考量管制行为是否实质性地促进了国家的合法利益来认定是否符合公共利益标准。在符合公共利益标准后，联邦最高法院主要考量管制行为是否剥夺了财产权人在经济上对土地可行的使用，以及是否对投资回报期待产生实质影响，据

---

① Curtin v. Benson, 222 U. S. 78 (1911).
② Keystone Bituminous Coal Ass'n v. Debenedictis, 480 U. S. 470 (1987).

此认定管制行为未对财产权构成彻底破坏,因而不构成管制征收。

在卢卡斯诉南卡罗来纳州海岸委员会案案中,根据《滨海地区管理法案》的规定,被告南卡罗来纳州海岸委员会禁止原告卢卡斯在其拥有产权的两块土地上建造住宅。联邦最高法院认为,第一,从财产所有者的角度来看,剥夺所有经济利益用途就是剥夺财产本身;第二,当所有经济利益用途受到限制时,很难认为法律只是在"调整"经济利益和负担;第三,限制所有经济利益用途的法规常常是将土地管制作为为公共服务的幌子;第四,原告的土地被剥夺了所有的经济利益用途;第五,没有办法区分管制是为了防止有害用途还是给予附近其他财产利益;第六,与被告的主张相反,国家不能任意制定规定,使所有财产的经济利益用途受到限制。因此,联邦最高法院在该案中正式确立了"全部剥夺"标准（total takings）,认为如果管制行为将全部剥夺财产的经济性用途就构成了管制征收,因为这与征收没有差别。①

在10年后发生的帕拉佐洛诉罗德岛（Palazzolo v. Rhode Island）案中,原告帕拉佐洛在罗德岛海岸购买了三块未开发土地,并申请在该土地上进行开发,但许可多次被拒绝。原告认为,被告该行为构成未经公平补偿的征收。联邦最高法院认为,不能基于拒绝原告申请,就认为管制行为剥夺了其财产的所有经济用途。因为证据明确表明,仍有极大比例的财产在经济上是可行的。联邦最高法院应将该案发回重审而未作出最终判决。②

林格尔诉雪佛龙美国公司（Lingle v. Chevron U. S. A., Inc.）案是美国管制征收法律中的一个具有里程碑性质的案件,因为该案中奥康纳（O'Connor）大法官认为管制行为是否符合公共利益标准将不再适合用来判断一项管制行为是否构成管制征收。原告必须主张构成物理性占有,或者是否剥夺了财产权人对其财产的所有经济用

---

① Lucas v. South Carolina Coastal Council, 505 U. S. 1003 (1992).
② Palazzolo v. Rhode Island, 533 U. S. 606 (2001).

途（卢卡斯诉南卡罗来纳州海岸委员会案），或者适用佩恩中央车站案所确立的标准。1997年，为了防止雪佛龙公司对石油零售服务站经营者集中的影响，夏威夷立法机构颁布了第257号法案，将雪佛龙公司向经销商收取的租金限制在经销商销售毛利的15%以内。雪佛龙公司提起诉讼，认为违反宪法第五和第十四修正案。联邦最高法院认为，判断一项管制行为是否构成管制征收，总的原则是看这项管制行为"是否走得过远"。联邦最高法院进而采用了两个确定管制行为是否走得过远的标准：首先，是否构成物理性侵占；其次，是否剥夺了财产权人对其财产的所有经济用途。如果不能满足上述两个标准，法院就很难认定构成管制征收。本案中，由于原告雪佛龙公司仅主张管制行为没有实质上促进合法的公共利益，因此，无法确认构成管制征收。联邦最高法院在该案中先判断管制行为是否属于物理性侵占标准。在确定管制行为不构成物理性侵占后，明确了管制行为也未剥夺所有经济用途。由此确定不构成管制征收。[1]

综上所述，对财产权的管制行为，主要影响的是财产权的经济价值，侵犯权利人的财产权益。因此，管制行为对财产价值的影响程度标准自然成为判断管制行为是否构成管制征收的核心标准。这一标准确立于1922年的宾夕法尼亚煤炭公司诉马洪案。联邦最高法院将管制行为对财产价值的影响程度作为判断管制行为是否"走得过远"的重要标准。该标准在欧几里得村诉安布勒房地产公司案中得以沿袭。到了1978年的佩恩中央车站案，联邦最高法院对管制行为对经济的影响程度考量融入了对权利人投资回报期待的干扰程度标准，认为如果管制行为干涉了原告对财产投资及使用的回报预期，则构成管制征收。而在第一英国福音路德教会诉洛杉矶郡案、柯廷诉本森案、启斯在烟煤协会诉德贝内迪克蒂斯案、卢卡斯诉南卡罗来纳州海岸委员会案帕拉佐洛诉罗德岛案和林格尔诉雪佛龙美国公司案中，联邦最高法院认为如果管制行为全部剥夺财产的经济性用

---

[1] Lingle v. Chevron U. S. A., Inc., 544 U. S. 528 (2005).

途就构成了管制征收，因为这与征收几乎没有差别。由此可见，管制行为对财产价值的影响程度标准也经历了发展变化，延伸出多个具体考量因素。

第五节　中国准征收识别标准体系构建

明确中国准征收的识别标准，绝非提出一个或多个识别标准的易事。无论是美国还是德国，对这一问题的讨论经历了一个多世纪也未能形成一个明确、成熟的识别标准，反而使需要考量的因素愈发复杂、混沌。究其原因，财产权因公共利益受到牺牲的情形呈现出多元化特点。在管制征收识别标准未形成体系化的情况下，对不同个案的标准演绎难免会格格不入。美国和德国近百年的经验证明，单一标准无法满足判断政府行为是否构成准征收的需要；判断纷繁复杂的政府行为是否构成准征收，首先需要一个体系化的多元标准。

一　构建准征收识别标准体系的考量因素

在构建中国体系化的准征收多元标准之前，首先需要明确这一识别标准体系的考量因素（或称为理论基础），比如中国的识别标准体系应选择怎样的道路、应当遵循什么价值规律、应当考量哪些特殊要素，等等。

（一）实证主义的具体化识别标准抑或法教义的抽象化识别标准

美国、德国和中国台湾地区对准征收识别标准的构建采用了截然不同的进路，大致可将其分为两类：第一类是美国实证主义的具体化识别标准，第二类是德国和中国台湾地区法教义的抽象化识别标准。

首先，作为判例法制度的国家，美国联邦最高法院自1885年沃茨诉霍格兰案以来，始终尝试对不同类型的管制征收案件提供具体化的识别标准。在最具代表性的 1922 年的宾夕法尼亚煤炭公司诉马洪案中,霍姆斯大法官提出:"当政府的管制行为走得过远,就构成了管制性征收。"[①] 虽然霍姆斯大法官对于何为"政府的管制行为走得过远"未作出详细解释,但随后一系列联邦最高法院作出的判决,均对管制征收的构成提出具体见解,进而使一系列的识别标准成为"当政府的管制行为走得过远,就构成了管制性征收"最为丰富的注脚。例如,管制行为是否以增进公共利益为目的,管制行为与公共利益是否具有实质联系,维护公益的价值与对私益的侵害是否具有均衡性,对财产价值的减损程度,管制行为是否对财产权造成的彻底破坏,管制行为是否剥夺了财产权人在经济上对土地可行的使用,管制行为是否属于物理性侵占,管制行为在对私有财产权造成限制的同时是否也使私有财产权受益,财产权行使是否构成对公共或他人的妨碍,等等,都是联邦最高法院所提出的判断一项管制行为是否构成管制征收的重要考量因素。

其次,德国自魏玛共和国以来,对"财产权限制是否予以补偿"问题的认识在经历了一系列发展演变后,最终形成了以"特别牺牲理论"为主导的识别标准。而中国台湾地区通过第 336 号、第 400 号、第 440 号、第 444 后和第 747 号五次释字,对公共设施保留地、公共地役权、既成道路地下部分、限制土地使用收益等问题中财产权受到限制或损失应否予以征收或者补偿作出说明。对财产权受到限制或损失的五次解释无一例外都采用"特别牺牲理论"。历次解释中,释字都将"特别牺牲"作为"财产权社会义务"与"应予补偿的财产权限制"的界分标准,然而却始终未能清楚说明何为"特别牺牲",常在解释理由中一笔带过。例如,释字第 747 号解释文中提及"逾越所有权人社会责任所应忍受范围(即社会义务),形成个人之特别牺牲",并没有提出任何有建设性的具体识别标准,对于何为"特别牺牲"也语焉不详。因此,有学者指出,释字并未就"特

---

① Pennsylvania Coal Co. v. Mahon, 260 U. S. 393 (1922).

别牺牲"的构成要件予以确认，存在不足之处。应当将"财产权人不能享有相当之使用、收益或处分权能且属重大之经济损失"作为"特别牺牲"的识别标准。[①] 还有学者认为，可以就对财产权限制的目的、手段形态、限制程度、损失程度、土地状况及条件、社会需要（社会情状）、限制期间及有无既得权益等多项要素，综合地对于财产权限制的个别情形判断是否形成土地所有权人的特别牺牲。[②] 亦有学者指出，"特别牺牲即公权力对个人财产权的干预程度，相对于他人所受的干预如果显失公平且无期待可能性，就属于逾越社会义务所应忍受的范围，从而构成特别牺牲，应给予合理补偿"[③]。

综上所述，美国联邦最高法院提炼的管制征收标准是具体、多元和开放的，具有鲜明的实证主义色彩，能够灵活运用于对各种管制征收案件的判断当中。美国联邦最高法院始终未奢求概括出一个能够包罗万象的管制征收识别标准，而是沿着经验性的道路不断丰富和完善着管制征收的识别标准。相较于美国法的路径，德国和中国台湾地区对"财产权限制是否予以补偿"问题的归纳更为"形而上学"。在经历了一系列发展演变之后，"特别牺牲理论"已成为判断"财产权干涉是否应予补偿"的法教义。然而，"特别牺牲"这一判断基准过于抽象，仅从文义方面并无法明确其内涵。在德国和中国台湾地区司法实践中"特别牺牲"已经成为对财产权限制应予补偿的"代名词"，失去了其作为是否应予补偿识别标准的作用。这意味着只要法官认为政府行为使财产权承受的损失是过度的，就可以冠以"特别牺牲"的名义并对财产权人给予补偿。日本学界和实务界曾对"特别牺牲"标准的具体化付出一定努力，将"特别牺牲"一词分为"特别"与"牺牲"，进而将"特别牺牲"细化为形

---

① 参见林明锵《财产权之特别牺牲与社会义务——评司法院大法官释字第747号解释》，《月旦裁判时报》2017年第64卷，第5—16页。
② 参见陈立夫《土地利用限制形成特别牺牲之损失补偿请求权——司法院释字第747号解释之意义》，《月旦裁判时报》2017年第64卷，第17—30页。
③ 李建良：《特别牺牲与损失补偿》，《月旦法学杂志》1998年第36期。

式标准和实质标准。其中,"特别是形式标准,着眼于判断是否违反平等原则,即因政府行为使财产权承受不利影响的权利人相对于一般人而言是否属于特定人;而牺牲是实质标准,着眼于对程度的判断,即考量财产权的本来效用所受到不利影响的程度。损失的特别形式基准与牺牲实质基准共同构成了补偿得以实现的核心理念"①。即便如此,作为实质基准的"牺牲"依然停留在抽象层面,对纵向层面财产权承受不利影响程度的判断仍然不具有实际意义。由此,在德国和中国台湾地区对"特别牺牲理论"未形成具体化识别标准的前提下,美国联邦最高法院所提出的具体、多元的识别标准显然对我国更具有借鉴意义。

(二) 存续保障与价值保障的价值次序

法律对财产权的保护范围经历了由单纯对"物"的保护到对"财产价值"保护的历史变迁。这也意味着法律对财产权保护从"存续保障"发展到"价值保障"。传统的财产权旨在保护"物的所有权"。②"所有权"概念源自传统民法。《法国民法典》第544条规定:"所有权是对于物有绝对无限制地使用、收益及处分的权利。"《德国民法典》第903条规定:"所有权人只有在不违反法律和第三人利益的范围内才可以随意处分其物。"③ 这些规定都将财产权指向"物",意味着所有权保障是与特定对象物相连接的。然而,随着时代变迁,越来越多的人口不再依赖土地而生,开始在城市的工厂、企业通过劳动获取价值。此时,"财产权教义学已相应突破物的存续状态,将财产权的保护范围扩张到对财产价值的保障,开始关注财

---

① 杜仪方:《财产权限制的行政补偿判断标准》,《法学家》2016年第2期。
② 参见张翔《个人所得税作为财产权限制——基于基本权利教义学的初步考察》,《浙江社会科学》2013年第9期。
③ [德]卡尔·拉伦茨:《德国民法通论》(上册),王晓晔等译,法律出版社2013年版,第53页。

产权价值保障的问题"[1]。

因此,从总体上看,可以将法律对财产权的保障分为存续保障和价值保障两个层面。存续保障即为传统上的"所有权保障",是维护财产权的第一要义,指法律对于财产权的保障首先应当满足财产权人对财产权持续占有、使用、处分和收益的权利及状态,避免财产权受到剥夺或限制。而价值保障是指除了满足财产权的完整性,还应保障财产权本身的经济价值,避免国家活动对财产权价值造成过度减损。将财产权保障区分为存续保障和价值保障的原因在于法律保护强度的不同。具体而言,占有、处分、使用和收益是传统所有权的本质功能,因此,在财产权两层价值中,对财产权存续保障的限制条件理应更为严苛;而在所有权占有、使用、处分和收益功能之外,财产经济价值具有后发性和附随性的特点,因此,作为财产权保障第二层面的价值保障,较之存续保障而言对财产价值的影响程度条件应当相对宽松。当然,存续保障优先于价值保障并不意味着存续保障比价值保障对财产权保障而言更具有意义,反而对财产权人而言,在许多情况下财产权的经济价值要远比所有权的完整性更为重要。

沿着财产权存续保障优先于价值保障的逻辑展开,对于因增进公共利益而使财产占有、使用、处分和收益权利受到限制的政府行为比单纯使财产价值受到不利影响的政府行为更易被确定为准征收。其中最为典型的是美国联邦最高法院所创造的物理性侵占(physical taking)这一概念。物理性侵占指管制行为使部分私有财产因公共利益被他人占领、利用,尽管这种占领、利用可能不直接改变财产权的性质,也不直接造成财产的价值减损,但依然构成管制征收。如在洛雷托诉曼哈顿有线电视公司案中,原告洛雷托在纽约市拥有一栋五层高的公寓楼。在洛雷托收购该房产之前,被告曼哈顿有线电

---

[1] 张翔:《个人所得税作为财产权限制——基于基本权利教义学的初步考察》,《浙江社会科学》2013年第9期。

视公司根据《纽约行政法》第 828 条的规定，在洛雷托的财产上安装了有线电视线路。原告就此提起诉讼，认为该行为构成未给予公正补偿的征收行为。联邦最高法院认为，当政府行为构成对财产的物理性侵占时，管制行为就会在其占有范围内构成管制征收，而不必考虑该行为是否促进了重要的公共利益或对财产经济价值的影响。马歇尔大法官撰写的多数派意见中明确提出，排他权（right to exclude）是财产权利束（the bundle of rights）当中最重要的一支。如果存在对财产的入侵，就破坏了对财产的占有使用和处置的权利。[①]因此，只要政府行为构成了对财产权的物理性侵占，无论该行为是否促进了公共利益或对原告财产造成损失的大小，都构成管制征收。反之，对于政府行为未对财产所有权的完整性造成影响，而只是单纯对财产权经济价值产生影响的行为，则确定成立准征收的标准较高。只有经过政府行为给财产权的损害程度已经超过了财产权人对财产投资及使用的合理回报预期，或者对财产价值造成了彻底破坏、侵害了财产的根本价值或剥夺了权利人对财产的所有经济性用途，则对财产价值造成巨大损失，即可认定政府行为构成准征收。

（三）对财产权进行管制的正当化事由

对财产权进行管制必然会对财产权造成不利影响。除了财产权应承担社会义务，若对财产权的管制存在正当化事由，也不需要对财产权予以补偿。对财产权进行管制的正当化事由主要有两种。

第一，经济利益互惠。经济利益互惠是指管制行为在对财产权造成损害的同时，也使财产权人受益。经济利益互惠作为对财产权进行管制正当化事由的逻辑在于，管制行为虽然以增进公共利益为目的，但在该情形下，私有财产权作为公共利益的重要组成部分同时显著受益。在美国联邦最高法院审理的 33 个主要案例中，有 5 个案例就属于这种情形。如在 1914 年的普利茅斯煤炭公司诉宾夕法尼亚州等案中，宾夕法尼亚州于 1891 年通过了一部法律，要求煤矿主

---

① Loretto v. Teleprompter Manhattan CATV Corp., 458 U. S. 419 (1982).

在与人相邻的不开采部分增加弯梁，以确保毗邻矿主的权利。联邦最高法院认为："该法律不构成管制征收。因为要求对煤层增加弯梁，是两个相邻矿主的利益互惠……这种管制不是为了另一个人利益而给一个人增加负担，而是无偏私、公平和理性的，是对受益的每一个矿主施加普遍的负担。"[1] 然而，判断管制行为是否属于经济利益互惠特别需要注意两个要素：首先，管制行为所保护对象的范围是否溢出管制行为所要求的特定义务承担者范围。如果管制行为所保护对象的范围溢出了管制行为所要求的特定义务承担者范围，则意味着仍有他人在未承受财产牺牲的前提下受益，因此有违公平原则；而只有在义务承担者与受益者范围完全一致的情况下，管制行为才属于经济利益互惠。其次，管制行为给财产权人带来的利益与管制行为对财产权人造成的损害在经济价值上应当基本等同。如果管制行为对财产权人造成较大经济损失的同时对财产权产生的利益却微不足道，这种情况就不能构成经济利益互惠。

第二，财产权行使构成公共妨碍。管制行为使特定财产权受到牺牲，目的在于增进公共利益。然而，在私有财产权行使本来就对公共安全或健康造成妨碍时，对财产权进行管制的目的就是消除财产权造成的妨碍。在这种情况下一般不把管制行为视为管制征收。在美国联邦最高法院审理的33个主要案例中，有3个案例就属于这种情形。如在1915年的雷因曼诉小石城案中，由于车马行的马厩位于城市人口密集区，而马厩的经营方式容易使马匹产生传染疾病，因此小石城颁布法令，禁止车马行继续经营。联邦最高法院支持了该项法令，认为车马行对公共利益造成了一种妨害，因此对车马行的管制属于警察权的合理行使范畴。[2] 值得注意的是，私有财产权行使对公共健康或安全造成的妨碍应当是较为严重的情形且为既成状

---

[1] Plymouth Coal Company v. Commonwealth of Pennsylvania, David T. Davis, Inspector of Mines, etc., 232 U. S. 531 (1914).

[2] Reinman v. City of Little Rock, 237 U. S. 171 (1915).

态，此时对财产权的管制才能以财产权行使构成公共妨碍为正当化事由而免予补偿。反之，如果财产权行使对社会造成的妨碍是轻微的，且仅是可能而非必然的，就不得以财产权行使构成公共妨碍作为免予补偿的正当化事由。换言之，只有在对公共健康或安全造成的妨碍是严重的且为既成状态，对私有财产权的管制才是排除妨碍行为，因而不构成管制征收。

二 中国准征收识别标准体系

虽然来自不同法系的美国、德国和中国台湾地区对准征收分别采用美国实证主义的具体化识别标准和法教义的抽象化识别标准。但可以发现，为超越财产权社会义务的灰色地带划定界限在不同个案中具有较强的差异性，即使采用抽象化的识别标准，也较难提炼出一条放之四海而皆准的规则。因此，可以看到德国和中国台湾地区在实践中不乏通过个案来完善并不断确定新的识别的标准。判例制度从不是英美法系独有的制度，它也被大陆法系国家所广泛采用。这既体现出大陆法系与英美法系相互融合的趋势，还展示出在准征收识别标准领域的各国存在的共性。

因此，较之德国与中国台湾地区的"特别牺牲理论"，美国联邦最高法院在判例中提炼出的管制征收五大类识别标准虽然更具有直接针对性，更能灵活运用于对各种管制征收案件的判断当中，对中国准征收识别标准的确定更具有借鉴意义。然而，无论从时间演进还是从财产权受损害类型的角度来看，美国联邦最高法院对何种案件应当适用哪一类标准均无规律可循，这印证了单一标准无法满足判断政府行为是否构成准征收的需要，以及判断纷繁复杂的政府行为是否构成准征收，需要构建一个体系化的多元标准。而美国联邦最高法院主要审理的 33 个管制征收案件所形成的五类标准及相关考量因素，为准征收识别标准的体系构建提供了可能。以存续保障与价值保障的价值次序以及对财产权进行管制的正当化事由为理论基础，通过对美国联邦最高法院所形成的五类主要识别标准进行形式判断与实质判断递进式的双阶层划分，能够实现对这一体系的科学构建。

(一) 第一阶层：形式识别标准

第一阶层的形式识别标准包括政府行为是否属于物理性侵占标准、政府行为是否属于经济利益互惠标准和财产权行使是否构成公共妨碍标准。首先，从大陆法系的民法来看，虽然法律对财产权的保护范围经历了由单纯对"物"的保护到对"财产价值"保护的历史变迁，但"物"始终是财产权的基础，而"物的所有权"则是财产法律制度的核心内容。占有、使用、处分和收益是决定所有权具有绝对性、排他性和永续性特征的四项基本权能。法律对"物的所有权"的保护，就是对物占有、使用、处分和收益权能的全面保护，以及对物绝对性、排他性和永续性的绝对保护。而美国法将财产作为权利束（the bundle of rights）来看待，认为财产的诸项权能都是财产权利束中的一支。联邦最高法院马歇尔大法官明确提出，"排他权（right to exclude）是财产权利束当中最重要的一支。如果存在对财产的入侵，就破坏了对财产的占有、使用和处置的权利"[①]。由此可见，物理性侵占标准作为判断政府行为是否破坏财产权的存续保障的重要标准，理应成为第一阶层的识别标准。

其次，经济利益互惠标准和财产权行使是否构成公共妨碍标准作为对财产权进行管制的两种正当化事由，也应在第一阶段作出判断。如果政府对财产权的管制行为具有正当化事由，则可明确不需要对财产权给予任何补偿。之所以将第一阶层的这三项识别标准归结为形式识别标准，是因为这三项识别标准均是较为直接和显而易见的。这三项标准的运用，通常不需要考量具体因素或进行利益衡量。

1. 物理性侵占标准的运用

物理性侵占标准指管制行为使部分私有财产因公共利益被他人

---

① Loretto v. Teleprompter Manhattan CATV Corp., 458 U.S. 419 (1982).

占领、利用,尽管这种占领、利用可能不直接改变财产权的性质,也不直接造成财产权的价值减损,但囿于这种侵占侵犯了财产权利束中最重要的排他权,因此依然构成准征收。我国实际上存在规定了应对构成物理性侵占标准的准征收行为予以补偿的法律。例如,2010年《石油天然气管道保护法》第14条第2款规定:"依法建设的管道通过集体所有的土地或者他人取得使用权的国有土地,影响土地使用的,管道企业应当按照管道建设时土地的用途给予补偿。"但实践中更多的对私有财产权构成物理性侵占的案例和事例均无补偿的法律依据。例如,在孙玉朴诉沈阳市于洪区马三家街道办事处案中,被告沈阳市于洪区马三家街道办事处为修建沈阳蒲河生态廊道建设,发布了《小三家蒲河河套内右堤外沿50米土地停耕通知》,要求原告停止耕种并将占用了原告所承包的3.78亩耕地,用于生态廊道建设。事后,沈阳市人民政府办公厅作出《关于解决三环及高速公路两侧绿化占地信访案件会议纪要》,确定了对使用农民水田和旱田的补偿标准。[①] 以上三个案例均因行政机关为增进公共利益需要,占用了财产权人的土地,严重影响了财产权人对土地的使用和土地经济价值,因而需要对财产权人予以补偿。

在美国法中,正式确立物理性侵占标准的是洛雷托诉曼哈顿有线电视公司案。该案中,《纽约行政法》要求财产权人允许在其财产上安装和维护有线电视线路,构成最典型的物理性侵占。对财产权的物理性侵占不同于对财产权收益的限制和对财产权施加相关义务,虽然在多数情况下不会对财产价值造成直接经济损失,但它是以物理性手段对财产权占有和使用产生直接影响的行为,影响了财产权人对财产的正常利用,产生了类似征收的效果,是所有管制行为中最接近征收的行为。

物理性侵占标准不仅能够适用于不动产,还完全能够适用于动

[①] 辽宁省沈阳市高新技术开发区人民法院(2016)辽0192行赔初22号行政赔偿判决书。

产。实践中不乏要求将私有动产强制提供给公共使用的法律和案例。例如，《畜牧法》第13条第3款所规定的"定期采集和更新畜禽遗传材料"就会形成对财产的物理性侵占。因此，该条同时规定财产权人"有权获得适当的经济补偿"。发生于2015年的霍恩诉农业部案，同样是因满足物理性侵占标准而构成管制征收的案例，并且是联邦最高法院将管制征收条款首次适用于个人动产的案例。在大萧条时期，美国葡萄干价格下跌了80%以上。国会于是在1937年制定《农产品销售协议法案》（Agricultural Marketing Agreement Act），授权美国农业部动态调整禁止葡萄干在市场流通的份额，以减少市场供给的方式提高葡萄干价格。美国农业部葡萄干委员会实时发布限制葡萄干出售份额的管制规定，要求葡萄干种植者将其种植的特定份额的葡萄干交由葡萄干委员会处置。原告霍恩提起诉讼，认为葡萄干管制规定构成了违反宪法的征收。联邦最高法院认为，联邦宪法的征收条款对个人动产的保护丝毫不少于对个人不动产的保护。由于政府直接以物理性手段占有了种植者的葡萄干，因此，这一对葡萄干禁售的管制构成了物理性侵占。[①] 联邦最高法院在该案中首次将管制征收制度适用于动产，再次诠释了联邦宪法第五修正案对个人动产给予高强度保护的宪法内涵。

因此，是否属于物理性侵占标准是判断准征收案件时优先适用的标准。只要管制行为使部分私有财产在未经补偿的情况下因公共利益被占领、利用，不论财产属于不动产或动产，在不考虑该行为是否促进重要的公共利益或者是否对财产权人造成经济损失的情况下，就可以直接判定管制行为构成准征收。

2. 经济利益互惠标准的运用

管制行为属于经济利益互惠是指管制行为在对财产权造成损害的同时，也使财产权人受益。因此，以增进受管制人利益为目的的管制行为就属于经济利益互惠，此时不构成未经公正补偿的准征收

---

① Horne v. Department of Agriculture, 576 U.S. 1 (2015).

行为。但需注意的是，所有正当的管制行为均以维护国家和社会公共利益、增进公共福祉为目的。属于经济利益互惠的管制行为与一般管制行为的区别在于受损与受益对象的一致性。具体而言，一般的管制行为通过牺牲特定权利人的财产权利来增进整个社会、社区、所属行政区域等更广大对象范围的利益，受损与受益对象在范围上存在一定的差异；而属于经济利益互惠的管制行为是为了使特定对象受益才使他们的财产权受到牺牲，受损与受益对象在范围上完全一致。因此，只要确定管制行为是为了使特定对象受益才使他们的财产权受到牺牲，且受损与受益对象在范围上完全一致，才可能属于经济利益互惠，因而无须补偿。

在郭家琪诉隆回县住房和城乡建设局案中，因被告隆回县住房和城乡建设局修建桃洪镇和平社区帽子石路和进行帽子石路西侧低洼区改造，对原告房屋及居住造成一定影响。原告诉称，由于被告使用大型振动机压路，给原告的房屋造成损失，原告房屋门前又被堆了一层屋高的土，将大门完全堵死。原告房屋处于低洼地，通行、通水、通风、采光受到严重影响。湖南省隆回县人民法院判决认为，被告修建帽子石路，是实施隆回县人民政府统一低洼区改造规划行政行为，没有违法性，是合法的、对该低洼区居民有益的公共利益行为，改造结果使该地段所有人（包括原告）受益。被告通过政府投资改善道路等基本设施使土地显著增值，原告的土地也相应得到增值。况且，被告已经向原告予以一定补偿，因此，原告要求变更补偿协议的诉讼请求不予支持。[1] 该案中，湖南省隆回县人民法院采用经济利益互惠标准，将被告统一对低洼区改造规划的行政行为会使包括原告在内的该地段所有人受益，作为不予支持原告诉讼请求的理由之一。实际上，该案中被告隆回县住房和城乡建设局对桃洪镇和平社区帽子石路进行修建和对帽子石路西侧低洼区进行改造，能够改善整个桃洪镇乃至隆回县的基础设施条件，带动当地经济社

---

[1] 参见湖南省隆回县人民法院（2017）湘 0524 行初 18 号行政判决书。

会发展，因此受益对象是桃洪镇乃至整个隆回县。然而，修路和改造行为却使包括郭家琪等原告在内的道路两侧和低洼地区周围的特定财产权人，在通行、通水、通风、采光等方面受到严重不利影响。因此，在该案中管制行为的受损与受益对象在范围上并不一致的情况下，不能够以经济利益互惠标准为行政机关进行管制而不予充分补偿的理由。

属于经济利益互惠就无须补偿的根本原因在于，在该类管制行为中不存在特别牺牲，进而不存在构成准征收的前提条件。因此，是否属于经济利益互惠标准同样是判断准征收案件时应当优先适用的标准。

3. 财产权行使是否构成公共妨碍的运用

对私有财产进行管制的目的在于增进公共利益。然而，"公民私有财产权的主张或行使，也要自觉接受法律的规范和调整，私权也是有边界和法律许可的临界点的，不能因为我们反对公权的滥用误用就可以无拘束、无临界地扩张自己的私权边缘和范围"[1]。因此，私有财产权的行使以不妨碍公共利益和他人合法权益为前提。如果私有财产权的行使本身就可能对公共利益或他人合法权益造成妨碍（nuisance），对财产权进行管制的目的就是消除财产权行使所造成的妨碍。在这种情况下一般不把管制行为视为准征收。最为典型的是发生在美国1915年的雷因曼诉小石城案。该案中，由于车马行的马厩位于城市人口密集区，而马厩的经营方式容易使马匹产生传染疾病，因此小石城颁布法令，禁止车马行继续经营。联邦最高法院支持了该项法令，认为车马行对公共利益造成了一种妨害，因此对车马行的管制属于警察权的合理行使范畴，并不构成管制征收。[2] 值得注意的是，排除妨碍和增进公共利益往往构成一个事物的两面。一

---

[1] 曾哲：《公民私有财产权的宪法保护研究》，中国法制出版社2009年版，第106页。

[2] Reinman v. City of Little Rock, 237 U. S. 171（1915）.

个以增进公共利益为目的而对私有财产造成牺牲的管制行为也可以挂上排除妨碍的名义。因此，对排除妨碍的理解不能过于宽泛，只有违反法律、行政法规或者对公共利益产生严重影响的行为，才能认为财产权的行使对公共或他人造成了妨碍。如果财产权的行使事先已经获得相关许可，则不得再以财产权的行使对公共或他人造成妨碍为由，对财产权进行未经补偿的限制。由此可见，管制行为本应以增进公共福祉为目标，但在私有财产权行使对社会公共造成妨碍时，管制行为以排除财产权对社会的妨碍为目标，对财产权的管制行为即不视为准征收。财产权人应当承担管制行为对财产权造成的牺牲后果。

综上所述，作为第一阶层的形式识别标准包括是否属于物理性侵占标准、是否属于经济利益互惠标准以及财产权行使是否构成公共妨碍。判断管制行为是否构成准征收，首先确定管制行为是否属于物理性侵占标准、是否属于经济利益互惠以及财产权行使是否构成对公共或他人的妨碍。若管制行为构成物理性侵占，则可以直接认定该管制行为构成准征收；若管制行为属于经济利益互惠或者财产权行使构成公共妨碍，则可以直接认定该管制行为不构成准征收。

(二) 第二阶层：实质识别标准

实质识别标准主要包括是否符合公共利益标准和对财产价值的影响程度标准。不同于第一阶层的形式识别标准，在第二阶层的识别标准中，需要考量多项因素或者进行利益平衡才能对是否符合公共利益标准或对财产价值的影响程度标准作出认定。只有在不符合第一阶层条件，即不属于物理性侵占、不属于经济利益互惠以及财产权行使是否构成对公共或他人的妨碍的情况下，才对实质识别标准进行判断，从而进一步判断管制行为是否构成准征收。

维护和增进公共利益是现代国家的积极任务，而维护和增进公共利益与对私有财产的保护密切相关，因为只有在为了公共利益的前提下，才允许对私有财产进行适度的限制或者在补偿的前提下进行征收、征用。可以说，任何行政活动都是在公共利益的目的下开展的，如果行政活动不以增进公共利益为目的就不具有合法性。然而，公共利益的内容具有不确定性，对公共利益或许难以作出泾渭分明的判断。例如，增进公共利益的同时，应当将对私有财产权的侵犯控制在何种程度范围内？换言之，对于私有财产权的侵犯超过一定限度时，是否也将被公共利益所不允许？再如，公共利益的对象是否应符合适当的范围标准？公共利益的受益者应当是社会公众，然而社会公众仍为不确定法律概念，因为社会公众由诸多个体组成，究竟由多少个体组成的社会公众能够代表公共？多数是否即能够代表公众？过去，我们将阶级作为社会分层的基础，某一特定阶级的利益往往代表着公共利益，因此，我国的公共利益也经历了"阶级利益—行政区划利益—整个社会可持续发展利益的阶段"[①]。因此，为不使公共利益成为行政机关滥用权力的冠冕堂皇的理由，在准征收识别标准中，需要对公共利益进行更为细致的多层次判断。

美国联邦最高法院的判例所形成的判断管制行为是否符合公共利益标准的三项考量因素，对判断管制行为是否构成准征收具有重要意义。其中，对于维护公益的价值与对私益的侵害是否具有均衡性的判断，实际上相当于对德国法比例原则中均衡性原则的运用。德国法的比例原则一般包括该行为是为了追求正当目的、该行为具有适当性、该行为是必要的。[②] 具体而言，促进公共利益是对私有财产权进行管制的目的和前提。一旦对财产权的管制行为无法促进公共利益，管制行为就构成了应对财产权人予以补偿的准征收。然而，是否符合公共利益标准无法通过观察管制行为的性质立即从形式上作出判断，而需要结合以下三类因素或者进行利益衡量作出实质性判断，才能确定是否符合公共利益标准。

第一，管制行为是否以增进公共利益为目的。管制行为应当以

[①] 曾哲：《公民私有财产权的宪法保护研究》，中国法制出版社2009年版，第155页。

[②] 参见张翔《个人所得税作为财产权限制——基于基本权利教义学的初步考察》，《浙江社会科学》2013年第9期。

增进公共利益为目的，对于部分以增进公共利益之名却未行增进公共利益之实的管制行为，属于违法行政行为。例如，为保护电力设施，我国《电力设施保护条例》第15条规定："任何单位或个人在架空电力线路保护区内，不得堆放谷物、草料、垃圾、矿渣、易燃物、易爆物及其他影响安全供电的物品；不得烧窑、烧荒；不得兴建建筑物、构筑物；不得种植可能危及电力设施安全的植物。"而根据《电力设施保护条例》第10条规定，架空电力线路保护区内的范围在5—20米。《电力设施保护条例》所规定的上述措施即以实现保护电力设施的目的。再如，在美国 Dobbins v. City of Los Angeles 案中，联邦最高法院认为，不允许原告煤气厂继续经营并不构成公共利益的需要，看起来更像是为了维护本地区其他煤气厂的垄断地位，因此，这一行为是对财产权的任意干涉，不能证明是警察权的正当行使。[①] 因此，不以增进公共利益为目的的管制行为不是合法的管制行为，无须进一步对准征收问题作出判断。

第二，管制行为与公共利益是否具有实质联系。管制行为在以保护公共利益为目的的基础上，还要求管制行为能够有效实现保护公共利益的目标。如果管制行为与管制目标不具有紧密的实质联系，或者不能有效达到管制目标，那么管制行为就构成准征收。例如，我国《饮用水水源保护区污染防治管理规定》对水源地居民权利的限制因为与公共利益具有实质联系而不构成准征收。我国的饮用水水源保护区一般划分为一级、二级和准保护区。《饮用水水源保护区污染防治管理规定》第12条分别对三个级别的饮用水地表水源保护区设置了不同的禁止性规定："被划入饮用水地表水源一级保护区的地区，禁止新建、扩建与供水设施和保护水源无关的建设项目；禁止向水域排放污水，已设置的排污口必须拆除；不得设置与供水需要无关的码头，禁止停靠船舶；禁止堆置和存放工业废渣、城市垃圾、粪便和其他废弃物；禁止设置油库；禁止从事种植、放养畜禽

---

① Dobbins v. City of Los Angeles, 195 U. S. 223, 241 (1904).

和网箱养殖活动；禁止可能污染水源的旅游活动和其他活动。"此外，《饮用水水源保护区污染防治管理规定》第19条还分别对三个级别的饮用水地下水源保护区设置了不同的禁止性规定："被划入饮用水地下水源一级保护区的地区，禁止建设与取水设施无关的建筑物；禁止从事农牧业活动；禁止倾倒、堆放工业废渣及城市垃圾、粪便和其他有害废弃物；禁止输送污水的渠道、管道及输油管道通过本区；禁止建设油库；禁止建立墓地。"上述条款虽然给被划入饮用水水源保护区范围内的生存单位和居民带来了生产、生活上的不便，但这些举措对于保护水源和维护公共饮水安全的意义不言而喻，直接关乎居民生命健康安全。因此，《饮用水水源保护区污染防治管理规定》对饮用水水源保护区居民相关权利的限制措施与增进公共利益具有实质联系。

  第三，维护公益的价值与对私益的侵害是否具有均衡性。行政行为在以保护公共利益为目的基础上，还应证明其所实现的价值大于私益牺牲的价值。这就要求对管制行为进行利益衡量。如果管制行为所能实现的公共利益价值大于私益牺牲的价值，则不构成准征收；反之，应认定财产权人承受了过度负担，管制行为由此构成应予补偿的准征收。例如，在贺军权诉咸丰县水利水产局案中，原告贺军权是朝阳寺库区渔业网箱养殖户，与被告咸丰县水利水产局签订了《朝阳寺库区渔业资源管理保护合同》。为扩大产量，原告及其他养殖户置办大量设备设施并聘请专业人员培育鱼苗。2017年3月8日，被告咸丰县水利水产局书面告知原告收回其承包养殖水面，由原告自行拆除养鱼、捕鱼设施设备。原告向法院提起诉讼，认为被告提前解除合同的行为严重违约，请求人民法院确认被告单方解除合同的行为违法，赔偿原告损失166693.32元。湖北省咸丰县人民法院认为："被告应兼顾行政目标的实现和行政相对人权益的保护，通知原告不能继续履行合同，将对相对人的不利影响控制在最小范围内，使二者处于适度比例。法院认同在诉讼期间原告和被告达成的补偿协议。"① 该案中，法院即考量了比例原则，认为政府在实现行政目标的同时，应当兼顾对行政相对人权益的保护，遵循比例原则，把对相对人的不利影响控制在最小限度内。质言之，如果对行政相对人权益造成不利影响未能控制在必要的限度之内，行政机关应当对原告予以补偿。再如，《宁波市居住房屋租赁管理若干规定》将人均租住面积规定为"不得低于10平方米"，且未将有法定赡养、抚养、扶养义务的关系排除在外，这一标准则过于严苛。若以使用面积为50平方米的房屋为例，人均租住面积不得低于10平方米，则意味着房屋租住人数不得超过4人，显然这会对房屋出租人和承租人的权利形成过度限制，客观上还限制了经济条件较差的租赁人自由选择住房的权利。《宁波市居住房屋租赁管理若干规定》对人均租住面积的限制虽然以增进公共利益为目的，且这一措施与保障消防安全也具有实质联系，但这一措施使维护公益的价值与对私益的侵害并不具有均衡性。因为，北京、上海等城市均将人均租住面积规定为不得低于5平方米，这在很大程度上已经能够达到保障消防安全的目的。如果在已经能够满足公共利益需要的基础上对财产权人的权利作出更加严格的限制，就会过度侵害财产权人的利益。因此可以认为，《宁波市居住房屋租赁管理若干规定》中人均租住面积"不得低于10平方米"的规定不能满足维护公益的价值与对私益的侵害具有均衡性的条件，因此构成对财产权的准征收。

  对财产的管制行为，主要影响的就是财产权的经济价值，侵犯权利人的财产权益。因此，管制行为对财产价值的影响程度标准自然成为判断管制行为是否构成准征收的核心。如果管制行为使财产权价值受到严重减损，就意味着财产权人承受了过重负担，此时应当对财产权人予以补偿。具体而言，判断管制行为对财产价值的影响程度标准，应当考量管制行为对财产价值的减损程度。虽然美国联邦最高法院至今对管制行为造成多大程度的财产损失才构成管制

---

① 参见湖北省咸丰县人民法院（2017）鄂2826行初42号行政判决书。

征收也尚未形成明确标准，但美国联邦最高法院提出，可以根据财产权人对财产投资及使用的回报预期来确定管制行为对财产权的侵害程度：如果管制行为对财产权的损害程度已经超过了财产权人对财产投资及使用的合理回报预期，则构成准征收。例如，在常振山等诉襄垣县人民政府案中，原告常振山等7人在2002年通过招拍挂程序合法竞买了商业综合用地使用权并投资商用楼房开发。2008年，襄垣县人民政府实施修建"古韩大道跨太焦铁路立交桥"工程。该工程实施后，明显更改了该地段原道路格局，且受高大桥身遮挡的影响，造成原告等毗邻7人之前投资的商业综合用地使用权和商用楼房利用价值大幅度降低，致使原告当前及今后应得收益远远低于同等投资的相似地段内的投资户，投资资产严重贬值。原告就补偿事宜提起行政诉讼后，山西省高级人民法院认为，常振山等7人在2002年竞买其商业综合用地使用权并投资商用楼房时，襄垣县政府并未规划"古韩大道跨太焦铁路立交桥工程"，该工程的实施与常振山等7人有利害关系，该工程实施给常振山等7人合法权益造成的损失，被上诉人襄垣县人民政府应当依法给予补偿。① 该判决意指，"古韩大道跨太焦铁路立交桥工程"施工对原告财产权造成的影响，超出了原告在竞买商业综合用地使用权并投资商用楼房时的合理预期。因此，被告应当对原告损失予以合理补偿。

此外，判断管制行为对财产价值的影响程度，除了财产权人对财产投资及使用的回报预期这一主观标准，还必须有清晰的客观标准作为兜底要素。德国《基本法》第19条第2款规定："任何情况下都不得侵害基本权利的本质内容。"其中"本质内容"是一个不确定法律概念。对于"本质内容"的界定，德国联邦宪法法院在1995年的一项财税争议案件中发展出了"半数原则"。"半数原则"指财产税加上所得税等总体捐税负担，不得超过该财产的应有及实际收益的一半，即税收总额不超过收益的一半时可以视为"财产权

---

① 参见山西省高级人民法院（2016）晋行终469号行政判决书。

应履行的社会义务"。而如果征税超过了半数额度，就属于损害到了财产权的本质内容，从而是违宪的。[①] 如果财产权有一半以上的价值在未经补偿的前提下被剥夺或限制，这一行为就远远超出了财产权社会义务的范畴，构成了对财产权的侵害。这一逻辑符合常人的逻辑认知。因此，德国联邦宪法法院将"半数原则"确立为"本质内容"的客观标准具有科学性和可操作性。在判断一项管制行为对财产价值的影响程度时，除了分析财产权人对财产投资及使用的回报预期，还要考察这项管制行为是否对财产权的限制或价值损害是否符合"半数原则"。如果管制行为不符合财产权限制的半数原则，就构成了应予补偿的准征收。

进一步而言，如果管制行为对财产价值造成了彻底破坏、侵害了财产的根本价值或剥夺了权利人对财产的所有经济性用途，则对财产价值造成巨大损失，即可认定管制行为构成准征收。例如，在祁克楼、响水县汇峰服饰大世界诉响水县人民政府案中，2012年8月10日，因突降暴雨，响水县防汛防旱指挥部作出第十号指挥部令，认定祁克楼经营的汇峰家具直销中心对县城排水造成严重阻碍，令其配合城建部门拆除阻水房屋。次日，该令送达祁克楼，响水县防汛防旱指挥部当即组织人员搬出了案涉房屋中的家具，并对房屋实施了拆除。[②] 该案中，因原告经营的汇峰家具直销中心对防汛防旱风险预防工作造成妨碍，响水县人民政府有意拆除阻水房屋，造成了对财产价值的彻底破坏。最终，江苏省高级人民法院在判决中责令响水县人民政府针对上诉人祁克楼、响水县汇峰服饰大世界的补偿请求依法作出补偿决定。在此类案件中，对财产权构成彻底破坏标准以全有或全无的方式体现，因此较为容易作出判断。

（三）准征收构成标准体系的本土化回应

无论美国、德国还是中国，因维护公共利益而对财产权造成特

[①] 参见张翔《个人所得税作为财产权限制——基于基本权利教义学的初步考察》，《浙江社会科学》2013年第9期。

[②] 参见江苏省高级人民法院（2016）苏行终1573号行政判决书。

别牺牲的管制行为均表现为财产权权能限制，财产权义务负担，财产权公益使用，行政许可中止、变更或撤回，财产权去除，以及对财产权事实上的不利影响等形式。因此，这一主要由美国联邦最高法院判例所提炼出，同时结合德国法比例原则和财产权限制半数原则的五大识别标准及归纳出的双阶层标准判断体系，能够毫无龃龉地适用于中国管制征收案件的判断。例如，在北京市机动车尾号限行政策中，第一步对第一阶层的形式识别标准进行认定。首先，机动车尾号限行政策中，车辆未被他人占领、利用，因此能够确定这一管制行为不构成物理性侵占。其次，《北京市人民政府关于实施工作日高峰时段区域限行交通管理措施的通告》（以下简称《北京市交管措施通告》）明确规定机动车尾号限行的目标是"切实巩固大气污染治理成效，降低机动车污染物排放，持续改善首都空气质量"。因此，在机动车尾号限行的受益对象和财产权牺牲对象不一致的情况下，不属于经济利益互惠。最后，机动车行驶虽然会造成空气污染，但这种危害是在法律允许的范围之内并且事先获得行政许可。因此，机动车的使用并不妨碍公共利益和他人合法权益。在不满足第一阶层形式识别标准的情况下，第二步对第二阶层的实质识别标准进行认定。在对第二阶层的实质识别标准认定中，能够明确机动车尾号限行的措施确以增进公共利益为目的，与公共利益具有实质联系，同时维护公益的价值显然胜于私益牺牲的价值，因此，北京市机动车尾号限行措施符合公共利益目的。对于在《北京市交管措施通告》公布前已经购车的财产权人而言，一周限行一天的措施仅对财产的使用权产生不足七分之一的影响，符合财产权限制的半数原则，不影响财产的占有、处分和收益；对于在《北京市交管措施通告》公布后购车的财产权人而言，一周限行一天的价值牺牲就已经在财产权人对财产投资及使用回报预期的范围之内。因此，通过双阶层准征收识别标准，能够明确《北京市交管措施通告》所规定的机动车尾号限行措施不构成应予补偿的管制征收行为。

再如，在文物古迹保护领域，《文物保护法》第 21 条明确规定权利人对非国有不可移动文物的修缮义务。非国有不可移动文物由所有人负责修缮、保养的管制行为在第一阶层的形式识别标准中，显然不构成物理性侵占、经济利益互惠以及财产权的行使对公共或他人造成妨碍三项标准。在第二阶层的实质识别标准中，能够确定非国有不可移动文物由所有人负责修缮、保养的管制行为确以增进公共利益为目的，与公共利益具有实质联系，同时维护公益的价值显然胜于对私益侵害的牺牲，因此非国有不可移动文物由所有人负责修缮、保养的管制行为符合公共利益目的。而在管制行为对财产价值的影响程度标准中，这一管制行为是否对财产价值的减损程度超过对财产投资及使用的合理回报预期，应根据具体的财产所有人所承担的义务情况在个案中作出判断。若财产所有人所承担的义务超过对财产投资及使用的合理回报预期，则构成应予补偿的准征收；反之不构成准征收。

第 三 章

准征收类型检视

　　准征收，是指国家以增进公共利益为目的，通过抽象行政行为、具体行政决定或在事实上对私有财产权造成了特别牺牲，严重影响私人对财产的使用或财产经济价值，从而应当给予经济或其他补偿的法律制度。这一抽象的概念表述较难直观呈现准征收在我国的具体表现形式，更不能深刻揭示中国财产权保障的相关制度问题。而关于法律概念的界定，主要可以从类型、体系—结构、性质、功能等多维度展开认识。[1] 因此，在学界对准征收问题研究刚刚起步的阶段，对中国准征收现象的客观描述，尤其进行类型化研究，是发展准征收理论、完善准征收制度的前提。正如卡尔·拉伦茨所言："类型建构的价值于此比较不是在个案中的法发现，构建类型及类型系列的价值毋宁比较是在，认识不同规整整体'内在'有意义的脉络关系。"[2] 本章在全面梳理中国对财产权限制主要表现的基础上，结合准征收识别标准，对准征收的主要表现进行类型化研究，进而归纳出我国准征收的主要类别。

　　实践中，财产权因公共利益而承受特别牺牲的形式纷繁多样，

---

　　[1] 参见雷磊《法律概念是重要的吗》，《法学研究》2017 年第 4 期。
　　[2] ［德］卡尔·拉伦茨：《法学方法论》，陈爱娥译，商务印书馆 2003 年版，第 347 页。

这些特别牺牲既有法律层面上的，也有事实层面中的；既有抽象规定的，也有具体行为的；既有有意而为的，也有无意为之的。这些特别牺牲都使得财产占有、使用、收益及处分的权能无法充分实现。而对中国准征收的现象进行类型化研究发现，"类型几乎处于个别直观及具体的掌握与'抽象概念'二者之间，能够帮助理解和判断这些规定、其适用范围及其对类型归属的意义"①。换言之，财产权承受特别牺牲类型化能够将抽象的法律规定和具体的准征收问题统筹到一个较为中观的层面，使中国准征收的现状更为清晰、准确地呈现出来，也使学界对中国准征收的把握更为系统、科学。尤其是财产权的社会义务与过度限制之间的区别较为复杂，在多数情况下通过个案判断能够更为直观地呈现出准征收识别标准的运用，进一步明确准征收与财产权社会义务的界限。因此，更有必要就中国当下财产权承受特别牺牲的现状进行类型化研究，从而体系性、科学性地把握中国财产权准征收问题。总体而言，中国当下对准征收的类型主要分为六大类：财产权权能限制，财产权义务负担，财产权公益使用，行政许可中止、变更或撤回，财产权去除，以及对财产权事实上的不利影响。

第一节　财产权权能限制

财产权权能限制是实践中财产权遭受特别牺牲最为常见的一种方式。对财产财产权权能的限制包括对所有权人占有、使用、处分、收益权利的限制。在对象方面，表现为对土地、建筑物等不动产及其他动产权利的限制。然而，对财产权权能限制往往较为间接地影响财产的经济价值，并未直接对财产权产生显而易见的价值减损。

---

① ［德］卡尔·拉伦茨：《法学方法论》，陈爱娥译，商务印书馆2003年版，第338、344页。

因此，在不直接对财产权经济价值造成影响的情况下，法律和行政法规容易忽视对财产权受到间接损害的补偿，从而对财产权人造成不利影响。例如，《土地管理法》规定集体土地不得直接用于非农业开发建设；《商品房屋租赁管理办法》对人均租住建筑面积作出最低标准的要求；《文物保护法》禁止将集体所有和私人所有的不可移动文物转让、抵押给外国人；《森林法》严格控制森林年采伐量；《电力设施保护条例》禁止兴建建筑物、构筑物，等等。

一 农村集体土地不得用于非农业开发建设

我国《宪法》将土地分为国家所有和集体所有两类，规定"城市的土地属于国家所有。农村和城市郊区的土地，除由法律规定属于国家所有的以外，属于集体所有；宅基地和自留地、自留山，也属于集体所有"。虽然《物权法》第39条规定："所有权人对自己的不动产或者动产，依法享有占有、使用、收益和处分的权利。"但从《物权法》的其他条款与其他单行立法来看，国家所有和集体所有两类土地在内容上呈现出较大差异，这种差异主要表现为法律对集体所有土地的使用、处分等用途进行了较为严格的限制，主要表现为以下三个方面。

第一，集体土地不得直接用于非农业开发建设。对集体土地开发建设的限制是集体土地不同于国有土地的最大特征。《土地管理法》第43条明确规定，除兴办乡镇企业、村民建设住宅、公共设施和公益事业建设可以占用集体土地以外，任何单位和个人只能在国有土地上进行非农业开发建设。《物权法》第128条规定，未经依法批准，不得将承包地用于非农建设。如果要在集体土地非农业开发建设，根据《土地管理法》第44条第1款的规定，应当先办理农用地转用审批手续。此外，《农村土地承包法》第8条第1款就承包地转于非农建设作出限制："农村土地未经依法批准不得将承包地用于非农建设。"可见，对集体土地使用权进行严格管制，原则上只有经过严格的审批程序后才可进行非农用途。

第二，集体土地不得直接进行非农业使用。根据《土地管理法》第60条和第61条规定，对在农用地兴办企业或者与其他单位、个人以土地使用权入股、联营等形式共同举办企业以及建设乡（镇）村公共设施、公益事业，均需办理审批手续。由此，集体土地只能用于农业用途，非农业使用则需要经过行政机关的审批。

第三，集体土地流转的限制。国家对集体土地流转的限制是限制集体土地处分权的主要形式。《物权法》第43条规定："国家对耕地实行特殊保护，严格限制农用地转为建设用地，控制建设用地总量。"《土地管理法》第63条规定："农民集体所有的土地的使用权不得出让、转让或者出租用于非农业建设；但是，符合土地利用总体规划并依法取得建设用地的企业，因破产、兼并等情形致使土地使用权依法发生转移的除外。"《城市房地产管理法》限制了集体土地使用权的直接有偿出让，明确只有经过征收程序，将集体土地转为国有土地之后，才能有偿出让。该法第9条规定："城市规划区内的集体所有的土地，经依法征收转为国有土地后，该国有土地的使用权方可有偿出让。"因此，我国集体土地权利人不能直接将其土地进行有偿出让，必须先经过征收转换为国有土地，然后由政府代表国家将土地使用权有偿出让给受让人。但在国家征收土地的过程中，根据《土地管理法》第47条的规定，政府仅需按照被征收土地的原用途给予补偿。

上述三类对农村集体土地用途的限制是最为典型的集体土地与国有土地差别化制度，也是对农村集体土地用途限制最主要的内容。早在1921年的党章，就把"消灭资本家私有制，没收机器、土地、厂房和半成品等生产资料"确立为党的长期任务。到了20世纪60年代初，我国农村土地就已经完成了集体化。[1] 集体土地之所以被限制非农使用、非农建设、禁止流通、消灭市场等，目

---

[1] 参见彭錞《八二宪法土地条款：一个原旨主义的解释》，《法学研究》2016年第3期。

的主要是确保在计划经济体制下有足够的农业生产能够确保国家粮食安全和供给工业发展。由此可见，在城乡二元制土地模式下，集体土地受到的限制非常严格。从长远来看，对集体土地权利进行限制具有保障粮食安全、守住18亿亩耕地红线：保护农民利益等重要意义。但目前最为凸显的问题是集体土地与国有土地在非农业开发建设方面存在巨大的经济利益差别。根据《土地管理法》的规定："集体土地不得直接进行非农业开发建设和使用，集体土地不得任意流转。"如果将集体土地用于非农业开发建设，只能先将集体土地通过征收的方式划为国有土地，然后再进行非农业开发建设，但其中"最大的问题在于缺乏对土地所有权的补偿，因为土地补偿费最高只是相当于被征土地前三年平均产值的十倍，至多只能算作租金"[1]。而在以较低的补偿价格强制取得集体土地所有权之后，政府能够以拍卖后的高额价格将土地使用权出让给开发建设商。如此，政府在中间获得了高额差价，而集体土地权利人并未从中获得土地的增值价值。从目前经济社会发展的情况来看，随着我国近年来城市化进程的加快，"土地财政"在政府收入中占据重要比重，"将农用地转化为建设用地不仅能够给地方政府带来巨大的直接经济利益，而且在招商引资方面也极具吸引力。地方政府出于急功近利的政绩观，会产生强烈的农用地转换的冲动"[2]。因此，对集体土地权利的限制不仅损害了集体土地权利人的利益，还为政府权力的无序扩张提供了依据，有悖于公平正义的理念。综上所述，《土地管理法》《农村土地承包法》对集体土地财产权权能限制，不仅严重影响了集体土地的经济价值，是否符合目的正当性也存有争议。因为对集体土地的限制应当以增进公共利益为目的才能符合公共利益标准，而严格限制集体土地的

---

[1] 王太高：《我国农村集体土地所有权制度中的利益冲突及其解决》，《甘肃行政学院学报》2008年第5期。

[2] 王太高：《我国农村集体土地所有权制度中的利益冲突及其解决》，《甘肃行政学院学报》2008年第5期。

用途，看似以保障粮食安全、守住18亿亩耕地红线为目的，但在政府以土地财政作为重要经济支柱的今天，限制集体土地的用途更现实地成为支撑部分地方政府财政的重要途径。如此，部分地方政府往往以"保障粮食安全、守住18亿亩耕地红线"的名义，用限制集体土地用途的方式，在很大程度上是为了达到维持国家财产的目的。从实质法治的角度来看，这种情况在很大程度上已经不符合公共利益标准，因此构成应予补偿的准征收。

值得注意的是，《土地管理法》对宅基地使用和承包经营耕地使用作出的限制尚不构成准征收。《土地管理法》第62条规定："农村村民一户只能拥有一处宅基地，其宅基地的面积不得超过省、自治区、直辖市规定的标准。农村村民建住宅，还应当符合乡（镇）土地利用总体规划。农村村民住宅用地，涉及占用农用地的，应办理农用地转为建设用地的审批手续。"村民只能拥有一处宅基地，村民若出卖、出租住房后，再申请宅基地的，则无法获得批准。这意味着即使在集体所有的土地，农民也并非能够依据自己的意愿在宅基地建造住宅。然而，《土地管理法》对宅基地使用的相关限制并不构成物理性侵占，其目的主要是避免宅基地过度占用耕地、林地等耕种用地，具有目的正当性，符合公共利益标准，同时这一限制并未对集体土地的经济价值造成减损，因此《土地管理法》对宅基地使用的限制并不构成准征收。此外，《土地管理法》还对承包经营耕地的使用条件作出限制，第37条第3款明确要求："承包经营耕地的单位或者个人连续二年弃耕抛荒的，原发包单位应当终止承包合同，收回发包的耕地。"由此，权利人必须在连续两年内进行耕作，否则集体将收回发包的耕地。同时，根据《农村土地承包法》第20条规定："耕地的承包期为三十年。草地的承包期为三十年至五十年。林地的承包期为三十年至七十年；特殊林木的林地承包期，经国务院林业行政主管部门批准可以延长。"由此，集体土地权利人与承包人就承包耕地经营期限的合同自治权受到法律限制。《土地管理法》对承包经营耕地的使用条件作出限制，并不构成物理性侵占，其目的主要是保证耕地的连续耕种作业，从而维护国家粮食安全，具有目的正当性，符合公共利益标准，同时这一限制并未对集体土地的经济价值造成减损，因此《土地管理法》对承包经营耕地的使用条件作出限制并不构成准征收。而《农村土地承包法》就耕地、草地、林地的承包期分别作出规定，是为了保证集体土地相关权利人能够灵活对土地利用方式适当作出调整和相关利益的协调。这一限制也不构成物理性侵占，具有目的正当性，符合公共利益标准，同时并未对集体土地的经济价值造成减损，因此同样不构成准征收。

二 对人均租住面积要求过高的房屋租赁管制

《商品房屋租赁管理办法》第8条规定："出租住房的，应当以原设计的房间为最小出租单位，人均租住建筑面积不得低于当地人民政府规定的最低标准。厨房、卫生间、阳台和地下储藏室不得出租供人员居住。"由此，该规章对房屋所有权人的房屋租赁权予以限制，不仅要求不得将厨房、卫生间、阳台和地下储藏室出租供人员居住，还对人均租住面积提出要求，而具体标准则由各地方人民政府规定。

从地方实践来看，既有通过地方性法规的形式，也有地方政府规章的形式，还有通过行政规范性文件的形式，对人均租住面积作出规定。通过对北京、上海、银川、宁波、合肥、温州、绍兴、金华8个地方规定的考察，可知各地所规定的人均租住面积标准不尽相同，这也反映出各地对房屋权利人财产权的限制程度有所区别。如表3-1所示。

表 3-1　　地方房屋租赁规定中关于人均租住面积及其他方面的限制

规定名称	规定层级	人均租住面积标准	其他限制
《北京市住房和城乡建设委员会、北京市公安局、北京市规划委员会关于公布本市出租房屋人均居住面积标准等有关问题的通知》	行政规范性文件	不得低于5平方米	每个房间居住的人数不得超过2人（有法定赡养、抚养、扶养义务关系的除外）
《上海市居住房屋租赁管理办法》	规章	不得低于5平方米	每个房间的居住人数不得超过2人（有法定赡养、抚养、扶养义务关系的除外）
《银川市房屋租赁管理条例》	法规	不得低于6平方米	原始设计为厨房、卫生间、阳台和地下储藏室等其他空间的不计入居住面积
《宁波市居住房屋租赁管理若干规定》	规章	不得低于10平方米（未成年人除外）	原始设计为餐厅、厨房、卫生间、阳台、过厅、过道、贮藏室、杂物间、地下室、半地下室、架空层、车库、车棚等其他非居住空间的，不得出租供人员居住
《合肥市房屋租赁管理办法》	规章	不得低于10平方米	
《温州市居住房屋出租管理暂行办法》	规章	不得低于5平方米	
《绍兴市居住房屋出租管理若干规定》	规章	不得低于4平方米	每个房间居住的人数不得超过2人（有法定赡养、抚养、扶养义务关系的除外）
《金华市居住房屋出租管理办法》	规章	不得低于4平方米	每个房间居住的人数不得超过2人（有法定赡养、抚养、扶养义务关系的除外）

从各地对人均租住面积标准和其他限制的规定来看，北京、上海、银川、温州、绍兴、金华6个城市的人均租住面积标准较低，而宁波和合肥的人均租住面积标准较高。《商品房屋租赁管理办法》以及各地方对人均租住面积予以限制主要是出于消防安全的考虑，在立法目的上具有正当性和合理性。然而在实现消防安全目的的同时也需要兼顾对房屋租赁权利人利益的保护。北京、上海、银川、温州、绍兴、金华6个城市将人均租住面积标准设置在人均4—6平方米，这一标准在符合消防安全标准的同时也能够满足房屋所有权人合理出租财产的需求。以使用面积为50平方米的房屋为例，若人均租住面积不得低于5平方米，则意味着屋租住人数不得超过10人。即使北京、上海、银川、绍兴、金华5个城市再附加规定"每个房间的居住人数不得超过2人（有法定赡养、抚养、扶养义务关系的除外）"，也基本能够满足一般租户的居住需要和房屋所有权人租赁权利的实现。如果人均租住面积低于5平方米，房屋居住人数过多就存在消防安全隐患，财产权的行使就构成了公共妨碍。

然而，宁波市和合肥市将人均租住面积规定为"不得低于10平方米"，且未将有法定赡养、抚养、扶养义务的关系排除在外，这一标准则过于严苛。若以使用面积为50平方米的房屋为例，人均租住面积不得低于10平方米，则意味着房屋租住人数不得超过4人，显然这会对租赁房屋所有权人权利形成过度限制，客观上也限制了经济条件较差的租赁人自由选择房屋的权利。宁波市和合肥市对人均租住面积的限制虽然不属于物理性侵占，但从是否符合公共利益标准来看，宁波市和合肥市对人均租住面积的限制虽然以增进公共利益为目的，这一措施与确保消防安全也具有实质联系，但这一措施维护公益的价值与对私益的侵害并不具有均衡性。质言之，这一规定违反了德国法的比例原则。维护公益的价值与对私益的侵害是否具有均衡性是判断管制措施是否符合公共利益的重要考量因素。这意味着行政行为在以保护公共利益为目的的基础上，还应证明其所实现的价值大于私益牺牲的价值。这就要求对管制行为进行利益衡量。如果管制行为所能实现的公共利益价值大于私益牺牲的价值，则不构成准征收；反之，应认定财产权人承受了过度负担，管制行为由此构成应予补偿的准征收。

在各地方房屋租赁规定中关于人均租住面积及其他方面的限制，宁波市和合肥市对人均租住面积的限制完全可以参考北京、上海等城市规定为"人均租住面积不低于5平方米"，"人均租住面积不低于10平方米"的规定过度地侵害了房屋所有权人对房屋处分的权利，进而对房屋的经济价值也造成了严重影响。财产权人对财产投资及使用的回报预期是确定管制行为对财产权侵害程度的重要标志。如果管制行为对财产权的损害程度已经超过了财产权人对财产投资及使用的合理回报预期，则构成准征收。宁波市和合肥市将人均租住面积规定为"不得低于10平方米"的规定必然会将一部分承租人拒之房屋所有权人出租房屋的门外，使得损害程度超过房屋所有权人对房屋投资及使用的合理回报预期。因此，宁波市和合肥市将人均租住面积设定为"不得低于10平方米"的规定构成准征收。

三 公路两侧建筑控制区管制

长期以来，我国有大量的县城、乡镇都是沿国道、省道而建。县城、乡镇中许多房屋距离国道、省道很近，有的距离甚至不足1米。这一现象就造成部分国道、省道使用效率的下降，也埋下了很大的安全隐患。为解决这一问题，我国1997年通过的《公路法》首次提出"建筑控制区"概念。现行《公路法》第56条延续了1997年《公路法》的规定："除公路防护、养护需要的以外，禁止在公路两侧的建筑控制区内修建建筑物和地面构筑物。"同时，"建筑控制区"作为一个全新的概念，也广泛出现于行政法规、地方性法规以及政府规章中。"建筑控制区"内的建筑财产权应受到一定限制，也作为一项法律制度得到正式确立。例如，宁夏回族自治区人民政府以地方政府规章形式发布《宁夏回族自治区公路两侧建筑控制区管理办法》，第3条规定："本办法所称公路两侧建筑控制区，是指自公路边沟、坡脚护坡道、坡顶截水沟外缘起，高速公路和一级公路不少于30米，国道不少于20米，省道不少于15米，县道不少于10米，乡道不少于5米的区域。"而第7—8条同时规定，严禁在建筑控制区内修建建筑物、地面构筑物和建坟。对建筑控制区已有的因历史原因形成的建筑物、构筑物，应当根据当地经济发展、公路建设以及交通安全的需要，制订计划，分批迁出……再如，珠海市人民政府，以行政规范性文件形式发布《珠海市人民政府关于划定公路建筑控制区范围的公告》，明确"高速公路的建筑控制区范围从公路用地外缘起向外的距离标准为30米……在公路建筑控制区划定前已经合法修建的原有建筑物、构筑物，对公路运行安全无严重影响的，可暂时维持原状，但不得重建、扩建；需要在建筑控制区内埋设管线、电缆等设施的，应按有关规定办理审批手续"。除此之外，还有包括陕西、西安、银川、滁州、九江、亳州等30余个省级和市级人民政府，以行政规范性文件形式，就公路两侧建筑控制区建筑物的限制作出规定。

美国联邦最高法院在1927年也审理过公路两侧建筑物管制而损害财产权人利益的案件。在高布诉福克斯案中，为确定建筑线路、规范和限制建筑物的建造和位置，弗吉尼亚州罗阿诺克的一项法令将城市划分为商业区和住宅区。另一项经1924年修订的条例为街道设置了一条后退线，要求所有之后建造的建筑物都必须符合这一规定。原告向当地议会申请建造砖房。当地议会同意原告请求，但要求房屋必须距离街道后退34.67英尺的距离。原告认为这一要求违背宪法，故诉至法院。联邦最高法院认为这一规定是合法有效的，因为这些要求与公共安全、卫生、道德或一般福利有合理的关系，因此可以作为行使警察权的合法基础。[①]就我国公路两侧建筑控制区管制的情况来看，上述关于"建筑控制区"的相关规定，能够在很大程度上提高公路使用效率，保障公路安全畅通，保障公路行车和

---

① Gorieb v. Fox, 274 U. S. 603 (1927).

人民生命财产安全，加强公路的绿化、美化，具有很强的公益性质。虽然在公路控制区范围内禁止修建建筑物、构筑物的规定会影响土地权利人对土地的自由使用，但这一规定并不对公路修成后获得土地权属的财产权构成物理性侵占，也未严重影响财产权的经济价值，因此不构成准征收。

但是，如果行政行为干涉了原告对财产投资及使用的回报预期，则会构成准征收。在1878年的佩恩中央车站案中，美国联邦最高法院对管制行为对经济的影响程度考量融入了对权利人投资回报期待的干扰程度标准，认为如果管制行为干涉了原告对财产投资及使用的回报预期，则构成管制征收。对于建筑控制区已有的因历史原因形成的建筑物、构筑物，如果因修建公路而在未经补偿的情况下要求在公路建筑控制区范围的权利人搬出，则严重侵害了土地财产权的经济价值。根据投资及使用的回报预期标准，《宁夏回族自治区公路两侧建筑控制区管理办法》第3条关于"对建筑控制区已有的因历史原因形成的建筑物、构筑物，应当根据当地经济发展、公路建设以及交通安全的需要，制订计划，分批迁出"的规定构成准征收。因为，在权利人合法获得建筑物、构筑物权利之时，建筑物、构筑物附近修建公路并不在权利人可以预计的范围之内。要求财产权利人分批迁出就违背了财产权人对财产投资及使用的回报预期，对建筑物、构筑物的经济价值造成严重影响，因此构成准征收。

四　房屋建筑管制

为保障建筑质量和安全，提高居民生活居住环境质量，加强城市设计和城市建筑风貌管理，诸多地方政府对房屋建筑进行了相应管制，主要体现为对房屋高度、容积率、房屋后退和房屋间距等方面的限制。例如，上海市政府以政府规章形式出台《上海市城市规划管理技术规定（土地使用建筑管理）》，就上海市范围内各项建设工程的建筑容量控制指标、建筑间距、建筑物退让、建筑物的高度和景观控制、建筑基地的绿地和停车作出全面规定。其中，建筑容量控制指标指建筑密度和建筑容积率；建筑物退让是指为了满足消防、环保、防汛、交通安全等方面的需要，沿建筑基地边界和城市道路、公路、河道、铁路、轨道交通两侧以及电力线路保护区范围内的建筑物，应当相对于规划地界后退的距离。本溪市政府以规章形式制定《本溪市住宅建筑间距和日照管理规定》，其中第5条至第15条就多层住宅建筑和高层住宅建筑的建筑间距作出规定。承德市人民政府印发《承德市城乡规划管理若干规定》，该规定分别就市区、县城、建制镇和山地住宅的容积率、建筑高度及面宽、停车率、绿地率作出规定。2017年海南省人民政府以行政规范性文件形式印发《关于加强城市设计和建筑风貌管理的通知》，明确海口市、三亚市主城区一般不得高于80米，儋州市、琼海市主城区不得高于60米，其余城市及县城镇不得高于45米，特色产业小镇和其他乡镇不得高于20米；要求高层建筑布置应高低错落，连续等高建筑数量不宜超过3栋，3栋以上应当进行错落设计，高差不小于较高建筑的1/5，以利于形成富于变化的天际轮廓线。

美国联邦最高法院在1909年的韦尔奇诉斯韦奇案中，同样作出了为维护天际轮廓线而限制房屋建筑高度的判决。该案中，原告是波士顿一个住宅区土地所有权人。当地立法规定建筑高度不得超过100英尺。在原告被拒绝在他的地产上建造一座124英尺高的建筑后，他提起诉讼并声称"这些行为的目的不足以证明警察权行使的正当性。因为事实上，他们的真正目的是美学性质的，纯粹是为了保持建筑的对称性和固定的天际线"。美国联邦最高法院认为，法规所采用的手段与政府能够实现的公共目标没有真正的、实质性的关系，而且这些法规是任意的和不合理的，并且超出了案件的需要，因此法院宣布其无效。[①]

同样，我国上述各地方对房屋建筑的管制实际上也是城乡规划的重要内容。毋庸置疑，各地方对房屋建筑高度、容积率、房屋后

---

① Welch v. Swasey, 214 U. S. 91 (1909).

退和房屋间距、外观设计等方面的限制，均是出于保障建筑质量和安全、提高居民生活居住环境质量、优化城市建筑风貌等因素考量。上述关于建筑容量控制指标、建筑间距、建筑物退让、建筑物的高度和景观控制、建筑基地的绿地和停车场等规定虽然在客观上对土地权利人的相关权利构成了限制，但这些限制是在开发商获得土地，即土地招拍挂程序前就已经明确的。这意味着土地开发商在签订土地使用权出让协议时就已经明知对其权利限制的内容，其在签订土地使用权出让协议时就放弃了相关权利。此外，各地方对于建筑容量控制指标、建筑间距、建筑物退让、建筑物的高度和景观控制、建筑基地的绿地和停车场等规定更加有利于保障住房权利人的相关权益，保障财产的市场价值。因此，此类规定并不构成准征收。

但是，部分地方为打造历史文化古城、名镇，保护历史文化和发展旅游业，对一定范围内的建筑风格，包括建筑外观、高度、颜色等进行统一规划，要求建筑物权利人限期调整或者外迁的行为构成准征收。例如，《湘西土家族苗族自治州里耶历史文化名镇保护条例》就里耶历史文化名镇的文物保护、历史文化街区保护、自然环境和民族传统文化保护予以规定，除要求与历史文化街区保护不相适应的建筑物、构筑物，应当限期调整或者外迁以外，还对房屋建筑的高度、外观、颜色等进行了统一规定。该条例第17条要求对历史文化街区的建筑物、构筑物进行修缮、迁移和重建，其造型、体量、色彩必须保持历史风貌。建筑以一至二层为主，一层檐口高度小于3米，二层檐口高度小于6米。在外观造型上保持小青瓦坡屋顶、封火山墙、吊脚楼等民族建筑风格。色彩为灰褐色、原木色。建筑物外墙材料为土制火砖或天然木材。该条例第19条明确，在建设控制区新建、改建建筑物、构筑物，屋顶形式采用青瓦坡屋顶，建筑色彩以灰色为主调，建筑高度不超过三层，檐口高度小于8.6米。外墙装饰禁止使用现代陶瓷面砖和玻璃幕墙。该条例第20条规定，风貌协调区新建或者改建建筑物、构筑物，应当严格控制高度，新建建筑物不得超过四层，檐口高度限制在12米以下；建筑屋顶形式采用青瓦坡屋顶，颜色以灰色为主调。综上所述，保护地方历史文化是政府职责所在，但目前多数地方政府为增加旅游业收入，将一定范围内的现代房屋建筑通过外观改造等方式"包装"成具有特定历史时代风格的古建筑，从而吸引游客，增加旅游收入。也有地方政府在旧城改造项目中强制统一将房屋建筑改建成风格、色调一致的建筑群。从准征收的构成标准来看，这些举措虽然不构成物理性侵占，但在很大程度上无法满足公共利益标准。具体而言，这些房屋建筑管制举措在很大程度上是为了增加政府财政收入或仅在审美上增进城镇建筑的协调统一，这些目的在很大程度上都不能够代表公共利益，因此构成准征收。

此外，值得注意的是，为了公共利益而使私有财产权受到牺牲是构成准征收的前提。但若在私有财产权受到限制的同时，行政行为也使私有财产权受益，行政行为则属于利益互惠，因而不需对财产权人给予补偿。然而，判断管制行为是否属于经济利益互惠的核心在于：管制行为所保护对象的范围是否溢出管制行为所要求的特定义务承担者范围。如果管制行为所保护对象的范围溢出了管制行为所要求的特定义务承担者范围，则意味着仍有他人在未承受财产牺牲的前提下受益，因此有违公平原则；而只有在义务承担者与受益者范围完全一致的情况下，管制行为才属于经济利益互惠。在该事例中，此类改造项目并不构成经济利益互惠的正当化事由。因为，虽然管制范围内的财产权人也能够通过改造获得利益，但对当地改造的受益对象可能会溢出受到管制的财产所有权人，而流向该地区内的其他人，比如从更加繁荣的旅游业中获益的人。

五 房屋交易期限管制

2006年，国务院办公厅公布《国务院办公厅转发建设部等部门关于调整住房供应结构稳定住房价格意见的通知》，提出，"优先保证中低价位、中小套型普通商品住房（含经济适用住房）和廉租住房的土地供应，其年度供应量不得低于居住用地供应总量的70%；

土地的供应应在限套型、限房价的基础上，采取竞地价、竞房价的办法，以招标方式确定开发建设单位"。其中，"限套型"和"限房价"普通商品住房即为"限价商品房"，是指由政府组织提供或由各类投资主体通过公开出让取得建设用地使用权后投资建设，限定套型面积、销售价格、建设标准、销售对象等，主要面向住房困难的人才、特定企事业单位职工等家庭供应的，具有保障性质的普通商品住房。随后，各地方政府陆续针对限价商品房出台相关政策，规定限价商品住房在一定期间内不得转让。例如，2014年三明市政府以行政规范性文件形式出台《三明市区限价商品住房管理暂行规定》，明确指出限价商品住房购房人拥有有限产权。本规定实施后签订销售合同购买的限价商品住房，在取得《房屋所有权证》之日起五年内不得上市转让。由于限价商品住房是政府为解决中低收入家庭的住房困难问题和限制高房价，针对特定群体推出的具有一定公益性质的住房。其出售价格往往要低于市场价格。由此，为了切实发挥限价商品房功用和限制利用限价商品房进行房屋炒作行为，各地方政府规定限价商品住房在一定期间内不得转让具有一定正当性。

但近年来，许多地方政府为了进一步抑制投机"炒房"，将"一定期间内不得转让"这一针对限价商品住房的政策推广到普通商品房市场。例如，2017年4月，成都市城乡房产管理局、成都市金融工作办公室、中国银行业监督管理委员会四川监管局、中国人民银行成都分行营业管理部联合印发《关于进一步加强房地产市场及住房信贷业务风险管理的通知》，明确"自即日起，在我市住房限购区域内新购买的住房（含商品住房和二手住房），须取得不动产权证满3年后方可转让"。2017年9月，石家庄市政府印发《石家庄市人民政府关于加强房地产市场调控的补充意见》，明确规定"自发文之日起新购的住房（含新建商品住房和二手房）五年内不得上市交易"。2017年11月，《泉州市人民政府关于进一步加强全市房地产市场调控的实施意见》规定："非泉州市户籍家庭在我市和本市户籍跨市本级、县（市、区）新购买（指自本通知施行之日起购买）商品住房取得不动产权证满5年方可转让。"此外，目前还有南宁、重庆、南昌、贵阳、西安、长沙、武汉等地方均出台了限制普通商品房在一定期限内进行交易的相关规定。普通商品房不同于限价商品房，其不具有社会保障性住房的公益性质，价格也完全跟随市场价浮动。消费者基于意思自治并通过与开发商签订民事合同而获得商品房的所有权，所有权应具有占有、使用、收益、处分的完整权能。而各地方政府对商品房交易期限进行管制虽然是为了抑制投机"炒房"以及维护房地产交易秩序，但这一举措究竟在多大程度上能够实现抑制房价的目标无从得知，这意味着限制普通商品房交易期限与抑制投机"炒房"以及维护房地产交易秩序未必具有实质联系。此外，能够实现抑制投机"炒房"以及维护房地产交易秩序的手段是多样的，例如增加房屋的供给量、限制购房资格等，但采用限制普通商品房交易期限的措施对财产权人经济价值影响最大，甚至诸多地方关于限制普通商品房交易期限的规定溯及既往地影响政策出台前购房户的权利，因此，这一举措并不符合维护公益的价值与对私益侵害的均衡性，使得房屋交易期限管制对私益的侵害远大于维护公共利益的价值。总之，限制普通商品房交易期限的措施并不充分满足公共利益标准，同时给财产权人的经济利益带来了较大影响，限制普通商品房交易期限的措施因而构成准征收。

六 文物古迹保护中对财产权的限制

我国《文物保护法》就国家所有、集体所有和私人所有的文物保护工作作出规定。其中，部分条款对集体所有和私人所有文物的权利进行限制。根据《文物保护法》第13条的规定，"全国重点文物保护单位、省级文物保护单位、市级和县级文物保护单位均由国务院文物行政部门和地方人民政府核定"，集体所有权利人和私人所有权利人均无权参与到文物核定过程。因此，集体所有权利人和私人所有权利人的财产被确定为文物无权提出异议。根据《文物保护法》第17—19条规定，文物保护单位的保护范围内不得进行其他建设工程或者爆破、钻探、挖掘等作业。在文物保护单位的建设控制地带内进行建设工程，不得破坏文物保护单位的历史风貌。在文物保护单位的保护范围和建设控制地带内，不得建设污染文物保护单位及其环境的设施，不得进行可能影响文物保护单位安全及其环境的活动。一旦集体所有权利人和私人所有权利人的财产被确定为文物，则作为文物保护单位，其对文物充分占有、使用和处分的权利就会受到上述限制。此外，根据《文物保护法》第25、26条的规定，集体所有和私人所有的不可移动文物不得转让、抵押给外国人。集体所有和私人所有的不可移动文物转让、抵押或者改变用途的，应当根据其级别报相应的文物行政部门备案。使用不可移动文物，必须遵守不改变文物原状的原则，负责保护建筑物及其附属文物的安全，不得损毁、改建、添建或者拆除不可移动文物。上述条款同样对集体所有和私人所有权利人的财产权进行了限制。文物古迹是中华民族的历史文化遗产，具有精神文明价值和科学研究价值。然而，这一国家和公共利益的实现本应依赖于国家和全社会的共同努力，但《文物保护法》在文物核定和文物保护措施方面并未充分考虑到集体所有和私人所有文物权利人的利益，一旦集体所有权利人和私人所有权利人的财产被确定为文物，权利人就不得对其进行建设工程等作业，不得改变文物原状，不得损毁、改建、添建或者拆除不可移动文物，不可移动文物不得转让、抵押给外国人，同时还必须承担负责保护建筑物及其附属文物的安全的义务。虽然《文物保护法》所规定的文物保护措施不构成物理性侵占，但或许无法符合公共利益标准，也不能满足对财产价值的影响程度标准。首先，公共利益标准要求管制行为以增进公共利益为目的、与公共利益具有实质联系，并且维护公益的价值与对私益的侵害具有均衡性。《文物保护法》对文物财产权人的限制是以保护文物为目标，满足管制行为以增进公共利益为目的的要求。这些管制手段也能够达到保护文物的目的，因此与公共利益具有实质联系。但是，《文物保护法》对财产权人的限制使财产权人受到的侵害，可能与维护公益的价值并不具有均衡性，因为财产权人的财产是否属于文物由国家决定，财产权人并不具有任何话语权。一旦财产被国家确定为文物，财产权人对财产使用、处分和收益的权利将会受到极大的限制。尤其是在需要对危房修缮的情况下，如果完全剥夺财产权人改建、添建或拆除的权利，则可能导致财产权人长期生活在房屋存在安全隐患的环境之中，甚至导致房屋的损毁、坍塌。如此，这些对财产权人权利的限制，已经严重与维护文物的价值失衡，因而不符合公共利益标准。其次，《文物保护法》对财产权人的限制，还不能满足对财产价值的影响程度标准。财产权人的财产是否属于文物完全由国家决定，一旦财产被国家确定为文物，财产权人对于其权利受到的限制是在取得该文物时无法预料到的。由于这些对财产权的损害程度必然超过财产权人对财产投资及使用的合理回报预期，因此对文物权利人的上述限制构成准征收。

七　森林采伐限制

"早在20世纪80年代，我国便在多数省份推行了退耕还林（草、湿）、退牧还草等政策工程，通过几十年的实践，草原、森林、湿地等生态要素得以恢复。"[1] 国家对森林采伐权的限制主要体现在相对管控和绝对管控两个方面。

首先，国家对森林采伐权的相对管控指国家对集体所有和个人所有林木采伐的年度数量限制。根据《森林法》第29条规定："国家根据用材林的消耗量低于生长量的原则，严格控制森林年采伐量。集体所有的森林和林木、个人所有的林木以县为单位，制定年采伐限额，由省、自治区、直辖市林业主管部门汇总，经同级人民政府审核后，报国务院批准。"在明确总体采伐数量限额后，农村集体经济组织和农村居民采伐其所有的林木还应获得行政机关的行政许可。

---

[1]　潘佳：《管制性征收还是保护地役权：国家公园立法的制度选择》，《行政法学研究》2021年第2期。

根据第32条和第33条规定："农村集体经济组织采伐林木，须由县级林业主管部门审核发放采伐许可证；农村居民采伐自留山和个人承包集体的林木，须由县级林业主管部门或者其委托的乡、镇人民政府审核发放采伐许可证。根据年采伐限额限制，审核发放采伐许可证的部门，不得超过批准的年采伐限额发放采伐许可证。"由此，农村集体经济组织和农村居民采伐其所有的林木须经行政机关审批，且采伐数量受到严格管制。

其次，国家对森林采伐权的绝对管控指国家对特定公益林的采伐禁止。《森林法》第31条第2款规定："防护林和特种用途林中的国防林、母树林、环境保护林、风景林，只准进行抚育和更新性质的采伐。"这一规定更加严格地限制了集体所有和个人所有林木的权利。其中，最为典型的例证就是石光银治理荒沙案。1984年，甘肃省定边县农民石光银创建了定边县荒沙治理有限公司，用20年的时间将其承包的22万亩荒沙变成了绿洲，使荒沙林草覆盖率最高达90%以上。然而，就在石光银的公司准备收回投资成本的时候，国家将这片土地认定为公益林，进而限制了石光银公司对林地的采伐。由于石光银公司未得到采伐指标，因而始终没有从林地中获得一分收益，反而负债高达1000万元。由于没有公益林的国家征收补偿机制，石光银要求政府征收其林地并给予补偿的请求也始终未得到满足。[①]

为维持我国森林总面积，尤其是对防护林和具有特种用途的森林保护，能够唯一采取的措施就是通过《森林法》对森林采伐量加以控制或者完全禁止对防护林和特种用途林的采伐。《森林法》严格控制森林采伐的规定具有公益性质且是实现该公益目的的唯一手段，因此符合公共利益标准。此外，年度采伐限额基本是恒定的，因此，

[①] 参见赵永新《莫让绿化英雄流汗再流泪》，载2004年10月21日《人民日报》第16版；刘刚《石光银的烦恼与追求》，载2003年8月12日《农民日报》第2版；姚顺波、尤立群《生态林补偿制度研究——石光银案例经济分析》，《北京林业大学学报》（社会科学版）2005年第3期。

通过行政许可方式对森林年采伐量的控制能够符合森林财产权人投资和耕种的预期，并不会对财产权人的经济利益造成过重影响，因此这一措施不构成准征收。但值得注意的是，在石光银治理荒沙案中，石光银在种林治沙时国家并未对石光银所种森林的相关权利进行限制。直到石光银准备收回投资成本的时候，国家将这片土地认定为公益林，进而限制了石光银公司对林地采伐的权利，使得石光银种林投入血本无归。国家将石光银所种森林认定为公益林并不符合石光银种林时的财产投入和回报预期，因此构成了应予补偿的准征收。综上所述，《森林法》对森林采伐量加以控制或者完全禁止对防护林和特种用途林采伐的举措本身符合公共利益标准，但对于森林采伐的限制必须符合森林财产权人对种林投资及使用的合理回报预期。如果森林采伐的限制未能达到种林投资及使用的合理回报预期，就会对财产权的经济价值造成严重影响，进而构成准征收。

第二节　财产权义务负担

除对财产权权能限制型准征收的情形以外，准征收还主要表现为对财产权施加特定的义务的情形。财产权义务负担，是指国家为特定财产权施加一定的同类财产权不应承担的额外义务。这种义务既可表现为积极的作为义务，也可表现为消极地忍受义务。例如，《电力供应与使用条例》第16条所规定的"供电企业和用户对供电设施、受电设施进行建设和维护时，作业区域内的有关单位和个人应当给予协助，提供方便"即为积极的作为义务。而《风景名胜区条例》第11条第3款所规定的"因设立风景名胜区对风景名胜区内的土地、森林等自然资源和房屋等财产的所有权人、使用权人造成损失的，应当依法给予补偿"即为消极地忍受义务。无论是对财产权造成了价值减损，抑或由财产权人承担了经济负担，财产权义务负担均给财产权人带来了显而易见的经济损失。当下，中国的义务负担型财产权特别牺牲集中体现为非国有文物所有人修缮、保养义务，水土保持地权利人营造植物保护带、修筑水平梯田义务，以及城市住宅小区强制配套建设公共设施等领域。值得注意的是，在财产权义务负担的类型中，要特别关注管制行为是否满足经济利益互惠标准。如果管制行为满足经济利益互惠标准，则能够确认该管制行为不构成准征收。

一 非国有文物所有人修缮、保养义务

文物古迹保护中对财产权的义务负担主要体现为非国有文物所有人对文物的治理、修缮和保养义务。首先，根据《文物保护法》第19条规定，文物保护单位对已有的污染文物保护单位及其环境的设施，应当限期治理。这意味着无论污染非国有文物保护单位及其环境设施的行为是否由非国有文物保护单位造成，权利人都应当进行限期治理。其次，《文物保护法》第21条第1款明确规定了权利人对非国有不可移动文物的修缮义务："非国有不可移动文物由所有人负责修缮、保养。非国有不可移动文物有损毁危险，所有人不具备修缮能力的，当地人民政府应当给予帮助；所有人具备修缮能力而拒不依法履行修缮义务的，县级以上人民政府可以给予抢救修缮，所需费用由所有人负担。"由此，一旦财产被认定为文物，所有人就有义务对其进行修缮和保养。修缮是法律所规定的强制性义务，若所有人不履行修缮义务，则财产权人应承担相应费用，由县级以上人民政府给代为抢修。同时，该条第3—4款还规定，对文物的修缮、迁移、重建，由取得文物保护工程资质证书的单位承担，对不可移动文物进行修缮、保养、迁移，必须遵守不改变文物原状的原则。许多地方也制定了文物古迹保护中财产权人负担修缮、保养义务的相关规定。例如，《湘西土家族苗族自治州里耶历史文化名镇保护条例》第12条规定："非国有不可移动文物由所有人负责修缮、保养。对文物保护单位进行修缮，必须遵守不改变文物原状的原则，并应当根据文物保护单位的级别报相应的文物行政部门批准；对未

核定为文物保护单位的不可移动文物进行修缮，应当报县人民政府文物行政部门批准。"依据以上法律，古迹文物所在地的土地使用权人和非国有不可移动文物所有权人，负有修缮、保养古迹文物的积极义务，以维护文物原状，也不得对文物进行损毁、扩建、拆除。

湖南省岳阳县的张谷英村是国家首批"全国历史文化名村、名镇"。全村居民世代生活在同一座连体大屋里，大屋的建筑大多兴建于明清两代，至今已有600多年的历史、是我国目前历史最长的明清古建筑群，具有很强的考古价值和民俗价值，被誉为我国湘楚明清居民活化石。2001年6月25日，国家文物局正式确定张谷英大屋为国家级重点文物保护单位。然而，该村村民张再发家的垛子墙已经严重破损，随时都有倒塌危险，亟须修缮。张再发将需要修缮房屋的情况告知张谷英民俗文化建设指挥部后，指挥部拒绝给予张再发任何维护建筑的经济补偿。为了防止变形越来越严重的垛子墙倒塌，伤害到游客及其家人，无奈之下，张再发和儿子亲手将家中一堵清朝嘉庆年间修建的垛子墙进行了拆除和翻修。2001年8月，张再发以涉嫌故意损毁文物罪被捕。[①]

本属于私人合法拥有的房产被国家认定为《文物保护法》所保护的建筑，就对房屋权利人施加了限期治理污染、修缮保养和迁移必须遵守不改变文物原状原则等额外的义务。从保护历史文化古迹与遗产的角度来看，这些义务具有一定的正当性，能够直接促进保护历史文化古迹与遗产价值的实现，进而符合公共利益标准。然而，《文物保护法》要求文物权利人承担污染治理、修缮和保养等费用的规定就违背了财产权人投资及使用的合理回报预期，为财产权人造成过重经济负担，因而构成准征收。

《文物保护法》所规定的对非国有不可移动文物的修缮义务并不

[①] 参见夏启平《拆"自己"的屋墙也是犯法——岳阳张谷英村一父子俩擅自拆墙损毁"国宝"被刑拘》，《中国房地信息》2003年第5期；王思锋《不动产准征收研究》，中国社会科学出版社2015年版，第221页。

符合经济利益互惠标准。虽然财产权人修缮、保养文物即为修缮、保养自己的财产，对其财产的维护也具有积极意义，但修缮、保养财产所获得的利益并非由财产权人独享。这意味着管制行为所保护对象的范围已经溢出了管制行为所要求的特定义务承担者范围。判断管制行为是否属于经济利益互惠的核心在于：管制行为所保护对象的范围是否溢出管制行为所要求的特定义务承担者范围。如果管制行为所保护对象的范围溢出了管制行为所要求的特定义务承担者范围，则意味着仍有他人在未承受财产牺牲的前提下受益，因此有违公平原则；而只有在义务承担者与受益者范围完全一致的情况下，管制行为才属于经济利益互惠。因此，《文物保护法》所规定的对非国有不可移动文物的修缮、保养义务的价值，不仅在于维护修缮者的财产，更主要的目的是维护文物寿命，更为长久地展现文物的历史文化价值和科学研究价值，等等。因此，由财产权人独自承担国家文物的修缮、保养义务，显然不构成经济利益互惠标准。

二 水土保持地权利人营造植物保护带、修筑水平梯田义务

基于环境保护的目的，《水土保持法》除了禁止在财产上进行某些活动，还规定必须实施一定的保护行为。如《水土保持法》第18条第2款规定："在侵蚀沟的沟坡和沟岸、河流的两岸以及湖泊和水库的周边，土地所有权人、使用权人或者有关管理单位应当营造植物保护带。"这一规定赋予了土地所有权人、使用权人营造植物保护带的法律义务。《水土保持法实施条例》第16条规定："县级以上地方人民政府应当组织国有农场、林场、牧场和农业集体经济组织及农民，在禁止开垦坡度以下的坡耕地，按照水土保持规划，修筑水平梯田和蓄水保土工程，整治排水系统，治理水土流失。"这一规定则赋予了相关权利主体修筑水平梯田和蓄水保土工程，整治排水系统，治理水土流失的义务。而《水土保持法实施条例》第17条则规定："水土流失地区的集体所有的土地承包给个人使用的，应当将治理水土流失的责任列入承包合同。"这意味着个人在承包水土流失地

区集体土地的同时，法律强制土地承包权利人承担治理水土流失的责任。相比一般的土地承包经营而言，此类的土地承包承担了更为沉重的财产义务。为预防和治理水土流失，保护和合理利用水土资源，改善生态环境，国家应当征收相关土地，进而能够更加有效地采取预防和治理水土流失的相关措施。然而，国家在未征收土地的情况下，为容易发生水土流失地区的土地所有权人和使用权人施加了营造植物保护带，修筑水平梯田和蓄水保土工程等法律义务，虽然符合公共利益标准要求，但对土地权利人造成了沉重负担。因为无论要求权利人营造植物保护带，修筑水平梯田和蓄水保土工程，还是整治排水系统，必然将造成昂贵的成本投入，进而构成准征收。

《水土保持法》和《水土保持法实施条例》所赋予水土保持地权利人的营造植物保护带、修筑水平梯田义务并不构成经济利益互惠标准。因为，《水土保持法》和《水土保持法实施条例》所要求水土保持地权利人实施营造植物保护带、修筑水平梯田义务，目的是预防和治理水土流失，保护和合理利用水土资源，改善生态环境，其受益主体是特定区域乃至整个国家。要求水土保持地权利人履行相应义务，但水土保持地权利人显然只是受益对象中微小的一分子。因此，财产权人在履行营造植物保护带、修筑水平梯田义务的同时，仍有其他人在未履行相同义务的前提下也能获得利益，因此有违公平原则。进而，《水土保持法》和《水土保持法实施条例》所保护对象的范围已经溢出了管制行为所要求的特定义务承担者范围。因此，不符合经济利益互惠标准。

三 城市住宅小区强制配套建设公共设施

《城乡规划法》和《城市房地产管理法》是城乡建设发展、房地产开发的法律依据。两部法律强调城市建设和发展房地产开发应实行全面规划、合理布局、综合开发、配套建设，优先安排基础设施以及公共服务设施的建设。其中，最为常见的是，在城市商品房开发建设中，国家和地方政府均要求小区开发配套建设幼儿园。2010年《国务院关于当前发展学前教育的若干意见》（国发〔2010〕41号）明确指出："城镇小区没有配套幼儿园的，应根据居住区规划和居住人口规模，按照国家有关规定配套建设幼儿园。未按规定安排配套幼儿园建设的小区规划不予审批。"此外，河南、浙江、陕西、山东、广东、四川、徐州、武汉、乌鲁木齐等省、区、市人民政府为落实国务院这一意见，也分别制定了有关居住小区开发配套建设幼儿园的行政规范性文件，强制要求开发商在城镇住宅小区配套建设幼儿园，否则将不予办理相关规定审批手续。例如，《浙江省住宅小区配套幼儿园建设管理办法》要求："旧城改造、新区建设和撤村建居等建设的住宅小区需配套建设幼儿园。凡未按照建设工程规划许可证配建幼儿园设施或未随所在居住区当期住宅项目同步建成的，城乡规划主管部门不予竣工规划核实，并依法责令补建并予以行政处罚。"再如，《西安市人民政府关于大力发展学前教育的意见》甚至规定："未按规划建设幼儿园的住宅小区不得出售。"

对于方便城市居民生活和发展学前教育而言，在住宅小区建设必要的基础设施和公共设施非常重要。因而，对基础和公共设施的强制性规定就具有一定的合理性和正当性。然而，对于要求开发商为城市住宅小区强制配套建设公共设施的义务负担是否构成准征收主要取决于相关要求作出的时间节点。如果该要求是在商品房土地招拍挂和国有土地使用权转让合同签订之前作出的，则意味着土地开发商在签订土地使用权出让协议时就已经明知对其施加义务的内容，其在签订土地使用权出让协议时就对履行相关义务作出了承诺，进而符合开发商投资的合理回报预期，因此不构成准征收。如若在商品房土地招拍挂和国有土地使用权转让合同签订之后，向开发商施加建造配套公共设施的义务，就将对开发商依法获得的土地开发权利施加了大量负担。此时，强制要求开发商建设幼儿园等配套设施，既占用了开发商通过拍卖等形式获得的宝贵土地，也必然使开发商额外投入一笔不菲的费用。可想而知，投入成本的增加必将导致住宅小区房价的上涨，这些费用最终必将转嫁到购房者身上。因此，关于强制在住宅小区配套建设幼儿园的要求，不仅是为土地开发商依法使用财产权施加的一项义务，也间接为购房者施加了一项必须配套购买幼儿园公共服务的义务。如果开发商未按照相关要求在住宅小区配套建设幼儿园，就有可能面临暂停办理房地产开发后续审批手续，禁止出售，甚至被责令补建和行政处罚等责任。因此，由于无法满足开发商在签订土地使用权出让协议时的投资合理回报预期，进而构成准征收。

国家和地方要求住宅小区需配套建设幼儿园的目的在于发展学前教育，缓解城市一般公立幼儿园的入学压力，使社区居民幼儿园园龄儿童能够就近入园。然而，建设配套幼儿园的直接费用由住宅小区开发商承担，对开发商而言，修建幼儿园占用了大量其获得的国有土地使用权，减少了预期收入，而并未对其带来其他方面的经济利益。事实上在住宅小区需配套建设幼儿园的成本很有可能由开发商转移至购房者身上，但并非所有购房者都有要求住宅小区提供配套幼儿园服务的实际需求。由此，购房者就在未获得相应经济利益的情况下，承担了除购买房产外的其他费用。综上所述，无论在住宅小区需配套建设幼儿园的费用最终由开发商承担还是由购房者承担，强制要求在住宅小区需配套建设幼儿园的行为均不构成经济利益互惠。

第三节　财产权公益使用

财产权公益使用，是指基于增进公共利益的需要，在行政机关未采取征收或征用措施的前提下，直接物理性地强制占用或者将私有财产强制提供给公共使用。前者如2010年《石油天然气管道保护法》第14条第2款所规定的"依法建设的管道通过集体所有的土地或者他人取得使用权的国有土地，影响土地使用的，管道企业应当按照管道建设时土地的用途给予补偿"。后者如《种子法》第 14 条所规定的"单位和个人因林业主管部门为选育林木良种建立测定林、试验林、优树收集区、基因库等而减少经济收入的，批准建立的林业主管部门应当按照国家有关规定给予经济补偿"。这样一种对私有财产权的占用或使用，会直接破坏财产权的完整性。正如马歇尔大法官在 Loretto v. Teleprompter Manhattan CATV Corp. 案中所言，排他权（right to exclude）是财产权利束（the bundle of rights）当中最重要的一支。如果存在对财产的入侵，就破坏了对财产的占有使用和处置的权利。①

在我国司法实践中，也不乏财产权公益使用的相关案件。例如，在邬四八诉包头市土默特右旗国土资源局案中，长呼天然气管道复线工程在土默特右旗开工建设时，临时占用土默特右旗 5 个乡镇及 22 个行政村的土地。在施工过程中，施工方用重车拉运大型施工机械碾压了原告开发的 22 亩耕地后，在耕地上堆满施工所用的砂石，致使原告耕地无法耕种。事后，土默特右旗国土资源局向原告支付了 6 万元补偿款。② 在李志良诉满洲里市人民政府案中，原告自 1996 年以来承包并一直在合法使用 2775 亩草牧场。2014 年 4 月，因内蒙古自治区省道 203 线满洲里至阿拉坦额莫勒段公路项目建设，原告合法使用的部分草牧场被占用，供修建省道施工使用，致使原告牧场遭受经济损失。③

除了物理性地强制占用财产权人土地，也有将私有财产强制提供给公共使用的事例。例如，林地被确定为测定林、试验林、优树收集区、基因库的，或被作为防护林或其他特种用途林的，即属于将私有财产强制提供给公共使用的情形。为此，《种子法》和《森

---

① Loretto v. Teleprompter Manhattan CATV Corp., 458 U. S. 419 (1982).
② 参见内蒙古自治区包头市九原区人民法院 (2016) 内 0207 行初 63 号行政判决书。
③ 参见内蒙古自治区呼伦贝尔市中级人民法院 (2017) 内 07 行初 56 号行政判决书。

林法实施条例》专门作出了补偿规定。《种子法》第 14 条规定："单位和个人因林业主管部门为选育林木良种建立测定林、试验林、优树收集区、基因库等而减少经济收入的，批准建立的林业主管部门应当按照国家有关规定给予经济补偿。"《森林法实施条例》第 15 条第 3 款规定："防护林和特种用途林的经营者，有获得森林生态效益补偿的权利。"由国家直接占有财产权人的财产份额，是较为特殊的情形。

财产权的公益使用皆因满足物理性侵占标准而构成准征收。这是因为对私有财产权的占用或使用，会直接破坏私有所有权的完整性。从对财产权的存续保障和价值保障分类来看，占有、处分、使用和收益是传统所有权的本质功能。因此，存续保障作为财产权第一层面的价值所在，法律对于财产权存续保障的保护要比价值保障更为严苛。① 由此，可以认为直接侵害财产占有与使用权的财产权公益使用，是实践中因增进公共利益而对财产权侵害最为严重的一个领域。

第四节　财产权行政许可的中止、变更或撤回

财产权行政许可的中止、变更或撤回，是财产权承受特别牺牲最为严厉的一种方式。《行政许可法》第 8 条规定："公民、法人或者其他组织依法取得的行政许可受法律保护，行政机关不得擅自改变已经生效的行政许可。行政许可所依据的法律、法规、规章修改或者废止，或者准予行政许可所依据的客观情况发生重大变化的，为了公共利益的需要，行政机关可以依法变更或者撤回已经生效的行政许可。由此给公民、法人或者其他组织造成财产损失的，行政

---

① 参见张翔《个人所得税作为财产权限制——基于基本权利教义学的初步考察》，《浙江社会科学》2013 年第 9 期。

机关应当依法给予补偿。"对行政相对人的授益性是行政许可的重要特征。相对人基于对行政许可产生的信赖而从事生产、生活、经营等活动。因此，行政机关在中止、变更或撤回行政许可时，基于信赖保护原则，应当对相对人予以补偿。《行政许可法》对行政机关变更或撤回行政许可的条件予以规定，同时，也明确要求给公民、法人或者其他组织造成财产损失的，应当依法给予补偿。在实践中，不乏行政机关因中止、变更或撤回行政许可，从而对财产权造成限制的例证。

一 行政许可中止

在准征收各种类型中，财产权行政许可中止类型占据了较大比例。这种中止对财产权造成的不利影响，直接体现为财产价值的减损。

（一）大连市无限期关停桑拿洗浴场所构成准征收

2001年4月，大连市政府发布《关于关闭部分桑拿洗浴场所的通告》，规定："为了缓解本市的供水紧张局面，保障城市居民生活需要，全市6个区及开发区域内的桑拿洗浴场所，除星级酒店、涉外宾馆和大众浴池外，从通告发布之日起全部关闭，逾期不关的，市政府将采取查封洗浴场所等措施强行关闭。"1999年，大批私营企业投资进入大连市桑拿业。这些经过政府各个部门审批的桑拿企业最多时达到500多家。2001年大连市政府发布《关于关闭部分桑拿洗浴场所的通告》前，全大连市包括酒店和大众浴池在内，共有桑拿洗浴场所400多处，日耗水约7000吨，用水量不到全市的1%。其中，大众浴池的用水量是最大的。2001年4月以后，被关停的近300家桑拿场所清一色是民营企业，从表面上看节水2000—3000吨，然而关掉这些场所将消费需求转移到了大众浴池，实际上对用水量的需求并未减少。同时，民营企业关停以后，至少有2万名相关员工失去工作。

这纸公告使大连市300多家桑拿洗浴场所陷入绝境。有私营企业主表示，其并未占用大连的自来水和地下水，而是到大连以外去买水，可综合执法队依然封了他的企业。还有私营企业主对政府的政策朝令夕改表示不满，认为在大连旱情最严重的时期，新的桑拿浴室还不断被行政机关批准，当初知道没有容纳这么多桑拿企业的条件，就不应该鼓励大家去经营桑拿，更不应该批准那么多桑拿企业。而现在又要关闭企业，这个决策失误的责任由桑拿企业来承担，显然有失公平。还有私营企业主表示，此次停业事先没有一点预兆，没有缓冲期，一下子让2万多人失业，政府却不提供任何应对措施。后来，在大连市节水压力情况通报会上，公用事业管理局宣布已经关闭的桑拿洗浴场所可以使用外地水和淡化海水、再生水资源重新开业，并承诺审批时限原则上要在2—3个工作日内完成。但据业主称，浴室重新开张又要经过5个部门的层层审批手续。[①]

该案非常类似于美国联邦最高法院于1887年审理的穆格勒诉堪萨斯州案。该案中1880年修改后的堪萨斯州宪法规定："除医疗、科学和机械用途外，该州将永远禁止生产和销售醉酒。"在堪萨斯州宪法修正案通过之前，原告穆格勒在堪萨斯州的萨利纳建造了一家啤酒厂。他在酿酒厂的建设上花费了1万美元，并从该州获得了一份公司章程许可，允许他经营一家啤酒厂。在法令颁布后，原告未再获得制造或销售酒精的许可证，整个酒厂建筑的价值也随之由1万美元降至2500美元。原告认为，根据"第十四修正案"，堪萨斯州没有任何权力禁止制造供个人使用或用于出口的酒精，由于法律的修改，其财产从1万美元贬值到2500美元，应当构成征收。联邦最高法院认为，为保护公共健康和安全而禁止使用财产，不能被视为剥夺或占有私有财产。虽然私有财产的价值因国家警察权的行使而受到贬值，但该管制行为可以减少私有财产对社会的妨碍。因此，

[①] 参见林岭东《大连颁布桑拿封杀令》，载《南方周末》2001年4月19日；张雪梅《面对干旱：大连向桑拿浴所开刀》，央视网，http://www.cctv.com/financial/jingji/sanji/gazz/20010615/113.html，2021年1月10日。

出于保护公共健康和安全的目的而对财产权予以限制的管制行为不构成管制征收。[1] 由此，保护公共健康和安全目的是至关重要的公共利益。与保护公共健康和安全的价值比较而言，生产和销售酒精的财产利益显得微乎其微。

但在大连市无限期关停桑拿洗浴场所的事例中，这一管制行为并非出于保护公共健康和安全等至关重要的公共目的。从准征收构成标准的角度来看，大连市无限期关停桑拿洗浴场所的措施并不构成物理性侵占，然而在未给予财产权人相应补偿的情况下终止行政许可就可能不符合公共利益标准和对财产权价值的影响程度标准。在大连市关停桑拿洗浴场所的事件中，大连市关停全市6个区及开发区域内的桑拿洗浴场所，是为了缓解本市的供水紧张局面，保障城市居民生活需要。关停桑拿洗浴场所是为了公共利益需要，但是这一措施未必能够切实缓解供水紧张局面，因为据统计，全大连市包括酒店和大众浴池在内，共有桑拿洗浴场所400多处，日耗水约7000吨，用水量不到全市的1%。从表面上看节水2000—3000吨，然而关掉这些场所并不意味着用水量的必然减少。反而，政府对于用水量最大的大众浴池却未采取任何措施。这意味着大连市关停桑拿洗浴场所的措施与缓解本市的供水紧张局面，保障城市居民生活需要的目标并不具有实质联系。此外，大连市关停桑拿洗浴场所仅能缓解全市1%的用水量，而却以对财产权人造成巨大的经济损失和2万多名员工的失业为代价，这一举措使得维护公益的价值与对私益的侵害严重失去均衡。因此，大连市关停桑拿洗浴场所的措施并不符合公共利益标准。再从行政行为对财产权经济价值影响程度的标准来看，大连市无限期关停桑拿洗浴场所的措施对桑拿洗浴场所经营造成的损失，必然超过了财产权人对桑拿洗浴场所投资及使用的合理回报预期。同时，无限期关停桑拿洗浴场所剥夺了桑拿洗浴场所权利人对桑拿洗浴场所的经济性用途，使其财产价值造成巨大

---

[1] Mugler v. State of Kansas, 123 U. S. 623 (1887).

损失。因此,大连市无限期关停桑拿洗浴场所的措施对财产权的经济价值造成了严重影响。综上,无论从关停桑拿洗浴场所是否符合公共利益标准,还是从对财产权经济价值的影响程度标准来看,大连市无限期关停桑拿洗浴场所的措施均构成准征收。

(二) 无限期中止依法获得的土地开发项目构成准征收

1991年,台湾商人王希山注册成立了"海南国际嵩山旅业实业有限公司"(以下简称嵩山公司),并于1992年10月由海口市人民政府受让位于海口市滨海公园西侧滨海高层区土地31.7亩,随后支付地价款人民币2126.7万元,用以建设一幢五星级的"嵩山国际大饭店",并得到了海口市政府的同意。1993年1月,海口市政府批准了滨海高层区的规划设计方案并要求对该方案进行深化设计。然而,此次深化设计直到1997年9月才告完成,四年多来"嵩山国际大饭店"的报建计划被迫搁浅。海口市对高层区的深化设计方案完成后,嵩山公司即根据方案要求进行项目设计,并于1998年5月19日向海口市政府申请项目报建,但海口市政府以确保世纪大桥工程顺利进行为由,不予批准报建。"嵩山国际大饭店"建设进程又一次长时间被阻断。2003年8月,世纪大桥竣工通车,但海口市政府却又对该滨海高层区地块的规划指标进行了大范围修改,建筑面积减少10倍,容积率降低10倍,建筑高(度)层减少19倍,土地的商业价值急剧下跌。嵩山公司只得再度斥资按新的地块建筑指标进行项目设计。但令人意想不到的是,2003年10月,海口市政府又对包括嵩山公司地块(6号地块)在内的土地进行名为"海口市外滩城市设计"的重新规划,把6号地块变更为绿地,将4号地块置换给嵩山公司,嵩山公司不得不再次同意此项置换,但这次置换一直拖到2004年7月仍然不能落实。2004年7月25日,海口市政府又通过专门会议对嵩山公司的土地作出更大规划调整,决定将世纪大桥两旁全改为景观绿地,不得建房,要将嵩山公司饭店拟用的地块全部迁出置换到其他地方去。12年来,嵩山公司五次配合城市规划变更,最终还要被土地置换,将苦等12年的土地拱手出让。据公司经理称，因长期等待项目开工，公司的经济损失高达约 4000 万元。①

　　因分区管制和区划变更而导致财产权人的利益受到损害，也是美国联邦最高法院经常审理的案件。如在 1909 年的韦尔奇诉斯韦齐案中，原告是波士顿一个住宅区土地所有权人。当地立法规定建筑高度不得超过 100 英尺。在原告被拒绝在他的地产上建造一座 124 英尺高的建筑后，他提起诉讼并声称："这些行为的目的不足以证明警察权行使的正当性。因为事实上，他们的真正目的是美学性质的，纯粹是为了保持建筑的对称性和固定的天际线。"联邦最高法院认为，法规所采用的手段与政府能够实现的公共目标没有真正的、实质性的关系，而且这些法规是任意的和不合理的，并且超出了案件的需要，因此法院宣布其无效。②

　　《行政许可法》明确规定："因行政许可所依据的法律、法规、规章修改或者废止，或者准予行政许可所依据的客观情况发生重大变化的，为了公共利益的需要，行政机关可以依法变更或者撤回已经生效的行政许可。但给公民、法人或者其他组织造成财产损失的，应当依法给予补偿。"《城乡规划法》第 50 条同样规定："在选址意见书、建设用地规划许可证、建设工程规划许可证或者乡村建设规划许可证发放后，因依法修改城乡规划给被许可人合法权益造成损失的，应当依法给予补偿。经依法审定的修建性详细规划、建设工程设计方案的总平面图不得随意修改；确需修改的，城乡规划主管部门应当采取听证会等形式，听取利害关系人的意见；因修改给利害关系人合法权益造成损失的，应当依法给予补偿。"《行政许可法》和《城乡规划法》均不允许行政机关中止行政许可的实施，若将中止财产权行政许可视为对行政许可的变更，也应当在对财产权人损失给予补偿的前提下进行。总之，对财产权行政许可的中止，

---

① 参见《一位台商 12 年报建路：来海南投资，真的错了吗？》，中国新闻网，http://www.hi.chinanews.com/hnnew/2004-12-06/17084.html，2021 年 1 月 10 日。
② Welch v. Swasey, 214 U.S. 91 (1909).

往往对财产权造成严重不利影响，若不予财产权人相应补偿，则有违《行政许可法》第8条关于信赖保护的规定。海口市政府无限期中止台商王希山依法获得的土地开发项目充分暴露出行政机关中止行政许可实施的随意性，以及财产许可中止对财产权利人造成的巨大经济损失。

海口市政府无限期中止王希山土地开发项目，虽然均出于规划调整等维护公共利益的目的，与增进公共利益具有实质联系，在较难识别无限期中止王希山土地开发项目与实现规划调整公益价值是否具有均衡性的情况下，暂且认为海口市政府无限期中止王希山土地开发项目符合公共利益标准。但可以肯定的是，海口市政府无限期中止王希山土地开发项目对王希山财产价值造成了极其严重的影响，使得王希山建设一幢五星级的"嵩山国际大饭店"投资计划落空，进而使其投资无法达到合理的回报预期。王希山为建设"嵩山国际大饭店"，于1992年就向海口市人民政府支付了人民币2126.7万元的地价款，但直到2004年，王希山建设"嵩山国际大饭店"的计划因海口市土地规划的五次调整一直未获得政府许可，这实际上已经剥夺了王希山花费2126.7万元购置土地的经济性用途，对财产价值造成巨大损失。据"海南国际嵩山旅业实业有限公司"经理称，因长期等待项目开工，公司的经济损失已高达约4000万元，就足以对王希山带来沉重的经济负担。由此，海口市政府无限期中止王希山土地开发项目因严重影响了财产权的经济价值而构成准征收。

二 行政许可变更

除《行政许可法》第8条规定外，还有部分法律和行政法规也遵循《行政许可法》第8条的逻辑理路，明确在行政相对人依法获得行政许可后，因变更行政相对人依法获得的行政许可，对行政相对人造成的损失应予补偿。例如，《矿产资源法》中规定的"国务院和国务院有关主管部门批准开办的矿山企业矿区范围内已有的集体矿山企业，应当关闭或者到指定的其他地点开采"；《畜禽规模养殖污染防治条例》中规定的"畜牧业发展规划、土地利用总体规划、城乡规划调整以及划定禁止养殖区域,或者因对污染严重的畜禽养殖密集区域进行综合整治"等,均属于行政许可的变更。

在司法实践中也不乏因行政许可变更而构成应予补偿的准征收的案例。例如,在重庆巴某休闲体育有限公司诉重庆市巴南区人民政府案[①]中,原告重庆巴某休闲体育有限公司取得在巴南区鱼洞镇修建宾馆、保龄球馆等项目立项批复、选址意见通知书、出让土地的批复、建设用地规划许可证和国有土地使用证书等许可后,被告巴南区人民政府将原告所购地块调整为城市公园绿地,并交付巴南区修建成公园,导致原告无法按原受让用途使用土地。法院认为,被告重庆市巴南区人民政府于2000年1月14日作出了《重庆市巴南区人民政府关于重庆市巴某休闲体育有限公司出让土地的批复》,批准将重庆市巴南区鱼洞公园内3835平方米土地出让给原告作为商业用地,原告即依法取得该受让地块的使用权。其后,由于2007年重庆市人民政府批准的《重庆市主城区李家沱——鱼洞组团O标准分区控制性详细规划》确定原告受让地块土地规划性质为公共绿地,原告不能再按照土地出让时的原规划用地性质使用该地块。被告就应当按照《重庆市行政许可补偿暂行办法》第3条之规定,[②] 收回出让土地,补偿土地受让人。故,责令被告重庆市巴南区人民政府在收到本判决之日起三十日内依法对原告重庆巴某休闲体育有限公司作出行政补偿决定。

该案中,重庆市巴南区人民政府在重庆巴某休闲体育有限公司

---

① 参见重庆市第五中级人民法院(2009)渝五中法行初字第73号行政判决书。
② 《重庆市行政许可补偿暂行办法》第3条:"本办法所称行政许可补偿,是指行政机关和被许可人都没有过错,因客观原因,行政机关为了公共利益的需要,依法变更或者撤回已经生效的行政许可,由此给被许可人造成财产损失的,行政机关应当依法给予补偿的行为。前款所述客观原因有下列两种情形:(一)行政许可所依据的法律、法规、规章修改或者废止,使行政许可事项不再被允许;(二)准予行政许可所依据的客观情况发生重大变化。"

依法取得建设用地规划许可证和国有土地使用证书等许可后,将原告所购地块调整为城市公园绿地,并交付巴南区修建成公园,即属于对财产权行政许可的变更。从准征收构成标准来看,重庆市巴南区人民政府将原告所购地块由商业用地调整为城市公园绿地,并不构成物理性侵占。这一行为也是以维护公共利益的目的,与增进公共利益具有实质联系。在较难判断这一规划调整行为所能实现的公共利益与重庆巴某休闲体育有限公司所受损失是否具有均衡性的情况下,暂且认为重庆市巴南区人民政府将原告所购地块由商业用地调整为城市公园绿地符合公共利益标准。然而,从行政行为对财产权价值影响程度标准来看,重庆市巴南区人民政府将重庆巴某休闲体育有限公司所购地块由商业用地调整为城市公园绿地,直接导致重庆巴某休闲体育有限公司无法按原受让用途使用土地,剥夺了权利人对财产的经济性用途,则对财产价值造成巨大损失,因此构成准征收。重庆市巴南区人民政府应当根据《行政许可法》和《重庆市行政许可补偿暂行办法》对重庆巴某休闲体育有限公司予以公正补偿。

　　该案与重庆巴某休闲体育有限公司诉重庆市巴南区人民政府案的不同之处有二,首先,该案是首次对区域进行规划;而重庆巴某休闲体育有限公司案中是对原有区划的调整。其次,该案中原告未能提供证据证明安布勒地产公司因分区条例而遭受的财产损失;而重庆巴某休闲体育有限公司案中,原告重庆巴某休闲体育有限公司通过支付对价获得了建设用地使用权以及修建宾馆、保龄球馆等项目的权利。原告就其财产损失提供了相应证据。因此,行政区划的调整、行政许可的变更,并不必然是对财产权人构成准征收的行为。唯有在财产权人受到损失且能够就该损失提供证据予以证明的情况下,才可能由行政行为使财产权价值受到严重减损而构成准征收。

三　行政许可撤回

　　除行政许可变更外,《行政许可法》第 8 条还明确,在相同情形下，行政机关在对相对人损失给予补偿后，可以依法撤回已经生效的行政许可。然而在实践中，一些地方政府为了规避《行政许可法》中的补偿条款，采用变相方式对之前作出的行政许可进行撤回。例如，2008年以前，山西省通过一系列招商引资措施，吸引了大批外地投资商在山西进行煤炭开采活动，其中不乏一大批浙江煤炭投资商。这些投资商在山西开采煤炭都获得了相关行政许可资质。然而2008年至2009年，山西省发布《山西省人民政府关于加快推进煤矿企业兼并重组的实施意见》《山西省人民政府关于进一步加快推进煤矿企业兼并重组整合有关问题的通知》《山西省人民政府关于印发山西省煤炭产业调整和振兴规划的通知》《关于煤矿企业兼并重组所涉及资源采矿权价款处置办法》《山西省人民政府关于进一步加快推进煤矿企业兼并重组整合有关问题的通知》等一系列政策，以政府为责任主体，指定了六家国有煤矿企业，通过划定兼并区域的方式，大规模强制对私营煤炭实施兼并重组。被兼并的私营煤炭公司因此无法继续采煤，遭受了重大利益损失。投资山西煤矿的浙江私营企业主发起了"万人签名活动"，请求浙江省政府支持，维护他们在山西的投资利益。该事件也引发了浙江与山西两省之间的冲突。[①] 国有企业煤矿公司对私营煤矿兼并重组，看似是企业间的商事合作行为，但在行政机关的强制推动下，私营煤矿对兼并重组中的各方权利义务、价款处置，以及兼并重组后的股权结构、生产经营活动都缺乏话语权。行政机关强制煤矿兼并重组实际上起到了变相撤回私营煤矿企业行政许可的效果。以企业间不平等并购重组的方式对行政许可予以撤回，就不再需要行政机关对私营煤矿企业的损失给予任何补偿。

再如，在重庆市北碚区蔡家岗镇灯塔屠场诉重庆市北碚区人民政府案中，"灯塔屠场依法取得了营业执照、肉品品质检验合格验讫

[①] 参见彭涛《管制性征收研究——以土地利用管制为中心》，中国政法大学，2012年，博士学位论文。

印章等法律文件，经营生猪屠宰手续齐全、合法。北碚区政府为贯彻执行有关食品卫生、环境保护等相关法律，确保猪肉卫生质量，发布《关于规范生猪屠宰和猪肉流通秩序的通告》，明确：不符合国家现行生猪屠宰资质条件的生猪屠宰厂自 2004 年 6 月 30 日起停业关闭。2004 年 6 月 20 日，北碚区政府对灯塔屠场作出《关闭屠宰场决定书》。灯塔屠场由此提起行政诉讼要求撤销关闭屠宰场决定"[1]。重庆市高级人民法院最终依据《行政许可法》第 8 条第 2 款规定，要求重庆市北碚区人民政府对原告给予赔偿。

从准征收标准的角度来看，财产权行政许可撤回大多因为行政行为对财产权的价值造成严重影响而构成准征收。首先，行政机关对财产权行政许可的撤回不涉及物理性侵占，其财产权合法行使也不构成对社会公众的妨碍，在未经公正补偿的情况下就无法满足经济利益互惠标准。其次，行政机关对行政许可的撤回一般都是基于增进公共利益的考量，撤回行政许可的措施往往与增进公共利益具有实质联系。而对于撤回行政许可对财产权人造成的牺牲与增进公共利益所实现的价值是否具有均衡性需要在个案中进行判断。最后，可以确定的是，行政机关对行政许可的撤回一定会对财产权的经济价值造成严重影响。在财产权人依法使用财产时，行政机关对行政许可的撤回必然使财产权人的投资无法达到合理的回报预期，同时直接剥夺了权利人对财产的经济性用途，因而构成准征收。正是基于行政许可的撤回必然会对财产权的经济价值造成严重影响，《行政许可法》明确规定："行政机关因撤回已经生效的行政许可，给公民、法人或者其他组织造成财产损失的，应当依法给予补偿。"

---

[1] 一审：参见重庆市第一中级人民法院（2004）渝一中行初字第 251 号行政判决书；二审：参见重庆市高级人民法院（2005）渝高法行终字第 54 号行政判决书。

第五节　财产权去除

财产权去除，是指为增进公共利益有意或者无意使公民全部或部分财产权完全灭失。如前文所述，准征收是指国家以增进公共利益为目的，通过抽象行政行为、具体行政决定或在事实上对私有财产权造成特别牺牲，严重影响私人对财产的使用或财产经济价值，从而应当给予经济或其他补偿的法律制度。虽然财产权去除表现为财产的灭失，这种灭失在物理上类似于剥夺，与典型的准征收在行为方式上存在不同。但从行为效果来看，准征收制度所保护的财产权受到特别牺牲的情形。因此，将因财产权去除造成经济损失此类行为归入准征收是逻辑自洽的。

　　财产权去除，多发生于地震、水灾、流行病、重大火灾爆炸、特大交通事故、大规模恐袭等突发公共安全事件中。行政机关为开展应急救助工作或风险预防工作，既可能是因为财产的存在对应急救助工作或风险预防工作造成妨碍，行政机关有意为之的去除；也可能是行政机关在应急救助工作或风险预防工作中无意造成的财产权灭失。《防洪法》第7条第3款规定："蓄洪滞洪后，应当依照国家规定予以补偿或者救助。"即规定了行政机关为开展应急救助工作或风险预防工作，对财产权予以去除而给予补偿的措施。《民用航空法》第59条规定："民用机场新建、扩建的公告发布前，在依法划定的民用机场范围内和按照国家规定划定的机场净空保护区域内存在的可能影响飞行安全的建筑物、构筑物、树木、灯光和其他障碍物体，应当在规定的期限内清除；对由此造成的损失，应当给予补偿或者依法采取其他补救措施。"该法规定了在非应急领域因公共利益需要对财产权去除也应补偿的情形。

　　司法实践中存在诸多因财产权去除而构成准征收的案例。例如，在滕会林诉长春市人民政府案中，2714渔场始建于1990年，总面积

650亩，所有权归国家所有，使用权归长春莲花山生态旅游度假区四家乡人民政府（以下简称四家乡人民政府）。渔场建成后，一直由四家乡人民政府承包给个人经营。原告滕会林自1993年起多次与四家乡人民政府签订承包、续包合同。2010年7月28日，长春市石头口门水库管理局接到吉林省人民政府防汛抗旱指挥部的调度命令进行蓄洪，导致上游水位升高，将原告承包的渔场淹没。[①] 该案中，被告为抗旱蓄洪，水位升高无意造成原告承包的渔场淹没，使财产权灭失。

在祁克楼、响水县汇峰服饰大世界诉响水县人民政府案中，2012年8月10日，因突降暴雨，响水县防汛防旱指挥部作出第十号指挥部令，认定祁克楼经营的汇峰家具直销中心对县城排水造成严重阻碍，令其配合城建部门拆除阻水房屋。次日，该令送达祁克楼，响水县防汛防旱指挥部当即组织人员搬出了案涉房屋中的家具，并对房屋实施了拆除。[②] 该案中，因原告经营的汇峰家具直销中心对防汛防旱风险预防工作造成妨碍，响水县人民政府有意拆除阻水房屋，造成财产权灭失。

而在康乐绿乡清真食品加工有限公司诉康乐县人民政府案中，原告绿乡公司是县政府招商引资引进的企业。2012年7月，因洮河领域降雨频次增多降雨量增加，甘肃电投九甸峡水电开发有限责任公司通知临夏回族自治州抗旱防汛指挥部、县政府等相关部门，对九甸峡等水电站进行梯级电站泄洪。县政府按上级通知立即通知原告撤离戚家岛后，上游九甸峡水库及海甸峡水库实施了泄洪。同年8月17日，九甸峡水库及海甸峡水库再次实施了泄洪。原告认为两次泄洪对其水产养殖造成严重损失，在泄洪后多次去县政府反映，要求县政府补偿其相关损失。[③] 该案中，康乐县人民政府在明知水库泄洪会对原告水产养殖造成严重损失时，仍然为了防汛抗旱而为之，

---

① 参见吉林省长春市中级人民法院（2016）吉01行赔初11号行政判决书。
② 参见江苏省高级人民法院（2016）苏行终1573号行政判决书。
③ 参见甘肃省高级人民法院（2016）甘行终33号行政判决书。

同样属于因公共利益而对财产权的应急去除。

从准征收构成标准来看，财产权去除行为对财产价值造成了彻底破坏、剥夺了权利人对财产的所有经济性用途，对财产价值造成巨大损失。在此类案件中，对财产权构成彻底破坏标准以全有或全无的方式体现，因此对是否构成准征收较为容易作出判断。美国联邦最高法院在1928年就曾作出过一个关于财产权去除的判决。该案中，"弗吉尼亚州政府根据《弗吉尼亚州雪松锈菌防治法》，要求原告砍伐其种植的观赏性红雪松。原告认为，政府的行为构成未经公平补偿的征收。但联邦最高法院认为，种植苹果树是弗吉尼亚州的支柱产业，苹果大量出口解决了大部分人口的就业问题，带动了大批相关产业的发展。虽然砍伐红雪松会给原告的财产造成损害，但同时能保护公共利益这一个更大的价值。因此，这一法律和命令并未违反宪法的正当程序条款"[1]。该案与上述国内的财产权去除类型的案件不同之处在于，观赏性红雪松的存在导致其产生的锈菌可能会传给附近的苹果树，从而致使对大面积的苹果树腐蚀，因此弗吉尼亚州才要求原告砍伐其种植的观赏性红雪松。可以认为，原告砍伐其种植的观赏性红雪松在某种程度上已经构成了对公共或他人的妨碍，因而对其进行的管制具有合法性和正当性。而倘若财产权的行使并未对公共或他人造成妨碍，国家开展应急救助工作或风险预防工作，或为了其他公共利益而对财产权予以部分或全部去除，则可能因对财产价值造成了彻底破坏、剥夺了权利人对财产的所有经济性用途，而构成准征收。

第六节 对财产权事实上的不利影响

从财产权承受特别牺牲的方式来看，除国家通过法律、法规等

---

[1] Miller v. Schoene, 276 U. S. 272 (1928).

抽象行政行为或者具体行政决定对财产权进行限制等情形以外，实践中还存在大量事实上对公民财产权造成特别牺牲的情形。此类特别牺牲表现为，国家并未有意针对财产权采取措施或做出行为，而是在其他行政活动中客观上对财产权产生了不利影响。这一情形在德国《基本法》中被称为"征收性侵害"或"具有征收效果之侵害"，其针对的是无特定目的的事实行为，指"多数不规则的、不能预见的合法行政活动造成的财产损害，超过了牺牲界限，国家应给予补偿。主要例子是道路建设工程对道路沿线的商店、报亭等造成销售损失。根据联邦最高法院的判决，这种损害原则上视为《基本法》第14条第1款第2句规定的不予补偿的单纯社会约束；但在例外情况下侵害的方式和强度如此严重，对财产所有人造成了特别牺牲，必须予以补偿"[1]。

此类对财产权产生的事实上不利影响的行为均属行政事实行为。"行政事实行为，是指行政主体以不产生法律约束力，而以影响或改变事实状态为目的实施的一种行政活动。"[2] 此时，公权力的行使并不以改变权利义务关系为目的，但这一行为本身却可能对相关主体的利益产生影响，这种影响既可能是积极的、正面的，也可能是消极的、负面的。而这种消极的、负面的影响即为事实上的不利影响，其表现为对经济价值的减损或者财产权人对财产利用的妨碍。我国有学者将这种事实上的不利影响称为"公权力行为附随效果"，因为损害结果的发生对于行政主体来说是一种"意外"，具有"偶然性"，与行政主体对该行政行为的动机没有关系，因此对于损害结果的发生，行政主体缺乏具体行政行为的意思表示，仅仅构成一种行

---

[1] 翁岳生主编：《行政法》（下），中国法制出版社2009年版，第1731—1732页；[德]哈特穆特·毛雷尔：《行政法学总论》，高家伟译，法律出版社2000年版，第670—671页。

[2] 姜明安：《行政法与行政诉讼法》（第六版），北京大学出版社、高等教育出版社2015年版，第321页。

政事实。[1]

值得注意的是，在对财产权事实上的不利影响领域，我国并无一部法律或行政法规规定了对财产权人的损失予以补偿的情形。其原因主要在于在此类特别牺牲中，国家并未有意针对财产权采取措施或做出行为，而是在其他行政活动中，客观上严重影响了财产权的经济价值或者对财产权人利用财产造成了妨碍。这也充分体现出对财产权事实上的不利影响而构成准征收的特殊性。

一　对财产经济价值减损较重的行为

较多对财产权事实上的不利影响均表现为政府为增进公共利益而实施的行为，在客观上对私有财产经济价值造成了严重减损。在常振山等诉襄垣县人民政府案中，2008年，襄垣县人民政府实施修建"古韩大道跨太焦铁路立交桥"工程后，明显更改了该地段原道路格局。受高大桥身遮挡的影响，造成原告常振山等毗邻7人之前投资的商业综合用地使用权和商用楼房利用价值大幅度降低，致使原告当前及今后应得收益远远低于同等投资的相似地段内的投资户，投资资产严重贬值。山西省高级人民法院认为，上诉人常振山等7人在2002年11月竞买其商业综合用地使用权并投资商用楼房时，襄垣县政府并未规划"古韩大道跨太焦铁路立交桥工程"，该工程的实施与常振山等7人有利害关系，对常振山等7人合法权益造成的损失，被上诉人襄垣县人民政府应当依法给予补偿。[2] 该案中，常振山等原告依法获得土地使用权并建造了商用楼房。被告实施修建"古韩大道跨太焦铁路立交桥"工程虽然非属对原告做出的行政行为，也无意对原告财产产生影响，但工程建设明显更改了该地段原道路格局，致使原告投资的商用楼房价值大幅降低。该案中，襄垣县人民政府实施修建"古韩大道跨太焦铁路立交桥"工程并未对常

---

[1] 参见刘文义《行政补偿理论与实务》，中国法制出版社2013年版，第210页。
[2] 参见山西省高级人民法院（2016）晋行终469号行政判决书。

振山等人投资的商业综合用地构成物理性侵占，同时襄垣县人民政府实施修建"古韩大道跨太焦铁路立交桥"工程以增进公共利益为目的，能够切实促进公共利益的实现。然而，襄垣县人民政府实施修建"古韩大道跨太焦铁路立交桥"工程，在客观上明显更改了该地段原道路格局，致使原告投资的商用楼房价值大幅降低，必然使财产权人的投资无法达到合理的回报预期，因而构成准征收。虽然襄垣县人民政府实施修建"古韩大道跨太焦铁路立交桥"工程并非针对常振山等财产权人做出的行政行为，但该行政行为在客观上对常振山等的财产经济价值造成严重影响，也应对其给予公正补偿。

在姜军红诉丽江市古城区人民政府案中，丽江市古城区为修建人防工程项目，对民主路实施道路封闭施工。古城区政府仅封闭了车行道，人行道仍可正常使用。原告姜军红承租了位于古城区福慧路542号楼房一幢及场地，兴办了丽江市古城区嘉鑫大酒店。在长达13个月的施工期中，原告经营的酒店生意受到严重影响。除土地出租人丽江市人民医院对原告给予300多万元的补偿款以外，丽江市古城区政府也为尽量减少对姜军红经营的嘉鑫酒店的影响，在施工特殊时段安排环卫工人对酒店垃圾进行人工清运，并在税收、垃圾清运处置费、网络费用等方面进行了协调减免。[①] 本案中，丽江市古城区政府修建人防工程项目虽未占用原告土地，未构成物理性侵占，但在客观上对原告财产造成了不利影响，与原告酒店的投资回报预期明显不符。因此，丽江市古城区政府也积极采取了安排环卫工人对酒店垃圾进行人工清运，在税收、垃圾清运处置费、网络费用等方面实行协调减免等措施，以缓解修建人防工程项目对原告酒店经营造成的不利影响。

二 对财产利用造成严重妨碍的行为

对财产权事实上的不利影响除表现为直接对财产经济价值的减

---

① 参见云南省高级人民法院（2016）云行终226号行政判决书。

损以外，还表现为对财产权人利用财产造成的妨碍。例如，在秦汉忠诉启东市水务局案中，启东市水务局在对桃花洪闸拆除重建过程中，因闸下游砌石建至秦汉忠南侧两个码头位置，导致秦汉忠码头无法靠船生产。最终，双方达成协议，约定由启东市水利重点工程建设处一次性补偿秦汉忠在工程施工期内的码头租赁、渔具搬迁、码头加固修复等经营损失费用。① 在郭家琪诉隆回县住房和城乡建设局案中，在因被告修建桃洪镇和平社区帽子石路和进行帽子石路西侧低洼区改造，对原告房屋及居住造成一定影响，隆回县住房和城乡建设局对原告的相关损失进行了补偿。② 同样，在王清权诉邓州市高集镇人民政府案中，邓州市人民政府 2007 年筹建城市生活垃圾处理场，因垃圾场的选址与王清权居住地较近，对原告生活环境造成了一定影响。就此，原告与被告邓州市高集镇人民政府达成协议，由高集镇人民政府对包括原告王清权在内的 6 户居民每年增加 5000 元补偿款，共补 5 年。③ 本案中，同样因为被告对垃圾场的选址给原告住宅产生了事实上的不利影响，原告财产权价值受到减损，被告最终通过协议的方式对原告予以补偿并达成和解。

此外，还有产生较大社会影响的宁波栎社机场噪声扰民案。"戴家村紧邻宁波市栎社机场西南部。自 1987 年栎社机场投入使用以来，村民就长期受到飞机轰鸣声的影响。2002 年机场进行二期扩建，2005 年升格为国际机场。根据宁波市环境保护监测中心的测定，戴家村 100 多户人家噪声均超过 75 分贝，远高出国家标准。2007 年 3 月，宁波栎社机场滑行道扩建，造成了更为严重的噪声污染。村民们抱怨道，常年的噪声令人心烦意乱，甚至影响了人民的寿命和健康。直到 2007 年 11 月 8 日，当地政府与村民之间终于达成补偿协议，约定政府出资 120 万元，为 270 户村民建设戴家村新

---

① 参见江苏省南通市中级人民法院（2017）苏 06 行终 745 号行政判决书。
② 参见湖南省隆回县人民法院（2017）湘 0524 行初 18 号行政判决书。
③ 参见河南省南阳市中级人民法院（2016）豫 13 行终 99 号行政判决书。

农村示范村。至此，纠纷才得以解决。"[1] 事实上，美国联邦最高法院早在 1946 年就处理过类似的案例。在美国诉卡斯比案中，原告拥有一座养鸡场，距离军用机场跑道不到半英里。低空飞行的军用飞机干扰了原告的养鸡场，致使原告的 150 只鸡死亡，并停止了养鸡生意。美国政府声称拥有飞越原告农场的公共权利，而原告则认为这种低空飞行使其财产权受到损害，有权获得赔偿。联邦最高法院认为，低空飞行是对土地权利人领地的直接侵犯，因此支持了原告的诉讼请求。[2] 该案中，军用飞机对原告对养鸡场的使用造成了严重妨碍，甚至造成了直接经济损失。由此，联邦最高法院认为应对原告予以补偿。

我国实践中对财产权事实上造成不利影响的实例不胜枚举。例如，地方政府兴建高速公路，对公路附近财产权利人造成的噪声污染；地方政府兴建垃圾场、火葬场等设施对附近商品住房造成的环境污染和价值减损，等等。行政机关对财产造成的事实上的不利影响，应当以财产权人承担一定的容忍义务为限度。上述行政行为对财产权事实上的不利影响有时虽然不会直接对财产经济价值造成严重减损，但仍可能会因不符合公共利益标准或对财产权的损害程度已经超过了财产权人对财产投资及使用的合理回报预期，而构成应予补偿的准征收。

综上所述，中国当下对准征收的类型主要分为六大类：财产权权能限制，财产权义务负担，财产权公益使用，行政许可中止、变更或撤回，财产权去除，以及对财产权事实上的不利影响。对中国当下准征收类型的研究不仅能够将准征收这一抽象的概念较为直观地呈现在我们面前，还能够全面揭示中国财产权承受特别牺牲的广

---

[1] 孔令全：《机场噪声扰民状告环保总局 宁波 99 名村民获赔 120 万元》，载《民主与法制时报》2008 年 2 月 25 日 A10 版；孔令全：《99 位村民与机场噪声之争》，《乡镇论坛》2007 年第 20 期；王思锋：《不动产准征收研究》，中国社会科学出版社 2015 年版，第 218—219 页。

[2] United States v. Causby, 328 U. S. 256（1946）.

泛现状以及财产权保障相关制度的缺失，为我国准征收理论的发展和制度的完善提供依据。然而，实践中，财产权因公共利益而承受特别牺牲的形式纷繁多样。这些特别牺牲既有法律层面上的，也有事实层面中的；既有抽象规定的，也有具体行为的；既有有意而为的，也有无意为之的。对准征收的分类很难以单一标准进行周延划分。因此，个别财产权承受特别牺牲就难免会出现同时属于两种甚至多种准征收类型的情形。

第 四 章

构建准征收制度的路径

　　构建准征收制度的路径，旨在讨论如何将准征收制度嵌入我国宪法和法律制度体系之中。《宪法》第13条就财产权条款作出规定："公民的合法的私有财产不受侵犯。国家依照法律规定保护公民的私有财产权和继承权。国家为了公共利益的需要，可以依照法律规定对公民的私有财产实行征收或者征用并给予补偿。""从各种法律制度来看，中国目前对'征收'一词作了狭义的理解，即仅仅是指国家强制取得私人财产权的一种方式。"[①] 可见，该条确立了合法私有财产不受侵犯这一有关公民权利的基本原则，构成了我国《宪法》财产权条款的全部内容，明确了我国《宪法》财产权条款"财产权保护—应予补偿的公用征收"的"二元结构"。而准征收制度的构建，能否在现行《宪法》财产权条款"二元结构"之下实现，抑或必须修改现行《宪法》财产权条款？此外，准征收制度的构建还必须对单行立法中对财产权人造成特别牺牲的情形予以规范，明确准征收立法应遵循的主要原则。

[①] 郭晖：《财产权的社会义务与管制性征收》，《河北学刊》2019年第2期。

第一节　域外准征收制度的形成路径

国家以增进公共利益为目的，通过抽象行政行为、具体行政决定或在事实上对私有财产权造成了特别牺牲，严重影响私人财产经济价值，从而应当给予经济或其他补偿的法律制度为准征收。然而，从美国、德国和中国台湾地区的经验来看，基于宪法文本和司法制度的差异，准征收制度的形成路径呈现出不同样态。

一　以请求认定"剥夺"为核心的美国准征收制度体系

在中文中，一般将对财产的直接剥夺称为"征收"。然而，在美国法上却有多个词汇来表达不同方式的"征收"。"eminent domain""expropriation""condemnation"和"taking"等词实际上都含有中文意义上"征收"的含义。而与中文语境下"征收"语义最为接近的是"eminent domain"或"condemnation"。《元照英美法词典》将"eminent domain"解释为"某一政府实体为公共目的，征用私有财产尤其是土地，将其转为公用，同时为其征用支付合理补偿的权力"[1]。具有美式英语特点的"condemnation"一词事实上与"eminent domain"同义，指征用，尤其指土地的收归公用，但需给予合理补偿。[2] 因此，所谓"eminent domain"或"condemnation"实际上就是中文意义上的狭义"征收"，即"国家为了公共利益需要，依法强制将公民财产权收归国有并对公民给予相应补偿的行为"这一概念。然而，美国联邦宪法第五修正案在比狭义"征收"更为广泛的意义上对财产权保护条款作出规定："任何人的生命、自由或财

---

[1] 薛波主编：《元照英美法词典》，北京大学出版社2017年版，第278、468页。
[2] 参见薛波主编《元照英美法词典》，北京大学出版社2017年版，第278、468页。

产，未经正当法律程序不得被剥夺（taking）；私人财产非经公平补偿不得加以征收作公共使用。"① 因此，第五修正案所规定的"taking"并非"征收"之意，而应被理解为"剥夺"。与"征收"相比，"剥夺"是一个更为广义的概念，既包括征收的剥夺，也包括没有征收的剥夺，如政府以侵权形式对财产的剥夺行为，其含义十分广泛。

基于美国联邦宪法对财产权免于受到政府非法剥夺的规定，在财产权因国家以增进公共福祉的管制行为而受到非征收的不利影响时，财产权人在起诉时往往以政府的管制行为违反美国联邦宪法第五修正案，构成未经公正补偿的剥夺（taking）为由，进而请求根据第五修正案获得公正的补偿。

综上所述，可以说美国联邦宪法第五修正案中的"剥夺"（taking）能够涵摄一切未经正当法律程序而侵犯公民财产的行为。而"管制征收"仅是司法实践和理论上所发展出的属于"剥夺"（taking）的一种方式。因此，美国法实际上并未在联邦宪法的框架之外，创造出一套新的管制征收制度形成路径，而只是发展出一系列判断政府以增进公共福祉为目的而对私有财产权产生不利影响，因而需要给予补偿的识别标准，并将这种情形称为"管制征收"。在这一规范语境下，公民就财产权因此而产生的不利影响申请确认和补偿，也就应当在美国联邦宪法第五修正案中的"剥夺"（taking）框架下展开。

二 德国联邦普通法院与联邦宪法法院并行的准征收制度体系

1949 年的德国《基本法》沿袭了《魏玛宪法》第 153 条有关财产权的规定，构建了财产权保护的"三元结构"模式。德国《基本

---

① Fifth Amendment to the United States Constitution: "No person shall be... deprived of life, liberty, or property, without due process of law; nor shall private property be taken for public use without just compensation."

法》第14条对财产权的规定共分为三款。第1款规定:"保障财产权和继承权。有关内容和权利限制由法律予以规定。"第2款规定:"财产应履行义务。财产权的行使应有利于社会公共利益。"第3款规定:"只有符合社会公共利益时,方可准许征收财产。对财产的征收只能通过和根据有关财产补偿形式和程度的法律进行。确定财产补偿时,应适当考虑社会公共利益和相关人员的利益。对于补偿额有争议的,可向普通法院提起诉讼。"这三款规定即构成了德国《基本法》对财产权规定的"三元结构",其包括三重内涵:第1款前半句规定了对财产权的保障;第1款后半句和第2款规定了财产权的限制,即财产权的社会义务;第3款规定了财产权的剥夺。

因此,在《基本法》颁布后,公民因财产权受到特别牺牲而向法院提起诉讼要求予以补偿的案件屡有发生。德国联邦普通法院在审查系争案件时,主要考量政府行为属于"应予补偿的公用征收"还是"不予补偿的财产权限制"。若构成"应予补偿的公用征收",则应予补偿;而如果属于"不予补偿的财产权限制",就无须补偿。而无论行政行为对财产权造成不利影响进而构成的应予补偿的财产权内容限制,还是对于财产权在事实上受到不利影响的征收性侵害,德国联邦普通法院并不刻意做出区分,而是将二者一并纳入应予补偿的公用征收范畴,进而予以补偿。这意味着德国联邦普通法院并未突破德国《基本法》财产权条款的"三元结构",而是通过对"公用征收"作扩大化解释,将处于财产权社会义务与财产权剥夺之间"灰色地带"的"应予补偿的财产权内容限制",纳入财产权剥夺的范畴来解决损害确认和补偿问题。

此外,联邦普通法院还创造出"征收性侵害"概念。"征收性侵害"又被称为"具有征收效果之侵害",其针对的是无特定目的的事实行为,指"多数不能预见的合法行政活动造成的财产损害,超过了牺牲的界限,国家应予补偿。例如,道路施工造成交通不便,因此对依赖交通的道路沿线企业、商店、报亭等造成销售损失。这种损害原则上视为《基本法》第14条第1款第2句规定的不予补偿的单纯社会约束；但在例外情况下侵害的方式和强度如此严重，对财产权人造成了特别牺牲，必须根据征收原则予以补偿"[1]。

然而，德国联邦宪法法院却另辟蹊径，对"公用征收"概念作狭义解释，认为其限于对财产权予以剥夺这一古典征收的情形，而不得作扩大解释。同时，创造了"应予补偿的财产权限制"情形，填补了"应予补偿的公用征收"和"不予补偿的财产权限制"之间的模糊地带。而"应予补偿的财产权限制"具体包括行政行为对财产权造成不利影响的应予补偿的财产权内容限制和财产权在事实上受到不利影响的征收性侵害两类。由此，德国联邦宪法法院突破了《基本法》财产权条款的"三元结构"，增加了"应予补偿的财产权限制"的内容，以填补财产权剥夺和财产权社会义务之间的模糊地带，使《基本法》财产权条款在实践中形成了"四元结构"模式。

值得注意的是，德国联邦宪法法院在湿采石案中认为，对于未规定补偿条款的"应予补偿的财产权限制"立法，财产权人只能提起行政诉讼请求撤销，而不得直接起诉要求补偿。在采石案中，"某采石企业在其所有土地经营采石业多年，为增加采石产量，有意在该土地上扩大采石规模。因采石涉及地下水使用问题，主管机关审查后，以该土地位于水源保护区，采石工作将危及地下水为由，否定了采石企业的申请。德国联邦普通法院认为，《水利法》对地下水使用的限制未设补偿规定，有违反《基本法》第14条第3款规定之嫌，于是裁定停止诉讼程序，提请联邦宪法法院审查"[2]。联邦宪法法院裁定认为，《水利法》这一规定并不违反《基本法》的规定。联邦宪法法院在判决中指出：依照《基本法》第14条第3款规定，以行政处分方式进行公用征收，必须以有法律依据且该法律规定了补偿的种类与范围为前提。"如果该法律没有补偿规定，则以该法律

---

[1] 翁岳生主编：《行政法》（下），中国法制出版社2009年版，第1731—1732页；[德]哈特穆特·毛雷尔：《行政法学总论》，高家伟译，法律出版社2000年版，第670—671页。

[2] 翁岳生主编：《行政法》（下），中国法制出版社2009年版，第1734页。

为依据所进行的征收即构成违法。在这种情况下，当事人应当通过行政诉讼程序请求撤销该违法的征收处分，而不得以该征收为基础请求征收补偿。换言之，在诉请撤销违法征收处分与诉请补偿之间，当事人并无选择的余地。"①

联邦宪法法院还指出，立法者基于《基本法》第 14 条的规定，对于人民财产权的剥夺或限制有三种方式：第一，确定财产权内容及界限。依据《基本法》第 14 条第 1 款第 2 句，对财产权的内容及界限予以确定，并形成了财产权人的法律地位。第二，立法征收。依据《基本法》第 14 条第 3 款第 2 句"对财产的征收只能通过和根据有关财产补偿形式和程度的法律进行"这一规定，就特定人或可以直接以法律剥夺其权利。第三，行政征收。依据《基本法》第 14 条第 3 款第 2 句"对财产的征收只能通过和根据有关财产补偿形式和程度的法律进行"这一规定，通过法律授权行政机关在一定条件下，可以行政处分的方式剥夺特定人的财产权。以上三种方式属于各自独立的不同制度。就湿采石案而言，其既不属于第三种授权行政机关剥夺土地所有权人的权利，也不属于第二种直接通过法律对权利予以剥夺。因此，应当属于第一种确定财产权内容及界限。换言之，法律规定使用地下水必须事先取得许可以及行政机关依规定拒绝核发相关许可，均不属于对财产权的剥夺和公用征收。② 由此可知，联邦宪法法院将《基本法》第 14 条第 3 款规定的"应予补偿的公用征收"概念解释为狭义的"合法征收"，即以立法征收和行政征收为方式的，对财产权予以剥夺的征收。因此，所谓"公用征收"，仅指国家基于公共利益的需要，对具有财产价值的法律地位予以部分或全部剥夺。换言之，公用征收以剥夺财产权为目的。而对财产权内容限制的强度逾越了必要限度，仍不可转化为公用征收而

---

① 翁岳生主编：《行政法》（下），中国法制出版社 2009 年版，第 1734 页。
② 参见李建良《行政法上损失补偿制度之基本体系》，《东吴法律学报》1999 年第 11 卷第 2 期。

予以补偿。在此情形下，财产权人只能通过行政诉讼程序主张该依据及其措施违法，而请求予以撤销。

综上所述，联邦普通法院与宪法法院审理准征收案件的视角不同，进而呈现出不同的准征收制度形成路径：联邦普通法院所发展出的财产权损失补偿体系侧重于考量国家干预公民财产权的强度，着眼于是否应予补偿问题，至于该侵害行为本身的违法性及其是否应予去除，则非德国联邦普通法院所关注的内容。而德国联邦宪法法院对"公用征收"的审查侧重于行政行为的法律性质。由此，德国联邦普通法院与德国联邦宪法法院审查重心的不同便形成了不同的准征收制度形成路径。

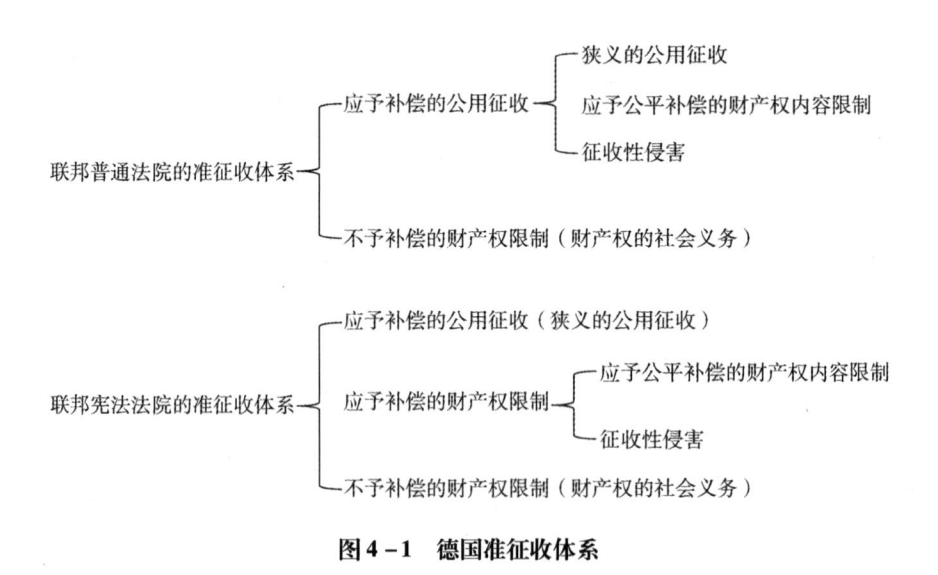

联邦普通法院的准征收体系
- 应予补偿的公用征收
  - 狭义的公用征收
  - 应予公平补偿的财产权内容限制
  - 征收性侵害
- 不予补偿的财产权限制（财产权的社会义务）

联邦宪法法院的准征收体系
- 应予补偿的公用征收（狭义的公用征收）
- 应予补偿的财产权限制
  - 应予公平补偿的财产权内容限制
  - 征收性侵害
- 不予补偿的财产权限制（财产权的社会义务）

图 4-1　德国准征收体系

三　中国台湾地区"大法官"释字创造的"开放式"准征收制度体系

中国台湾地区所谓"宪法"未如德国《基本法》对公用征收作出明确规定，仅在第15条规定："人民之生存权、工作权及财产权，应予保障。"因此，可谓中国台湾地区的财产权条款为"一元结构"。中国台湾地区所谓"宪法"对财产权条款的粗略规定，为

"司法院""大法官"对"宪法"该条款的解释留下了广阔空间。在"司法院""大法官"释字60余年的发展历程中,第336号、第400号、第440号、第444号和第747号释字均是针对公权力行使对公民财产权造成特别牺牲的案件作出的。从"大法官"对财产权保障"宪法"问题的解释中可以窥见,中国台湾地区的准征收体系呈现出一个"开放式"状态。

在1994年作出的第336号释字中,解释文指出"都市计划法"对于公共设施保留地未设取得期限之规定,乃在维护都市计划之整体性,为增进公共利益所必要,与"宪法"并无抵触。"大法官"从反面指出,"都市计划法"的规定与"宪法"第15条关于保障人民财产权的规定并不冲突,充分体现出大法官的保守态度,表明"大法官"无意在"宪法"财产权条款的"一元结构"基础上创造新的准征收体系。然而,在两年后的第400号释字中,"大法官"在"宪法"财产权条款的"一元结构"基础上,融入了"征收"元素。第400号释字明确:"国家虽可因公益征收财产,但应给予补偿方符宪法意旨。"至此,"大法官"通过解释"宪法",使财产权条款形成了财产权保障与财产权征收的"二元结构"。而对于因维护公共利益而使财产权遭受特别牺牲的情形,应当通过征收财产而获得相应补偿。到了1997年,大法官在第440号释字中表明:"'国家'行使公权财产损失,若逾社会责任应忍受范围,形成特别牺牲,'国家'应予合理补偿。"表明"宪法"第15条财产权条款分别形成了"财产权社会义务"与"准征收"①内涵。至此,通过"司法院""大法官"释字,"宪法"第15条财产权条款的内涵已发展得相当丰富,形成了与德国联邦宪法法院所构建的"四元结构"完全相同的财产权条款模式。直到2017年"司法院"大法官作出第747号释字,"宪法"财产权条款的内涵再次发生变化:在现有"四元结构"模式基础上,又增添了"地上权征收"制度。第747号释字解释文指

---

① 即"应予公平补偿的财产权限制"。

出:"人民之财产权应予保障,'宪法'第15条定有明文。需用土地人因兴办事业穿越私有土地,致逾越所有权人社会责任所应忍受范围,形成个人之特别牺牲,而不依征收规定向主管机关申请征收地上权者,土地所有权人得请求需用土地人向主管机关申请征收地上权。"由此,在财产权社会义务与财产权公用征收之间释字在"应予公平补偿的财产权限制"之外另辟蹊径,创造了一种可以与"应予公平补偿的财产权限制"发挥相同作用的"地上权征收"制度。

可以认为,中国台湾地区所谓"宪法"财产权条款的内涵通过释字发展得丰富起来。这主要源于第15条财产权条款的规定本身过于简单,未如德国《基本法》财产权条款之严密,为释字留下了充分空间。这种空间甚至是"开放式"的,随着申请释字解释新案件的发生,财产权损失补偿体系很可能会有新的发展。例如,在现有准征收体系基础上,理论界还发展出因国家行为发生事实的"附随效果"而造成的损失,如因修建道路或地铁工程而对临近商家的经营造成损失,如果构成特别牺牲,也应予以补偿。这种情形即为德国法上的"征收性侵害",又被称为"具有征收效果之侵害"。

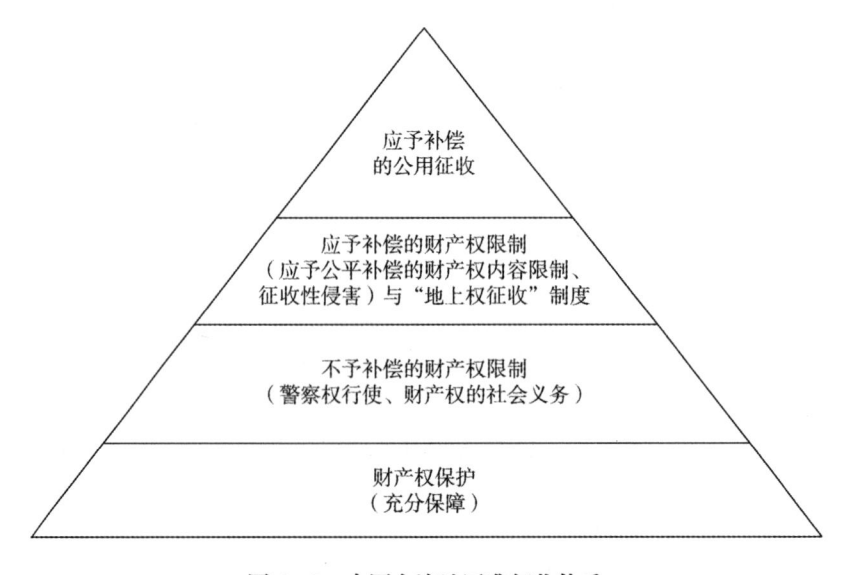

图 4-2 中国台湾地区准征收体系

第二节　构建准征收制度的中国进路

美国、德国和中国台湾地区之所以在准征收制度形成路径上呈现出不同样态，主要是因为这些国家、地区的宪法文本和司法制度存在较大差异。从中国现行《宪法》规定来看，《宪法》第13条就财产权条款作出规定："公民的合法的私有财产不受侵犯。国家依照法律规定保护公民的私有财产权和继承权。国家为了公共利益的需要，可以依照法律规定对公民的私有财产实行征收或者征用并给予补偿。"该条确立了合法私有财产不受侵犯这一有关公民权利的基本原则，构成了中国《宪法》财产权条款的全部内容，明确了中国《宪法》财产权条款"财产权保护—应予补偿的公用征收"的"二元结构"。

一　准征收制度在宪法规范中的缺失

虽然美国联邦宪法第五修正案所规定的"任何人的生命、自由或财产，未经正当法律程序不得被剥夺（taking）；私人财产非经公平补偿不得加以征收作公共使用"，也呈现出财产权"二元结构"保障体系。但该规定中"剥夺"（taking）的含义广泛，既包括征收的剥夺，也包括政府的侵权行为等非经征收程序的剥夺。因此，对于财产权造成严重不利影响的政府管制行为，财产权人可以该政府管制行为违反美国联邦宪法第五修正案，构成未经公正补偿的剥夺（taking）为由，请求根据第五修正案获得公正的补偿。因此，第五修正案完全可以涵盖因政府管制行为使私有财产权承受特别牺牲的情形，从而赋予公民法律保护。而中国《宪法》财产权条款规定的"征收"显然是指政府强制转移私有财产所有权的狭义"征收"，进而无法涵盖因政府管制行为使私有财产权承受特别牺牲的非征收情形。

与德国和中国台湾地区相比,德国联邦宪法法院和中国台湾地区释字都具有解释所谓"宪法"的职责。德国《基本法》对财产权"三元结构"的规定,通过联邦宪法法院的判决,实际上已经在财产权剥夺和财产权社会义务之间添加了"应予补偿的财产权限制的内容",使《基本法》财产权条款在实践中形成了"四元结构"模式。中国台湾地区所谓"宪法"虽然仅"简陋"地规定了"一元结构"的财产权条款,但经过几十年的发展,中国台湾地区目前已经形成了"四元结构"的财产权保障模式和"开放式"的准征收体系。而根据中国的根本政治制度和法治实践,最高司法机关无权就全国人民代表大会制定的《宪法》作出解释。中共中央于2018年3月印发的《深化党和国家机构改革方案》规定,全国人大宪法和法律委员会履行宪法解释、合宪性审查、宪法监督的职责。然而,对宪法解释工作究竟将如何开展,通过什么程序进行,仍未形成具体的法律规范。因此,在现行宪法制度下,中国的财产权征收补偿体系无法涵盖政府管制行为使私有财产权承受特别牺牲的情形。作为保障公民基本权利的根本大法,《宪法》在保障公民财产权方面还存在疏漏。

二 在单行立法中规定准征收补偿易形成"依法补偿"的准征收识别标准

虽然我国《宪法》并未就"应予补偿的财产权限制"作出规定,但有一些单行立法已对政府管制行为使私有财产权承受特别牺牲而应给予补偿作出规定。目前,我国共有16部法律和12部行政法规规定了准征收补偿的内容。例如,《种子法》第14条规定:"单位和个人因林业主管部门为选育林木良种建立测定林、试验林、优树收集区、基因库等而减少经济收入的,批准建立的林业主管部门应当按照国家有关规定给予经济补偿。"

以单行立法的方式对财产权承受特别牺牲的情形予以补偿,能够在一定程度上为财产权人获得相应补偿提供法律依据。然而,将单行立法作为准征收补偿的法律依据,与《宪法》明确规定"应予补偿的财产权限制"具有本质不同。单行立法作为准征收补偿依据难免会挂一漏万,且在客观上容易形成"依法补偿"的准征收识别标准,即只有法律有明文规定的才予补偿。而在《宪法》财产权条款中明确规定"应予补偿的财产权限制",可以基本法的形式,为因维护公共利益而使私有财产权承受特别牺牲的所有个案提供依据,将没有法律依据但财产权确实受到特别牺牲应予补偿的情形纳入补偿范围。

此外,准征收既包括以立法、行政规范性文件的形式使私有财产权造成特别牺牲的情形,也包括政府的其他行政活动在客观上或事实上对私有财产造成特别牺牲的情形。德国《基本法》将这种情形称为"征收性侵害"或"具有征收效果之侵害",其针对的是无特定目的的事实行为,指"多数不规则的、不能预见的行政活动造成财产损害,超过特别牺牲界限,国家应给予补偿"[1]。因此,在单行立法中规定准征收补偿,就无法涵盖"征收性侵害"的情形,使因政府其他行政活动在客观上或事实上受到特别牺牲的财产权人无法获得救济。

三 《宪法》财产权条款应确立"四元结构"模式

基于上述讨论,我国现行《宪法》财产权条款所确立的"财产权保护—应予补偿的公用征收"的"二元结构"仍存在不符合实践情况和无法充分保障私有财产的问题,难以在增进"社会利益"和保障"个人利益"二者间实现有机统一和协调均衡。单行立法中的补偿条款非但无力解决实践中普遍存在的政府管制行为使私有财产权承受特别牺牲的情形,反而会在客观上形成"依法补偿"的准征

---

[1] 翁岳生主编:《行政法》(下),中国法制出版社 2009 年版,第 1731—1732 页;[德]哈特穆特·毛雷尔:《行政法学总论》,高家伟译,法律出版社 2000 年版,第 670—671 页。

收识别标准，更加不利于为实践中纷繁复杂的财产权承受特别牺牲的情形提供充分补偿。

综上所述，对于因增进公共利益而使私有财产权遭受特别牺牲的补偿，只有在《宪法》层面明确准征收补偿规定，"引入准征收概念并对狭义的征收概念予以扩充"[①]，才能为准征收情形下的私有财产权保障提供最为全面的法律依据。而在宪法层面明确"应予补偿的财产权限制"有两种具体进路。

第一，修改现行《宪法》第 13 条财产权条款。在《宪法》第 13 条规定的基础上增加"财产权社会义务"与"应予补偿的财产权限制"规定，即可将现行《宪法》财产权条款"财产权保护—应予补偿的公用征收"的"二元结构"扩展为"财产权保护—财产权社会义务—应予补偿的财产权限制—应予补偿的公用征收"的"四元结构"。进而，《宪法》第 13 条财产权条款建议表述为："公民的合法的私有财产不受侵犯。国家依照法律规定保护公民的私有财产权和继承权。财产权的行使应有利于社会公共利益，但因公共利益而受到特别牺牲的，国家应给予补偿。国家为了公共利益的需要，可以依照法律规定对公民的私有财产实行征收或者征用并给予补偿。"

第二，由全国人大宪法和法律委员会进行宪法解释。《深化党和国家机构改革方案》规定，全国人大宪法和法律委员会负责开展宪法解释。现行《宪法》第 13 条第 1 款规定："公民的合法的私有财产不受侵犯。"该款规定为全国人大宪法和法律委员会将"应予补偿的财产权限制"解释为"公民的合法的私有财产不受侵犯"的外延组成部分提供了依据。然而，在现行《宪法》第 13 条规定的内容之下，却很难为"财产权的社会义务"找到解释依据。无论是第 1 款规定的"公民的合法的私有财产不受侵犯"，还是第 2 款规定的"国家依照法律规定保护公民的私有财产权和继承权"，抑或第 3 款规定的"国家为了公共利益的需要，可以依照法律规定对公民的私有财

---

① 郭晖：《财产权的社会义务与管制性征收》，《河北学刊》2019 年第 2 期。

产实行征收或者征用并给予补偿",都与"财产权社会义务"的含义相去甚远。因此,若采用由全国人大宪法和法律委员会进行宪法解释的方案,只能将"应予补偿的财产权限制"这一要素纳入现行《宪法》财产权保障条款,而难以将"财产权社会义务"的含义融入现行《宪法》。这意味着采用由全国人大宪法和法律委员会进行宪法解释的方案,只能将现行《宪法》财产权条款"财产权保护—应予补偿的公用征收"的"二元结构"扩展为"财产权保护—应予补偿的财产权限制—应予补偿的公用征收"的"三元结构"。这在《宪法》财产权条款的意义上并不周延。

综上所述,为了对因增进公共利益而使私有财产承受特别牺牲的情形给予相关补偿,充分保障公民合法的私有财产不受侵犯,有必要修改现行《宪法》第13条规定,在现行财产权规定的基础上融入"财产权的行使应有利于社会公共利益,但因公共利益而受到特别牺牲的,国家应给予补偿"内容,构建"财产权保护—财产权社会义务—应予补偿的财产权限制—应予补偿的公用征收"财产权"四元结构"体系。

第三节 准征收立法的法律保留原则和"唇齿条款"原则

在宪法层面构建"财产权保护—财产权社会义务—应予补偿的财产权限制—应予补偿的公用征收"财产权"四元结构"体系,为准征收制度构建提供了制度框架,为财产权主体因国家实施准征收行为获得相应补偿提供了宪法依据。然而,实践中绝大多数使公民财产权承受特别牺牲的行为是通过抽象规范完成的。因此,除了构建完整的财产权"四元结构"体系,还应对准征收相关立法予以规范,制约国家过度干涉财产权行使及侵害私有财产价值的行为,保障财产权人能够依法获得补偿,进而构建起一套保障公民财产权利的准征收制度体系。

准征收，是国家以增进公共利益为目的，通过抽象行政行为、具体行政决定或在事实上对私有财产权造成了特别牺牲，严重影响私有对财产的使用或财产经济价值，从而应当给予经济或其他补偿的法律制度。对于国家通过具体行政决定而对私有财产权造成特别牺牲的情形多数表现为财产权去除。例如，在祁克楼、响水县汇峰服饰大世界诉响水县人民政府案中，因突降暴雨，响水县防汛防旱指挥部作出第十号指挥部令，认定祁克楼经营的汇峰家具直销中心对县城排水造成严重阻碍，令其配合城建部门拆除阻水房屋。[①] 而事实上对私有财产权造成特别牺牲的情形表现为，国家并未有意针对财产权采取措施或做出行为，而是在其他行政活动中，客观上对财产权产生了不利影响。以上两类准征收行为一般通过事后救济的方式来实现公平补偿，难以进行事先规制。实际上，实践中多数准征收行为表现为，国家通过法律、法规、行政立法及行政规范性文件等增进公共利益，而对私有财产权造成的特别牺牲的情形。对于这类通过抽象行政行为对私有财产权造成特别牺牲的情形，在立法上应当确立法律保留原则和"唇齿条款"原则，防止行政机关对公民财产权的过度侵害，切实保护财产权人合法利益。

一 财产权管制的合法性前提：确立准征收立法法律保留原则

在六类准征收主要类型中，国家或通过抽象法律规范、具体行政决定，或通过事实行为，对财产权进行限制，施加义务，中止、变更或撤回财产权行政许可，对财产权予以去除，或者客观上对财产权事实上的不利影响。然而，从现行制度规范来看，我国绝大多数使公民财产权承受特别牺牲的行为是通过行政规范性文件的形式完成的，现行法律、行政法规对准征收及其补偿的规定却屈指可数。通过"北大法宝"搜索全文中包含"补偿"的现行有效的法律和行

---

① 参见江苏省高级人民法院（2016）苏行终 1573 号行政判决书。

政法规，检索到我国目前仅有 28 部包含准征收及其补偿相关规定的法律和行政法规，其中法律 16 部，行政法规 12 部。具体内容如表 4－1 所示（按准征收类型排序）。

表 4－1   现行法律、行政法规中准征收补偿的相关规定

规范名称	颁布或修订时间	立法位阶	具体内容	准征收类型
《防沙治沙法》	2018 年	法律	第 35 条："因保护生态的特殊要求，将治理后的土地批准划为自然保护区或者沙化土地封禁保护区的，批准机关应当给予治理者合理的经济补偿。"	财产权权能限制
《公路法》	2017 年	法律	第 67 条："因修建铁路、机场、电站、通信设施、水利工程和进行其他建设工程需要占用、挖掘公路或者使公路改线，或因跨越、穿越公路修建桥梁、渡槽或者架设、埋设管线等设施，以及在公路用地范围内架设、埋设管线、电缆等设施，或因农业机械因当地田间作业需要在公路上短距离行驶或者军用车辆执行任务需要在公路上行驶，或因超过公路或者公路桥梁限载标准确需行驶的，给公路经营企业造成损失的，应当给予相应的补偿。"	财产权义务负担
《畜牧法》	2015 年	法律	第 13 条第 3 款："畜禽遗传资源基因库应当按照国务院畜牧兽医行政主管部门或者省级人民政府畜牧兽医行政主管部门的规定，定期采集和更新畜禽遗传材料。有关单位、个人应当配合畜禽遗传资源基因库采集畜禽遗传材料，并有权获得适当的经济补偿。"	财产权义务负担

续表

规范名称	颁布或修订时间	立法位阶	具体内容	准征收类型
《风景名胜区条例》	2016 年	行政法规	第 11 条第 3 款："因设立风景名胜区对风景名胜区内的土地、森林等自然资源和房屋等财产的所有权人、使用权人造成损失的，应当依法给予补偿。"	财产权义务负担
《电力供应与使用条例》	2016 年	行政法规	第 16 条："供电企业和用户对供电设施、受电设施进行建设和维护时，作业区域内的有关单位和个人应当给予协助，提供方便；因作业对建筑物或者农作物造成损坏的，应当依照有关法律、行政法规的规定负责修复或者给予合理的补偿。"	财产权义务负担
《水生野生动物保护实施条例》	2013 年	行政法规	第 10 条："因保护国家重点保护的和地方重点保护的水生野生动物受到损失的，可以向当地人民政府渔业行政主管部门提出补偿要求。经调查属实并确实需要补偿的，由当地人民政府按照省、自治区、直辖市人民政府有关规定给予补偿。"	财产权义务负担
《农田水利条例》	2016 年	行政法规	第 24 条："新建、改建、扩建建设工程确需占用农业灌溉水源、农田水利工程设施的，应当与取用水的单位、个人或者农田水利工程所有权人协商，并报经有管辖权的县级以上地方人民政府水行政主管部门同意。占用者应当建设与被占用的农田水利工程设施效益和功能相当的替代工程；不具备建设替代工程条件的，应当按照建设替代工程的总投资额支付占用补偿费；造成运行成本增加等其他损失的，应当依法给予补偿。补偿标准由省、自治区、直辖市制定。"	财产权公益使用

续表

规范名称	颁布或修订时间	立法位阶	具体内容	准征收类型
《农村土地承包法》	2002年	法律	第16条第2款："承包地被依法征用、占用的，承包方有权依法获得相应的补偿。"	财产权公益使用
《种子法》	2015年	法律	第14条："单位和个人因林业主管部门为选育林木良种建立测定林、试验林、优树收集区、基因库等而减少经济收入的，批准建立的林业主管部门应当按照国家有关规定给予经济补偿。"	财产权公益使用
《森林法实施条例》	2018年	行政法规	第15条第3款："防护林和特种用途林的经营者，有获得森林生态效益补偿的权利。"	财产权公益使用
《矿产资源法实施细则》	1994年	行政法规	第21条："探矿权人取得临时使用土地权后，在勘查过程中给他人造成财产损害的，按照下列规定给以补偿：（一）对耕地造成损害的，根据受损害的耕地面积前三年平均年产量，以补偿时当地市场平均价格计算，逐年给以补偿，并负责恢复耕地的生产条件，及时归还；（二）对牧区草场造成损害的，按照前项规定逐年给以补偿，并负责恢复草场植被，及时归还；（三）对耕地上的农作物、经济作物造成损害的，根据受损害的耕地面积前三年平均年产量，以补偿时当地市场平均价格计算，给以补偿；（四）对竹木造成损害的，根据实际损害株数，以补偿时当地市场平均价格逐株计算，给以补偿。（五）对土地上的附着物造成损害的，根据实际损害的程度，以补偿时当地市场价格，给以适当补偿。"	财产权公益使用

续表

规范名称	颁布或修订时间	立法位阶	具体内容	准征收类型
《乡镇煤矿管理条例》	2013 年	行政法规	第 11 条："国家重点建设工程需要占用乡镇煤矿的生产井田时，占用单位应当按照国家有关规定给予合理补偿；但是，对违法开办的乡镇煤矿，不予补偿。"	财产权公益使用
《石油天然气管道保护法》	2010 年	法律	第 14 条第 2 款规定："依法建设的管道通过集体所有的土地或者他人取得使用权的国有土地，影响土地使用的，管道企业应当按照管道建设时土地的用途给予补偿。"	财产权公益使用
《野生动物保护法》	2018 年	法律	第 19 条："因保护本法规定保护的野生动物，造成人员伤亡、农作物或者其他财产损失的，由当地人民政府给予补偿。"	财产权公益使用
《广播电视设施保护条例》	2000 年	行政法规	第 14 条："在天线、馈线周围种植树木或者农作物的，应当确保巡视、维修车辆的通行；巡视、维修车辆通行，对树木或者农作物造成损失的，由广播电视设施管理单位按照国家有关规定给予补偿。"	财产权公益使用
《城乡规划法》	2015 年	法律	第 50 条："在选址意见书、建设用地规划许可证、建设工程规划许可证或者乡村建设规划许可证发放后，因依法修改城乡规划给被许可人合法权益造成损失的，应当依法给予补偿。经依法审定的修建性详细规划、建设工程设计方案的总平面图不得随意修改；确需修改的，城乡规划主管部门应当采取听证会等形式，听取利害关系人的意见；因修改给利害关系人合法权益造成损失的，应当依法给予补偿。"	行政许可中止、变更或撤回

续表

规范名称	颁布或修订时间	立法位阶	具体内容	准征收类型
《矿产资源法》	2009年	法律	第36条："国务院和国务院有关主管部门批准开办的矿山企业矿区范围内已有的集体矿山企业，应当关闭或者到指定的其他地点开采，由矿山建设单位给予合理的补偿，并妥善安置群众生活；也可以按照该矿山企业的统筹安排，实行联合经营。"	行政许可中止、变更或撤回
《畜禽规模养殖污染防治条例》	2013年	行政法规	第25条："因畜牧业发展规划、土地利用总体规划、城乡规划调整以及划定禁止养殖区域，或者因对污染严重的畜禽养殖密集区域进行综合整治，确需关闭或者搬迁现有畜禽养殖场所，致使畜禽养殖者遭受经济损失的，由县级以上地方人民政府依法予以补偿。"	行政许可中止、变更或撤回
《行政许可法》	2003年	法律	第8条规定："行政许可所依据的法律、法规、规章修改或者废止，或者准予行政许可所依据的客观情况发生重大变化的，为了公共利益的需要，行政机关可以依法变更或者撤回已经生效的行政许可。由此给公民、法人或者其他组织造成财产损失的，行政机关应当依法给予补偿。"	行政许可中止、变更或撤回
《城市房地产管理法》	2009年	法律	第20条："国家对土地使用者依法取得的土地使用权，在出让合同约定的使用年限届满前不收回；在特殊情况下，根据社会公共利益的需要，可以依照法律程序提前收回，并根据土地使用者使用土地的实际年限和开发土地的实际情况给予相应的补偿。"	行政许可中止、变更或撤回

续表

规范名称	颁布或修订时间	立法位阶	具体内容	准征收类型
《物权法》	2007年	法律	第148条："建设用地使用权期间届满前，因公共利益需要提前收回该土地的，应当依照本法第四十二条的规定对该土地上的房屋及其他不动产给予补偿，并退还相应的出让金。"	行政许可中止、变更或撤回
《矿产资源法实施细则》	1994年	行政法规	第41条："国家设立国家规划矿区、对国民经济具有重要价值的矿区时，对应当撤出的原采矿权人，国家按照有关规定给予合理补偿。"	行政许可中止、变更或撤回
《海域使用管理法》	2002年	法律	第30条："因公共利益或者国家安全的需要，原批准用海的人民政府可以依法收回海域使用权。依照前款规定在海域使用权期满前提前收回海域使用权的，对海域使用权人应当给予相应的补偿。"	行政许可中止、变更或撤回
《风景名胜区条例》	2016年	行政法规	第22条第3款："政府或者政府部门修改风景名胜区规划对公民、法人或者其他组织造成财产损失的，应当依法给予补偿。"	行政许可中止、变更或撤回
《防洪法》	2007年	法律	第7条第3款："蓄滞洪后，应当依照国家规定予以补偿或者救助。"	财产权去除
《铁路安全管理条例》	2013年	行政法规	第31条："拆除铁路线路安全保护区内的建筑物、构筑物，清理铁路线路安全保护区内的植物，或者对他人在铁路线路安全保护区内已依法取得的采矿权等合法权利予以限制，给他人造成损失的，应当依法给予补偿或者采取必要的补救措施。但是，拆除非法建设的建筑物、构筑物的除外。"	财产权去除

续表

规范名称	颁布或修订时间	立法位阶	具体内容	准征收类型
《民用航空法》	2017年	法律	第59条："民用机场新建、扩建的公告发布前，在依法划定的民用机场范围内和按照国家规定划定的机场净空保护区域内存在的可能影响飞行安全的建筑物、构筑物、树木、灯光和其他障碍物体，应当在规定的期限内清除；对由此造成的损失，应当给予补偿或者依法采取其他补救措施。"	财产权去除
《动物防疫法》	2015年	法律	第66条："对在动物疫病预防和控制、扑灭过程中强制扑杀的动物、销毁的动物产品和相关物品，县级以上人民政府应当给予补偿。具体补偿标准和办法由国务院财政部门会同有关部门制定。因依法实施强制免疫造成动物应激死亡的，给予补偿。"	财产权去除
《重大动物疫情应急条例》	2017年	行政法规	第33条："国家对疫区、受威胁区内易感染的动物免费实施紧急免疫接种；对因采取扑杀、销毁等措施给当事人造成的已经证实的损失，给予合理补偿。"	财产权去除
《蓄滞洪区运用补偿暂行办法》	2000年	行政法规	第1条："为了保障蓄滞洪区的正常运用，确保受洪水威胁的重点地区的防洪安全，合理补偿蓄滞洪区内居民因蓄滞洪遭受的损失，根据《中华人民共和国防洪法》，制定本办法。"	财产权去除

从实践来看，对财产权进行的管制在很大比例上是通过行政规范性文件的形式完成的。例如，在交通管理领域，2018年3月30日，北京市人民政府以行政规范性文件形式发布了《关于实施工作

日高峰时段区域限行交通管理措施的通告》。根据该通告，自2018年4月9日至2019年4月7日，继续实施工作日高峰时段区域限行交通管理措施，机动车按车牌尾号在工作日高峰时段每周限行一天。再如，在市场监管领域，重庆市北碚区人民政府于2004年6月15日发布《关于规范生猪屠宰和猪肉流通秩序的通告》，明确"本区城市规划范围内不符合国家现行生猪屠宰资质条件、未依法取得定点屠宰资格的生猪屠宰厂（场）自2004年6月30日起停业关闭"。这使得包括灯塔屠场在内的多家具有营业执照、卫生许可证、动物防疫合格证、屠宰标志证书、肉品品质检验合格验讫印章等法律文件依法经营的屠宰企业被迫关停。[①] 由此，行政规范性文件作为程序最为便宜、成本最为低廉的抽象行政行为，被各级行政机关广泛运用，成了调整社会关系的主要角色，其中含有大量限制公民权利、为公民施加义务的内容。可以认为，实践中行政规范性文件作为对财产权形成特别牺牲的政策载体广泛存在。

通过对北京、上海、银川、宁波、合肥、温州、绍兴、金华8个地方关于商品房屋租赁管理制度中人均租住面积限制规定的观察可知，从规定的效力层级来看，仅有银川市以地方性法规的形式对房屋租赁中的人均租住面积及其他内容作出限制，在形式上较之其他以规章形式予以规定的地方更具有正当性和合法性。而北京市则以行政规范性文件的形式对相关条件作出限制，这实际上缺乏法律依据，也有违法治原则。此外，虽然北京市政府通过《北京市房屋租赁管理若干规定》，将出租房屋人均居住面积的标准授权市建设（房屋）行政部门会同市公安、市规划、市卫生等有关行政部门制定，但北京市政府在《北京市房屋租赁管理若干规定》中对出租房屋人均居住面积的相关规定源于住房和城乡建设部《商品房屋租赁管理办法》的授权。由此，北京市政府将出租房屋人均居住面积的

---

① 一审：参见重庆市第一中级人民法院（2004）渝一中行初字第251号行政判决书；二审：参见重庆市高级人民法院（2005）渝高法行终字第54号行政判决书。

标准再次授权市建设（房屋）行政部门会同市公安、市规划、市卫生等有关行政部门制定，有违不得再次授权原则。

从法律保留原则来看，行政规范性文件的功能只能是法律范围内"执行性"的"规定权"，而非"创设性"的"设定权"。法律保留不仅是行政法中的一项基本原则，它更是宪法层面的重要原则，指"特定事务或领域内事项之处理，保留由立法者制定法律为之，而其所欲排除或限制的权力竞争者，乃立法权以外的所有国家权力，主要是行政权"[1]。质言之，在法律保留原则下，凡属于法律保留领域内的事务，包括对人民基本权利的侵犯，必须依法律才能为之，否则行政权的行使即不具有合法性。法律保留原则的宪法基础在于民主原则、法治国原则、权力分立原则以及基本权利保障原则。具体而言，民主原则意指，具有直接民主正当性的立法机关应对国家的重要事项予以决定；法治国原则的基础在于国家与人民之间的法律关系应以法律方式规范，才能使行政行为具有可预见性；权力分立原则强调将部分国家事务保留予立法机关决定，能够对行政机关起到权力制衡作用；基本权利保障原则认为，以法律为行政干预人民自由权利的前提，为宪法保障人民权利的首要机制。

在法律保留的范围理论上，有侵害保留说、全部保留说、重要事项说、机关功能说等。法律保留的核心在于侵害保留，是指对于公民自由与财产的侵害，必须严格依据法律为之。凡不属于干涉或侵害性质的事项，行政部门采取相关措施并不需要有法律的明文依据。虽然侵害保留不是法律保留的全部，重要事项说逐渐成为主流学说，但仍不可否认，侵害保留仍然是法律保留制度的核心。重要事项说认为，凡属国家的重要事项，均须由具有直接民主基础的国会通过法律决定。涉及公民基本权利的事项属于国家重要事项的范畴，因此属于法律保留范围。在公民权利限制领域，遵循法律保留

---

[1] 蔡宗珍：《法律保留思想及其发展的制度关联要素探微》，《台湾大学法学论丛》2010年第3期。

原则，就意味着，只有立法者可以在全盘考虑社会各阶层的利益及国家社会需要的基础上，以法律的形式决定基本权利的内容和界限。从另一个角度来看，法律保留制度，是为了人民的基本权利能够受到更大程度的保障，也是国家实行法治国家依法而治及行政上之依法行政的必要前提。①

"现代法治国家无论法律保留原则在宪法上有无明文规定，几无例外加以遵循。"② 从我国现行立法来看，《立法法》在第8条将对财产的征收、征用作为必须通过制定法律来规定的事项。《立法法》之所以将对非国有财产的征收、征用规定为法律保留事项，是因为在《宪法》财产权条款"二元结构"的模式下，征收和征用是国家合法侵害（剥夺）公民私有财产权的唯一方式。而财产权内容限制并不存在于现行《宪法》财产权保障体制之下，因此固然不属于《立法法》所规定的法律保留的范围。言下之意，《立法法》虽然未将对财产权造成特别牺牲的这种因公共利益而侵犯公民基本权利的行为作为法律保留事项，并不意味着对财产权造成特别牺牲不应属于法律保留的范围。事实上，国家对财产权的内容限制，一旦超过了财产权社会义务的限度，其对财产权人造成的特别牺牲要远大于财产权的公用征收。因此，能否赋予财产权人反向征收的权利成为国内外理论界讨论的焦点。举重以明轻，《立法法》既然已将对非国有财产的征收、征用规定为法律保留事项，更应将对财产权的内容限制明确为法律保留事项。

2015年，中共中央、国务院印发的《法治政府建设实施纲要（2015—2020年）》也明确要求："规范性文件不得设定行政许可、行政处罚、行政强制等事项，不得减损公民、法人和其他组织合法权益或者增加其义务。"通过法律规范对财产权进行的管制，主要表

---

① 参见陈新民《德国公法学基础理论（上卷）》，法律出版社2010年版，第398页。

② 吴庚：《行政法之理论与实用（增订十二版）》，三民书局2014年版，第87页。

现为财产权权能限制，财产权义务负担，财产权公益使用，行政许可中止、变更或撤回，财产权去除，以及对财产权事实上的不利影响六大类。实践中，由行政规范性文件作为这六大类财产权管制的政策载体广泛存在，对公民财产权的牺牲体现出恣意性，违背了法律保留原则和党中央关于法治政府建设的相关精神。

可以理解的是，"现代社会情况复杂、瞬息万变，代表人民意志的权力机关往往不能及时、有效、专业地制定各类法律来应对纷繁复杂的社会变革"。[①] 就连更加强调权力分立与制衡的美国，具有规范效果的法律规范也几乎全是授权立法。"如果立法权意味着根据对重大政策议题的一致意见制定行为规则以约束任何人的权力，那么许多机关都在以颁布'立法性规则'的形式行使着立法权。"[②] 这一现象也被形象描述为"法规犹如汪洋大海，法律只是漂浮在大海中的少数孤岛"[③]。《立法法》在第8条规定法律保留事项后，紧接着在第9条明确，除犯罪和刑罚、对公民政治权利的剥夺和限制人身自由的强制措施和处罚、司法制度等绝对法律保留事项外，其余的法律保留事项也可以授权国务院通过制定行政法规予以规定。这实际上为法律保留事项打开了一个变通的口子。由此，法律和行政法规均可就私有财产管制予以规定。

事实上，从法律保留原则的民主原则、法治国原则、权力分立原则以及基本权利保障原则这四项宪法基础来看，法律保留的要义在于对特定事务或领域内事项的处理应由立法者为之，其强调立法机关作为民主代议机关的民主性、权威性，以及对行政权的排斥。因此，由地方人民代表大会及其常委会通过制定地方性法规的形式，在不与上位法相抵触的情形下，对财产权管制作出的规定也符合法

---

① 王玎：《行政立法的理论与实践研究——基于依授权立法和依职权立法》，《研究生法学》2013年第6期。

② [美]理查德·J.皮尔斯：《行政法》，苏苗罕译，中国人民大学出版社2016年版，第42页。

③ 王名扬：《美国行政法》（上），北京大学出版社2016年版，第263页。

律保留原则。如此，也能够解决我国幅员辽阔、区域经济发展差异大、立法事务庞杂的问题，使地方性法规发挥因地制宜的作用。例如，北京市为切实巩固大气污染治理成效，降低机动车污染物排放，持续改善首都空气质量，常年实施机动车尾号限行的财产权管制。如果能以北京市人民代表大会及其常委会制定的地方性法规形式颁布机动车尾号限行政策，就能够从根本上解决财产权管制的合法性问题。

二 确立准征收立法的"唇齿条款"原则

"唇齿条款"原则源于德国《基本法》的规定。虽然1919年颁布的《魏玛宪法》规定立法者可以在不规定补偿条款的情况下制定征收法律，但实际上魏玛共和国从未制定过这类法律。[①] "到了战后的联邦德国，《基本法》的立宪者为了从源头制止一个无补偿的征收，在《基本法》中明确规定了征收必须依法律进行，并且该法律应当同时规定征收的补偿标准和种类。这是为了强调征收补偿的不可或缺性。因此，德国学者伊普森（H. P. Ipsen）将这一条款称为唇齿条款，形象地展现出征收与补偿的紧密关联。"[②] 至此，"明文规定征收唯有依照法律，而且该法律也同时规定了征收补偿的额度和限度及种类时，才能予以行使征收、征用"[③]。我国现行《土地管理法》的相关条款也有"唇齿条款"的体现。《土地管理法》第47条第2款对征收耕地的补偿类型、方式和标准作出规定："征收耕地的补偿费用包括土地补偿费、安置补助费以及地上附着物和青苗的补偿费。征收耕地的土地补偿费，为该耕地被征收前三年平均年产值

[①] 参见陈新民《德国公法学基础理论》（增订新版·下），法律出版社2010年版，第15页。

[②] 陈新民：《德国公法学基础理论》（增订新版·下），法律出版社2010年版，第16页。

[③] 曾哲：《公民私有财产权的宪法保护研究》，中国法制出版社2009年版，第169页。

的六至十倍。征收耕地的安置补助费，按照需要安置的农业人口数计算……"

"唇齿条款"的功能在于将补偿作为征收的法律要件之一，从而保障公民的财产权利不受侵犯。如果有立法在规定征收行为时，未同时规定补偿的种类和标准，即构成无效。"唇齿条款具有防卫性的功能，显示出征收法律内必须有补偿的条款，这种同时性的要求，必须在事先予以明确。联邦宪法法院在早期的判决即表明，法院在审理案件时，遇见一部未规定补偿的征收法律时，应提交由联邦宪法法院审查其合宪与否，而不得径依《基本法》第14条第3项有关征收补偿原则（亦即依公平衡量双方利益后决定补偿之标准），来决定个案当事人应获得的补偿。"[①]

"唇齿条款"还具有提示立法者注意义务的作用。立法者在制定一部涉及公民财产权承受特别牺牲的法律时，需要充分注意到这种对公民财产权造成的特别牺牲是否可能构成准征收。如果法律条款具有征收的特征，立法者就必须衡量征收的必要性，应当给予补偿的种类和标准，这一补偿是否公平，以及国家的财产能否负担。"唇齿条款"的这一提示效果，能够使立法者尽到注意义务，检查法律的规定是否构成准征收，以及是否需要作出相关的补偿规定。

通过在"北大法宝"检索发现，目前我国仅有28部包含准征收补偿条款的法律和行政法规，分别为：《防沙治沙法》《公路法》《畜牧法》《行政许可法》《防洪法》《民用航空法》《石油天然气管道保护法》《城乡规划法》《动物防疫法》《矿产资源法》《农村土地承包法》《种子法》《城市房地产管理法》《物权法》《海域使用管理法》《野生动物保护法》《风景名胜区条例》《电力供应与使用条例》《水生野生动物保护实施条例》《农田水利条例》《森林法实施条例》《乡镇煤矿管理条例》《畜禽规模养殖污染防治条例》《铁

---

① 陈新民：《德国公法学基础理论》（增订新版·下），法律出版社2010年版，第16页。

路安全管理条例》《广播电视设施保护条例》《重大动物疫情应急条例》《矿产资源法实施细则》《蓄滞洪区运用补偿暂行办法》。在上述 28 部规定了补偿条款的财产权准征收法律、行政法规中，未有一部法律或行政法规规定了补偿标准。其中，《公路法》、《行政许可法》、《防洪法》、《民用航空法》、《城乡规划法》、《农村土地承包法》、《种子法》、《风景名胜区条例》、《水生野生动物保护实施条例》、《森林法实施条例》、《畜禽规模养殖污染防治条例》、《铁路安全管理条例》、《广播电视设施保护条例》、《城市房地产管理法》、《物权法》、《海域使用管理法》、《野生动物保护法》、《矿产资源法实施细则》（第 21 条）中均概括规定"给予补偿""应当给予相应的补偿"或"应当依法给予补偿"等内容；而《防沙治沙法》、《畜牧法》、《矿产资源法》、《电力供应与使用条例》、《乡镇煤矿管理条例》、《重大动物疫情应急条例》、《蓄滞洪区运用补偿暂行办法》、《矿产资源法实施细则》（第 41 条）中规定的"给予合理的（经济）补偿"或"给予适当的补偿"同样属于不确定法律概念，难以确定何为"适当"或"合理"；而《农田水利条例》虽然同样未直接就补偿标准作出规定，但明确补偿标准由省、自治区、直辖市制定，能够使得准征收补偿在一定程度上具有法律确定性；只有《石油天然气管道保护法》较为明确地规定了补偿标准，规定"管道企业应当按照管道建设时土地的用途给予补偿"。但细致而论，"管道建设时土地的用途"作为补偿标准仍有模糊性。综上所述，我国虽有 28 部规定了补偿条款的财产权准征收法律、行政法规，但这些法律、行政法规未能就补偿标准作出明确规定。规定准征收的法律、行政法规却未能明确规定补偿标准，不利于实现补偿的公平公正，进而不利于切实保障因公共利益而承受特别牺牲的财产权人利益。因此，法律规范在确定因维护或增进公共利益而使财产权人承受过度牺牲时，应当同时规定补偿及补偿的种类和标准。

第 五 章

准征收补偿

"在个人权利和社会福利之间创设一种适当的平衡,乃是有关正义的主要考虑之一。"① 国家为了增进公共利益而使财产权人承受的特别牺牲如果构成准征收,就意味着国家应当对财产权人予以补偿。从现行有关准征收法律规范来看,准征收的补偿措施单一地表现为经济补偿,而未包含非经济补偿措施的内容,这也使得向财产权人提供救济手段偏于匮乏。准征收是国家以增进公共利益为目的,通过抽象行政行为、具体行政决定或在事实上对私有财产权造成特别牺牲,严重影响私人对财产的使用或财产经济价值的行为。在很大一部分准征收案件中,通过采取消除财产利用妨碍等措施就能够缓解或解决行政行为对财产权人造成的负面影响。因此,准征收的补偿措施包括非经济补偿措施和经济补偿措施两个方面。

第一节 准征收非经济补偿措施

"公正是行政补偿的基本原则,这一原则体现在补偿方式上,就

---

① [美] E. 博登海默:《法理学:法律哲学与法律方法》,邓正来译,中国政法大学出版社 2017 年版,第 327 页。

是要求补偿方式的设置应能有效地弥补相对人受损害的权益,尽量使相对人的生活能够恢复到权利受损前的状态。"① 从我国现行关于准征收补偿的法律制度来看,绝大多数对准征收的补偿均以经济补偿方式进行。例如,《农田水利条例》第24条:"……占用者应当建设与被占用的农田水利工程设施效益和功能相当的替代工程;不具备建设替代工程条件的,应当按照建设替代工程的总投资额支付占用补偿费;造成运行成本增加等其他损失的,应当依法给予补偿……"该补偿方式直接指向经济补偿,明确了支付补偿费以及对成本增加造成损失的补偿。然而,实践中存在许多准征收对财产权人造成间接经济损失的情形,这也意味着对准征收财产权人的补偿可以经济补偿以外的形式进行。尤其是在对财产权造成事实上的不利影响领域,国家为了公共利益对私有财产权利用所造成的妨碍,可以优先考虑给予非经济类补偿。例如,在街道、乡镇修建高速公路,对邻近住户造成了严重噪声污染,妨碍了不动产财产权人对财产权的正常使用。此时,应当优先采取修筑隔音墙、绿化带等措施排除新建高速公路对不动产财产权人造成的使用妨碍,而非一律给予经济补偿。

一 消除财产利用妨碍

所谓准征收,是国家以增进公共利益为目的,通过抽象行政行为、具体行政决定或在事实上对私有财产权造成特别牺牲,严重影响私人对财产的使用或财产经济价值,从而应当给予经济或其他补偿的法律制度。不同于征收对财产权的全部剥夺,准征收特点在于只对财产权的部分权利或价值产生影响。对于多数财产权承受特别牺牲的情形,可以通过消除财产利用妨碍的方式予以解决,并且应当将消除财产利用妨碍作为非经济补偿措施中最优先考虑的一个措

---

① 薛刚凌主编:《行政补偿理论与实践研究》,中国法制出版社2011年版,第97页。

施。财产权因公共利益而承受特别牺牲的方式和状态纷繁复杂、多种多样。因此,消除财产利用妨碍,应当有针对性地设置补偿措施。例如,对于建成高速公路对两旁居民住宅的噪声污染,可以通过在高速公路两侧设置隔音设备,从而消除车辆通过对居民造成的噪声污染;对于因维修道路而对道路附近居民生活出行造成影响的,可以通过及时搭建临时通道、为居民提供生活必需品的方式弥补对财产权造成的妨碍。

二 恢复财产原状

恢复财产原状是指国家对受到特别牺牲的财产权人通过修复财产、重新购置财产等方式,使财产权人的财产恢复到国家对财产权人造成特别牺牲之前的状态。实际上,在多数准征收情况下,国家采取恢复财产原状措施,能够比经济补偿更为经济、高效,更容易获得财产权人的谅解和接受。因为经济补偿涉及对各类财产损失的评估,评估过程费时费力,还会产生额外费用,最终实现的结果也不外乎弥补财产权人受到的损失。例如,针对物理性强制占用财产权人的土地或者为增进公共利益有意或者无意使公民全部或部分财产权完全灭失的财产权去除等情形,国家应当首先使财产权人承受特别牺牲的财产恢复原状。只有在无法恢复原状、恢复原状没有实质意义、恢复原状难度较大、恢复原状成本更高等特殊情形下,才得采用经济补偿。因此,对于准征收造成的财产权特别牺牲,应当在经济补偿之前,首先考虑将恢复财产原状作为补偿措施。

三 调整财产管制行为

调整财产管制行为包括调整财产管制的抽象行政立法、行政规范性文件和具体行政行为。所谓调整,可以是作出行政行为的行政机关自行终止或者变更行政行为,也可以由人民法院判决撤销行政机关作出的行政行为。《行政诉讼法》第 64 条规定:"人民法院在审理行政案件中,经审查认为本法第五十三条规定的规范性文件不合法的,不作为认定行政行为合法的依据,并向制定机关提出处理建议。"《最高人民法院关于适用〈中华人民共和国行政诉讼法〉的解释》第 149 条第 2 款规定:"规范性文件不合法的,人民法院可以在裁判生效之日起三个月内,向规范性文件制定机关提出修改或者废止该规范性文件的司法建议。"根据行政诉讼法的相关规定,人民法院根据原告请求,认为行政规范性文件不合法的,可以不予适用,并提出修改或者废止该规范性文件的司法建议。这也属于调整由行政规范性文件形式做出的准征收行为的方式之一。

四 土地发展权转让

土地发展权转让(transferable development rights)是针对不动产财产权受到特别牺牲的一种非经济补偿措施。土地发展权,是指将土地用作更高经济效益用途的权利,而土地发展权转让,即指对这一权利的置换、转移。土地发展权转让是美国不动产法上经常适用的一种制度。"通过适用可转让的发展权,州——通常是通过它的市政当局——试图通过给予旁边的或邻近的地块相类似的发展权,来补偿个体土地所有者发展权所受到的损失,这些地块的基地权(ground rights)仍为其原始的地块所有者保留着。如此,州可以防止对具有历史价值的教堂进行增修,而授予教堂所有者对附近一块停车位的空间权。"① 美国联邦最高法院在 1978 年佩恩中央车站案中,正是以土地发展权转让能够补偿原告受到的损失为由驳回了原告诉讼请求。布伦南(Brennan)法官在代表多数派撰写的判决书中提出:"尽管这些权利在征收发生时可能还未构成公平补偿,不过这些权利无疑减轻了法律向上诉人施加的任何财务负担,并因该原因,

---

① Richard A. Epstein, *Takings: Private property and the Power of Eminent Domain*, Harvard University Press, 1985, p. 188.

在考虑规制的影响时应得到考虑。"①

五 其他符合经济利益互惠标准的补偿措施

经济利益互惠是指管制行为在对财产权造成损害的同时，也使财产权人受益。因此，以增进受管制人利益为目的的管制行为就属于经济利益互惠，此时不构成未经公正补偿的准征收行为。但需注意的是，所有正当的管制行为均以维护国家和社会公共利益、增进公共福祉为目的。属于经济利益互惠的管制行为与一般管制行为的区别在于受损与受益对象的一致性。具体而言，一般的管制行为通过牺牲特定权利人的财产权利来增进整个社会、社区、所属行政区域等更广大对象范围的利益，受损与受益对象在范围上存在一定的差异；而属于经济利益互惠的管制行为是为了使特定对象受益才使他们的财产权受到牺牲，受损与受益对象在范围上完全一致。因此，只要确定管制行为是为了使特定对象受益才使他们的财产权受到牺牲，并且受损与受益对象在范围上完全一致，以及管制行为对财产权人带来的利益与管制行为对财产权人造成的损害在经济价值上应当基本等同，就属于经济利益互惠，因而无须补偿。属于经济利益互惠就无须补偿的根本原因在于，在该类管制行为中不存在特别牺牲，进而不存在构成准征收的前提条件。

对于已经构成准征收的行政行为，国家如果能够提供符合经济利益互惠标准的补偿措施，就相当于弥补了财产权人受到的损害，消除了准征收对财产权人带来的不利影响。而能够符合经济利益互惠标准的补偿措施是多元的。例如，在日本，"除经济补偿外，还可以是生产、生活和就业方面的妥善安置"②。中国台湾地区学者黄锦堂也认为："就补偿给付的范围与额度，非在完全填补损失，亦非只

---

① Penn Central Transportation Co. v. New York City, 438 U. S. 104, 137 (1978).
② 薛刚凌主编：《行政补偿理论与实践研究》，中国法制出版社 2011 年版，第 97 页。

有金钱给付一途，而得视人民实际受损的状况以及各种的条件决定。"① 我国部分法律规范已经规定了非经济补偿措施。例如，在征收补偿领域，《国有土地上房屋征收与补偿条例》将产权调换作为拆迁补偿的方式之一；《长江三峡工程建设移民条例》将减免税作为补偿措施，第54条规定："国家对专门为安置农村移民开发的土地和新办的企业，依法减免农业税、农业特产农业税、企业所得税。"实践中还有给予抚恤、安排就业、减免费用、分配住房、提供贷款、解决户口指标等补偿措施。

例如，在姜军红诉丽江市古城区人民政府案中，丽江市古城区政府也为尽量减少对姜军红经营的嘉鑫酒店的影响，在施工特殊时段安排环卫工人对酒店垃圾进行人工清运，并在税收、垃圾清运处置费、网络费用等方面进行了协调减免。② 本案中，丽江市古城区政府修建人防工程项目虽未占用原告土地，未构成物理性侵占，但客观上对原告财产造成了不利影响，与原告酒店的投资回报预期明显不符。因此，丽江市古城区政府也积极采取了安排环卫工人对酒店垃圾进行人工清运，在税收、垃圾清运处置费、网络费用等方面进行协调减免等措施，以弥补修建人防工程项目对原告酒店经营造成的不利影响。

在多种可以运用的符合经济利益互惠标准的补偿措施中，国家应当通过充分协商，选择财产权人最易于接受的一种，充分保障当事人对行政补偿方式的选择权。因为，各种补偿方式都有其各自的功能优点和自身缺陷，其能够为财产权人实现的补偿价值往往具有很大的主观因素，取决于财产权人的自我判断和价值认同。例如，在姜军红诉丽江市古城区人民政府案中，丽江市古城区为修建人防工程项目，对民主路实施道路封闭施工，影响了丽江市古城区嘉鑫

---

① 黄锦堂：《行政补偿法体系建构初探》，载《行政法争议问题研究》，台湾五南出版公司2000年版，第1213页。

② 参见云南省高级人民法院（2016）云行终226号行政判决书。

大酒店入住率。当地政府虽然积极采取了安排环卫工人对酒店垃圾进行人工清运，在税收、垃圾清运处置费、网络费用等方面进行协调减免等措施，但仍未能满足嘉鑫大酒店的补偿需求。由此可见，在准征收补偿过程中，国家应当与财产权人充分协商，选择最为合理、公正的一种补偿方式。

第二节　准征收经济补偿措施

经济补偿是指补偿义务主体以支付货币的形式弥补对财产权人造成的损失。经济补偿具有适用性强、操作性强和效率性强的特点。对于任何性质、任何形式的损害，都可以通过作为一般等价物的货币计算进而进行补偿，使纠纷迅速得以解决，及时修复财产权人受到的损害。无论从我国现行有关准征收补偿的法律规定来看，还是从准征收司法实践情况来看，对准征收的补偿基本都以财产权人实际所受的经济损失为准征收的补偿前提，并要求财产权人承担举证责任。这就必然使得经济补偿成为准征收补偿的重要方式。

一　采用适当经济补偿原则

美国联邦宪法第五修正案规定："任何人的生命、自由或财产，未经正当法律程序不得被剥夺；私人财产非经公平补偿（just compensation）不得加以征收作公共使用。"德国基本法第 14 条第 3 款同样确立了公平补偿原则。然而究竟何为"公平补偿"，理论与实务界均有不同认识。总体而言，理论上与实践中对"公平补偿"主要形成了完全补偿和适当补偿两种方式。

"完全补偿"或可称为"全额补偿"，是指国家对财产权承受的损失，应当按照损失全额进行补偿。从全额补偿的标准来看，全额补偿一般以财产的市场价值为标准，即国家应当按照对财产权造成特别牺牲时的市场价对财产权人予以补偿。例如，美国司法实务界将"公平补偿"确定为财产被征收征用时依据市场价值的完全补偿。"美国联邦最高法院认为,公平的市场价格是通常可接受的公平补偿的衡量标准。而公平的市场价格是买卖双方在无强迫情况下,经验丰富、信息灵通的买方愿意付给卖方不动产的价格。"[1] 也有国内学者认为,由于市场价格补偿比较客观和公正,可操作性比较强,因此应实行市场价值的补偿标准。[2] 从全额补偿的范围来看,补偿应当包括直接损失和可以通过证据证明的间接损失。这意味着"补偿必须将不平等还原为平等,即对于所产生损失的全部进行补偿"[3]。

适当补偿即为非全额补偿。适当补偿意味着国家对于财产权人所承受的特别牺牲,不按照全额予以补偿。因此,在补偿标准上,适当补偿只以财产的市场价值为参照,在考量其他因素的基础上确定补偿金额,而非完全依照财产的市场价值进行补偿。在补偿范围上,适当补偿的范围一般仅包括财产的直接损失,而不包括财产的间接损失。然而,适当补偿标准的确定,应当以国家对财产权造成特别牺牲时的市场价为基准,在考量多方面因素的情况下作出综合判断。而需要考量的因素一般包括准征收行为对财产权价值的影响程度、受影响财产对财产权人经济地位的影响、准征收发生时的经济与社会环境、政府的财政能力(支付能力)等。通过综合考量上述因素,只要最终作出的补偿金额符合社会的一般观念,在公共利益与个人利益之间找到公正、合理的平衡点即可。事实上,"完全补偿和适当补偿是相对的,甚至在很多情况下是一致的",[4] 因此,完全补偿和适当补偿的界限也呈现出模糊化趋势。

---

[1] Theodore. J. Novak, Brian W. Blaesser, Thomas F. Gesebracht, *Condemnation Property: Practice and Strategies for Winning Just Compensation*, Rudnick & Wolfe, 1993, p. 123.

[2] 许迎春:《论美国管制性征收制度及其对我国的启示》,《法治研究》2019 年第 4 期。

[3] 杨建顺:《日本行政法通论》,中国法制出版社 1998 年版,第 605 页。

[4] 沈开举:《征收、征用与补偿》,法律出版社 2006 年版,第 94 页。

综上所述，完全补偿与适当补偿的区别主要在于补偿考量因素的唯一性与多元性。完全补偿的考量因素是唯一的，即考量财产权人所受损失的大小。在确定补偿金额时，主需要参照财产被征收征用时的市场价值，客观评估、计算出财产权人所受损失的大小即可。而适当补偿的考量因素是多元的，财产权人所受损失的大小是作出补偿的主要考量因素，但并非唯一考量因素。通过考量多元因素确定的补偿数额只需要能够达到公平、合理的标准即可，而无须完全依据财产被征收征用时的市场价值全额补偿。对征收补偿原则的讨论为准征收补偿原则的确定提供了重要启示。具体而言，无论宪法是否明确财产权的社会义务、确立"三元结构"的财产权条款，财产权具有社会义务都是客观存在的"人类生存状态的根本性转变以及由此带来的权利哲学的变迁"[①]的必然结果。财产权制度在保障"私使用性"之余，还要促进社会利益协调与分配的公正性，实现社会的公共利益。因此，财产权因公共利益而受到必要的限制具有免于补偿的正当性。而准征收形成于财产权社会义务的基础上，意指如果财产权承受特别牺牲超过了必要限度（突破了财产权社会义务的范畴），就构成了应予补偿的财产权内容限制。由此，构成准征收的财产权特别牺牲包含了财产权承担社会义务的内容。进而，在考虑对财产权特别牺牲的补偿时，在观念上应当"扣除"财产权承担社会义务的部分。这意味着，对于财产权准征收的补偿，应采用适当补偿，而非完全补偿。需要说明的是，应采用适当补偿并不意味着对全额补偿的排斥。适当补偿仅是最低限度的公平补偿要求，对遭受特别牺牲的财产权人给予全额补偿，不仅更有利于保障财产权人的相关利益，还当然符合适当补偿的基本要求。

二 适当经济补偿的考量因素

实践中，财产权因公共利益而承受特别牺牲的形式纷繁多样。

[①] 张翔：《财产权的社会义务》，《中国社会科学》2012年第9期。

这些特别牺牲既有法律层面上的，也有事实层面中的；既有抽象规定的，也有具体行为的；既有有意而为的，也有无意为之的。复杂的准征收形态使得难以从理论上提炼出经济补偿的标准，但能够梳理出若干项作出补偿决定时应当重点考虑的因素。

首先，准征收行为对财产权价值的影响程度。对财产权价值的影响程度是确定补偿金额最主要的考量因素。虽然适当经济补偿是在考量多元因素的基础上作出的补偿，但最终确定的补偿金额不能偏离准征收行为对财产价值的影响，否则适当补偿将无法实现公平补偿的目标。对财产权价值的影响，主要参考财产的市场价值。因为"只要存在市场，以其市场价值为补偿额，是最公平的，这几乎是没有异议的"[①]。

其次，受影响财产对财产权人经济地位的影响。例如，在农村地区，耕地、房屋、货币等财产都与个人的生存息息相关。个人的生活、生产和发展完全依赖于其财产权利。如果失去了对财产使用、收益的权利，个人的生存就失去了物质基础。试想，以渔业养殖为生的农民，蓄洪使其鱼塘被完全淹没，其基本生活就会受到严重影响。应当在作出补偿决定时，重点考虑这种对财产权人生存造成严重影响的情形。

再次，准征收发生时的经济与社会环境。例如，许多地方政府采取的商品房限购和限售政策，与近年来百姓住房基本需求难以得到满足和政府整顿"炒房"投机行为的社会背景密切相关。如果商品房限购和限售政策构成准征收，补偿金额的确定也应当考量这一社会背景。再如，在战争时期对土地及其他财产权利采取临时限制措施的补偿，应当考虑到战争时期的特殊背景。

最后，政府的财政能力（支付能力）。完全补偿的目的在于恢复已被剥夺的财产权利，因此需要以市场价来确定补偿标准，而不应

[①] [日]盐野宏：《行政救济法》，杨建顺译，北京大学出版社2008年版，第253页。

考量政府的财政能力。但在适当补偿原则之下，政府财政能力应作为确定补偿金额的多元考量因素之一，从而实现公共利益与财产权人私益的有机统一。

三 适当经济补偿金额的确定方式

我国目前没有单行法律、行政法规就准征收的补偿标准作出规定，导致实践中准征收补偿金额的确定呈现出多种样态。大致来看，我国准征收补偿标准的确定主要有四种模式。

第一，行政机关单方确定补偿金额，一般通过政府会议纪要或行政规范性文件的形式完成。例如，在通山福鑫水泥粉磨有限公司诉通山县人民政府案中，2007年11月30日，因环境保护专项治理工作需要关闭小水泥厂，被告通山县人民政府向通山县燕厦水泥有限责任公司送达《通山县人民政府关于关闭通山县燕厦水泥有限责任公司的紧急通知》，要求于2007年12月15日关闭该公司。2008年2月3日，被告根据湖北省人民政府办公厅下发的《省人民政府办公厅转发省财政厅等部门关于湖北省环境保护专项治理补助资金管理暂行办法的通知》，向通山县燕厦水泥有限责任公司支付了80万元小水泥专项治理补助资金。[1] 再如，在长兴凤强建筑材料厂等诉长兴县林城镇人民政府案中，2013年，长兴县县委、县人民政府发文整治拆除及关停包括原告在内的全县范围内部分矿山企业。2014年，经长兴县林城镇人民政府、长兴县国土资源局、长兴县工商行政管理局、长兴县环境保护局、长兴县财政局、长兴县审计局、长兴县矿山综合治理办公室等七部门根据长委办发〔2011〕21号等有关文件规定，确认了原告可获得机组拆除政策补助资金200万元。[2] 还如，在浏阳鑫隆商贸有限公司诉湖南省国土资源厅、湖南省财政厅、湖南省煤炭管理局案中，湖南省国土资源厅、湖南省财政厅于

---

[1] 参见湖北省高级人民法院（2017）鄂行终194号行政判决书。
[2] 参见浙江省湖州市吴兴区人民法院（2016）浙0502行初7号行政判决书。

2014年10月27日作出《关于印发〈湖南省关闭煤矿采矿权价款矿山地质环境治理备用金退付和处置商业性煤炭探矿权补助方案〉的函》，规定了注销商业性煤炭探矿权资金补助的范围、标准、资金筹措、资金拨付等；随后，又于2015年5月25日作出《湖南省财政厅、湖南省国土资源厅关于下达2015年第一批商业性煤炭探矿权政策性退出补偿专项资金的通知》，确定原告退出补助金额为962.12万元。①

第二，行政机关和财产权人协议确定补偿金额。实践中，由行政机关和财产权人达成补偿协议，既可能发生在对财产权造成特别牺牲之前，也可能发生在已经对财产权造成特别牺牲之后。如在王清权诉邓州市高集镇人民政府案中，邓州市人民政府2007年筹建城市生活垃圾处理场，因垃圾场的选址与王清权居住地较近，对原告生活环境造成了一定影响。就此，原告与被告邓州市高集镇人民政府达成协议，由高集镇人民政府对包括原告王清权在内的6户居民每年增加5000元补偿款，共补5年。② 在陈太平诉北川羌族自治县永安镇人民政府案中，原告陈太平与被告北川羌族自治县永安镇人民政府对补偿金额通过协商一致后，自愿签订了《北川羌族自治县永安镇小作坊造纸企业关停转产补助协议》。③ 在衢州市衢江区清水砖瓦厂（普通合伙）诉衢州市衢江区财政局等案中，2012年，衢州市淘汰落后产能工作领导小组办公室印发《关于下达2012年工业行业淘汰落后产能目标任务的通知》，将原告清水砖瓦厂列为2012年衢州市工业行业淘汰落后产能目标。随后，原告与衢江区横路办事处签订清水砖瓦厂关停拆除协议书，约定了补偿方案、关停（拆除）期限、补偿款及奖金支付方式和时间等内容。④

第三，依照第三方鉴定意见确定补偿金额。由于现行法律并未

---

① 参见湖南省长沙市天心区人民法院（2015）天行初字第00223号行政判决书。
② 参见河南省南阳市中级人民法院（2016）豫13行终99号行政判决书。
③ 参见四川省北川羌族自治县人民法院（2016）川0726行初6号行政判决书。
④ 参见浙江省衢州市中级人民法院（2016）浙08行终72号行政判决书。

明确规定应当由财产权人抑或行政机关委托第三方进行评估,实践中分别存在行政机关委托第三方、财产权人委托第三方、行政机关和财产权人共同委托第三方,以及法院委托第三方进行评估的情形。在郭家琪诉隆回县住房和城乡建设局案中,在因被告修建桃洪镇和平社区帽子石路和进行帽子石路西侧低洼区改造,对原告房屋及居住造成一定影响。隆回县住房和城乡建设局首先委托由其领导的隆回县土木建筑学会作出鉴定意见,确定了郭家琪房屋受损情况及损失额度。但事后原告郭家琪在得知隆回县土木建筑学会不具有鉴定资质后,自行委托湖南大学司法鉴定中心从排水、通行、通风、采光等角度对受损房屋进行鉴定。次年,原告又委托邵阳市人和司法鉴定所对房屋受损的具体金额进行评估鉴定。原告委托湖南大学司法鉴定中心和邵阳市人和司法鉴定所所作出的鉴定意见,与被告委托的隆回县土木建筑学会作出的鉴定意见存在较大出入。[①] 同样,在牟大伟诉长春市绿园区人民政府案中,2014年绿园区政府修建兴隆湖公园项目,原告牟大伟为支持项目建设,主动将生猪卖掉。政府表示会对原告进行合理补偿,并对养殖场进行制图测绘统计。但其后政府下达的评估报告只补偿原告273万元,而原告自行委托评估的总价为593万元。[②] 在钟观容等诉惠州市人民政府案中,原告系依法经营凹砖厂的财产权人。2012年,龙门县政府为保护环境、节约土地资源的公共利益需要,作出了关闭包括原告在内的砖瓦窑场决定书,但未对原告给予任何补偿。在案件审理期间,原告委托广州诚安信资产评估与房地产估价有限公司对丰门凹砖厂的财产损失进行评估,确定其设备残值损失、原材料损失、经营损失共3498971元。法院认为,虽然该《评估咨询报告》是钟观容单方委托后作出的评估,但由于时过境迁,重新准确委托评估钟观容的生产、设备损失已不可能,且本案在开庭中,被告龙门县政府并没有对钟观容

---

① 参见湖南省隆回县人民法院(2017)湘0524行初18号行政判决书。
② 参见吉林省长春市中级人民法院(2016)吉01行赔初4号行政判决书。

提出的损失进行质证，原审法院本应全部予以支持。① 在秦汉忠诉启东市水务局案中，启东市水务局在对桃花洪闸拆除重建过程中，因闸下游砌石建至秦汉忠南侧两个码头位置，导致秦汉忠码头无法靠船生产，造成经营损失。启东市水务局和海复镇政府与秦汉忠协调一致，邀请江苏海正土地房地产评估有限公司，对秦汉忠提出的资产进行评估认定。② 在刘林林诉临汾市尧都区人民政府案中，原告刘林林所在的永中晟公司依法获得项目建设资格。在项目建设过程中，尧都区政府通知永中晟公司，其厂址属于临汾市尧都区人民政府涝洰河生态建设工程项目规划范围内，要求永中晟公司停止项目建设。永中晟公司在尧都区政府的协调下将新厂址建于尧都区贾得乡桃园村，将能够搬迁的设备搬迁至新厂址，但基础设备无法搬迁，造成经济损失。在案件一审过程中，法院委托临汾华阳资产评估事务所对永中晟公司的搬迁损失情况进行了评估鉴定，该评估鉴定经过当庭质证，双方对此均未提出异议。③

第四，法院确定补偿金额。从权力分工的角度来看，在未经财产权人提出请求或未由第三方评估的情况下，法院不宜就补偿金额直接作出认定和判决。然而，在财产权人受到的损失能够清晰确定的情况下，法院就可以径行就补偿金额争议作出判决。例如，在玉屏县平溪镇吴代标煤矸石厂诉玉屏侗族自治县人民政府案中，沪昆客运专线正线穿越原告煤矸石开采区，煤矸石开采资源被占用。原告已开采该矿储量大约为 8810 立方米，压覆矿储量大约 95030 立方米。至今被告没有对原告进行补偿。原告办理有《采矿许可证》，缴纳了采矿权费、资源补偿费，依法取得的采矿权应受法律保护，特起诉要求依法判令被告支付原告征用补偿费约 570 万元。法院认为，原告依法办理了《采矿许可证》，取得了合法采矿权，因沪昆铁路客

---

① 参见广东省高级人民法院（2017）粤行终 586 号行政判决书。
② 参见江苏省南通市中级人民法院（2017）苏 06 行终 745 号行政判决书。
③ 参见山西省高级人民法院（2016）晋行终 346 号行政判决书。

运专线经过原告厂区，被告责令原告停产，给其造成的合理损失应当予以补偿。原告的《采矿许可证》有效期限为2010年6月24日至2014年6月24日，生产规模为0.5万吨/年，原告已经开采至2013年，而且2013年获批准的开采规模量已经用完。其合法采矿权期限尚有1年，数量应当以批准规模为限。因此，原告的合理损失应当以1年的规模量计算，并扣除相应税费及生产成本。而原告未开采的煤矸石单位市场价值为43.33元/吨，原告主张每吨的生产成本为3—4元/吨，被告没有提出异议，本院酌定为4元/吨。应当扣除的相应税费，参照原告2013年缴纳标准扣除，即为采矿权使用费500元，矿产资源补偿费15200元，年检费100元，增值税6499.50元（5000×43.33×3%）。原告的合理损失为：5000×（43.33−4）−80795=115855元。[①] 本案中，在被告侵占原告煤矸石开采区事实明确的基础上，鉴于生产规模、采矿权期限、每吨成本价、采矿权使用费、矿产资源补偿费、年检费、增值税等均清楚、确定，且双方对此并无异议，法院可以直接就补偿金额作出判决。

综上所述，囿于法律对准征收补偿规定的缺失，实践中存在各式各样的补偿金额确定方式。即使行政机关和财产权人达成补偿协议，仍存在补偿金额方面的纠纷。实际上，无论是行政机关单方确定补偿金额，行政机关和财产权人协议确定补偿金额，还是依照第三方鉴定意见确定补偿金额，其关键问题均在于对财产价值减损的客观评估。只有客观、公正评估财产价值减损程度或财产损失金额，才能公平作出适当补偿。能够确保客观、公正评估财产价值减损程度或财产损失金额的方案有二：一是由作出准征收决定的机关和财产权人通过自愿、平等的方式达成协议确定。其中，对于财产价值减损程度或财产损失金额，可以由双方共同委托第三方评估确定。二是由法院委托第三方评估确定。波斯纳提出，"当事人主义诉讼模式不如职权主义诉讼模式更有效率，主要因为它涉及两组证据搜寻

[①] 贵州省铜仁市中级人民法院（2015）铜中行初字第00077号行政判决书。

者（双方当事人），而不是一个搜寻者（法官）。既然搜寻者是双倍的，竞争就包含着双重的努力，因而增加了搜寻成本，时常产生成本抵消甚至超过收益的情形"[1]。因此，"在提高诉讼效率和节约诉讼成本方面，由法院调查取证有着有当事人调查取证所不具有的优势。法院搜集证据可以大大减少当事人双方的对抗性，比两造对抗的诉讼模式更节约整体成本、富有效率"[2]。

---

[1] Richard A. Posner, An Economic Approach to the Law of Evidence. Stanford Law Review, Vol. 51, 1999, p. 1477.

[2] 王玎：《行政公益诉讼证据制度建构——以法经济学为分析视角》，《青海社会科学》2018年第3期。

结　　论

对准征收这一话题的讨论，源于国家时常在未征收财产的情形下通过立法、行政决定等形式，对财产权的权能予以限制、为财产权施加额外负担、将财产用于公益等，在不同程度上限制了财产权人对其财产的正常使用，尤其是严重影响了财产的经济价值。虽然国家使财产权承受的特别牺牲均以增进公共利益为目的，但增进公共利益的成本不应由特定财产权利主体承担。因此，构建准征收制度，就是为了制约国家该征收而不征收，过度干涉财产权行使及侵害私有财产价值的行为，进而构建起一套保障公民财产权利的准征收制度体系。

本书选用"准征收"这一概念，是为了拓展研究范围，将实践中广泛存在的事实上对财产价值造成损害的情形纳入研究。从域外经验来看，各国在讨论财产权承受特别牺牲这一问题时采用的概念并不一致。美国宪法第五修正案规定的"taking"应被理解为"剥夺"，包括征收的剥夺和政府侵权的剥夺。而美国司法实践中常用的"regulatory taking"意指对财产权作出的管制行为对财产权价值产生了不利影响。"regulatory taking"这一概念被译为"管制征收"，强调政府针对财产权的管制行为，而不包含事实上对财产价值产生影响的情形。而"inverse condemnation"和"reverse condemnation"被翻译为"反向征收"，强调财产权受到侵害的公民请求国家对其财产进行征收。德国将这一问题称为"应予补偿的财产权内容限制"和"征收性侵害"。而"准征收"是中国台湾学者所创的概念。从中国台湾学者的研究成果来看，其所谓的"准征收"实际上相当于美国法上的"管制征收"概念，将"准征收"狭义地界定为因政府做出的管制行为对财产权价值产生的不利影响，进而排除了行政行为事实上对财产权造成不利影响的情形。而本书采用的"准征收"概念，不同于中国台湾地区的"准征收"概念，它既包括行政行为直接对财产权予以管制所造成的特别牺牲的情形，也包括行政行为在事实上对财产造成的不利影响的情形。如此定义准征收就可以使事实上因行政行为而使财产受到不利影响的情形，也能被纳入准征收制度，从而扩大对财产权的保护范围。由此，"准征收"的概念可以被界定为：国家以增进公共利益为目的，通过抽象行政行为、具体行政决定或在事实上对私有财产权造成了特别牺牲，严重影响私人对财产的使用或财产经济价值，从而应当给予经济或其他补偿的法律制度。

准征收理论研究首要的重点和难点问题是构建准征收的识别标准。构建准征收的识别标准是区分准征收与财产权社会义务的前提条件，是决定国家对私有财产权的限制是否过度及应予补偿的依据。美国法和德国法对准征收问题上百年的讨论为中国提供了宝贵经验。在面对美国实证主义的具体化识别标准和德国法教义的抽象化识别标准两类截然不同的进路时，可以看出，美国联邦最高法院提炼的管制征收标准是具体、多元和开放的，具有鲜明的实证主义色彩，能够灵活运用于对各种管制征收案件的判断。美国联邦最高法院始终未奢求概括出一个能够包罗万象的管制征收识别标准，而是沿着经验性的道路，不断丰富和完善着管制征收的识别标准。相较于美国法的进路，德国和中国台湾地区对"财产权限制是否予以补偿"问题的归纳更为"形而上学"。在经历了一系列发展演变之后，"特别牺牲理论"已成为判断"财产权限制是否应予补偿"的法教义。然而，"特别牺牲"这一判断基准过于抽象，仅从文义方面并无法明确其内涵。在德国和中国台湾地区司法实践中"特别牺牲"已经成为对财产权限制应予补偿的代名词，失去了其作为是否应予补偿识别标准的作用。因此，德国法的"特别牺牲理论"对我国构建准征收识别标准的借鉴具有一定的局限性。在借鉴美国法的基础上，构建我国准征收标准还需考虑存续保障与价值保障的价值次序问题和正当化事由问题。这意味着法律应当优先保护财产权人对财产权持续的占有、使用、处分和收益状态，避免财产权的行使受到国家的恣意干扰；其后保障财产权本身的经济价值，避免国家活动对财产权价值造成过度减损。同时，经济利益互惠和财产权行使构成公共妨碍是对财产权进行管制的正当化事由。对财产权基于正当化事由的管制并不构成准征收。

美国联邦最高法院主要审理的33个管制征收案件所形成的五类标准及相关考量因素，为准征收识别标准的体系构建提供了可能。以存续保障与价值保障的价值次序以及对财产权进行管制的正当化事由为理论基础，通过对美国联邦最高法院所形成的五类主要识别标准进行形式判断与实质判断递进式的双阶层划分，能够实现对准征收识别标准体系的科学构建。第一阶层的形式识别标准包括政府行为是否属于物理性侵占标准、政府行为是否属于经济利益互惠标准和财产权行使是否构成公共妨碍标准。首先，只要行政行为使部分私有财产在未经补偿的情况下因公共利益被占领、利用，在不考虑该行为是否促进重要的公共利益或者是否对财产权人造成经济损失的情况下，就可以直接判定管制行为构成准征收。其次，管制行为属于经济利益互惠是指管制行为在对财产权造成损害的同时，也使财产权人受益，此时不构成未经公正补偿的准征收行为。但需注意的是，属于经济利益互惠的管制行为与一般管制行为的区别在于受损与受益对象的一致性，并且管制行为对财产权人带来的利益与管制行为对财产权人造成的损害在经济价值上应当基本等同。最后，对私有财产进行管制的目的在于增进公共利益。然而，私有财产权的行使以不妨碍公共利益和他人合法权益为前提。如果私有财产权的行使本身就可能对公共利益或他人合法权益造成妨碍（nuisance）时，对财产权进行管制的目的就是消除财产权行使所造成的妨碍。在这种情况下一般不把管制行为视为准征收。在不符合第一阶层条件的情况下，才对第二阶层的实质识别标准进行考察，从而进一步判断管制行为是否构成准征收。实质识别标准主要包括是否符合公共利益标准和对财产价值的影响程度标准。首先，是否符合公共利益标准具体从以下三个方面予以判断：管制行为是否以增进公共利益为目的、管制行为与公共利益是否具有实质联系、维护公益的价值与对私益的侵害是否具有均衡性，行政行为若无法同时满足上述三个条件即构成准征收。其次，实践中多数准征收行为主要影响的就是财产权的经济价值，侵犯权利人的财产权益。如果行政行为对财产权的损害程度已经超过了财产权人对财产投资及使用的合理回报预期，或者对财产价值造成了彻底破坏、侵害了财产的根本价值、剥夺了权利人对财产的所有经济性用途，即构成准征收。

  征收是国家以公正补偿为前提，基于公共利益的需要，通过剥夺公民财产权的方式将财产收归国有的行为。构建准征收制度的核心同样是要解决对受到不利影响的财产权人予以补偿的问题。然而，囿于《宪法》文本和司法制度的差异，我国无法像美国法一样，将准征收和征收一同纳入现行《宪法》对财产权的保护框架，赋予公民相应的补偿请求权。而在单行立法中规定准征收补偿条款，对财产权的补偿及保护就难免会挂一漏万，还容易在客观上形成"依法补偿"这一不利于保护财产权人合法权益的准征收识别标准。唯有通过修改《宪法》，构建"财产权保护—财产权社会义务—应予补偿的财产权限制—应予补偿的公用征收"的"四元结构"的财产权保护条款，才能将准征收融入我国的法律体系之中。

  通过对准征收立法现状的考察得知，目前我国仅有 16 部法律和 12 部行政法规规定了准征收补偿的内容。而实践中行政规范性文件作为对财产权形成特别牺牲的政策载体广泛存在，不仅违背《法治政府建设实施纲要（2015—2020 年）》有关"规范性文件不得设定行政许可、行政处罚、行政强制等事项，不得减损公民、法人和其他组织合法权益或者增加其义务"等党中央关于法治政府建设的相关精神，还违背了法律保留原则。从法律保留原则来看，行政规范性文件的功能只能是法律范围内"执行性"的"规定权",而非"创设性"的"设定权"。法律保留不仅是行政法中的一项基本原则,它更是宪法层面的重要原则。在法律保留原则下,凡属于法律保留领域内的事务,包括对人民基本权利的侵犯,必须依法律才能为之,否则行政权的行使即不具有合法性。我国《立法法》在第8条列举规定了十项必须通过制定法律来规定的事项,其中包括对非国有财产的征收、征用。事实上,国家对财产权的内容限制,一旦超过了财产权社会义务的限度,其对财产权人造成的特别牺牲要远大于财产权的公用征收。因此,《立法法》既然已将对非国有财产的征收、征用规定为法律保留事项,举重以明轻,更应将对财产权的内容限制明确为法律保留事项。除了遵循法律保留原则,有关准征收的立法还应恪守"唇齿条款"原则。立法中一旦含有对财产权限制构成准征收的条款,就应当同时就补偿的种类和标准作出规定,以切实保护财产权人的利益。"唇齿条款"还具有提示立法者注意义务的作用。立法者在制定或审查一部涉及公民财产权承受特别牺牲的法律时,需要充分注意到这种对公民财产权造成的特别牺牲是否可能构成准征收,以及是否需要作出相关的补偿规定。

在准征收补偿实践中,我国现行绝大多数对准征收的补偿均以经济补偿方式进行。然而,实践中存在许多准征收对财产权人造成间接经济损失的情形,这也意味着对准征收财产权人的补偿可以经济补偿以外的形式进行。尤其是在对财产权造成事实上的不利影响领域,国家为了公共利益对私有财产权利用所造成的妨碍,应当优先考虑给予非经济类补偿,其次考虑经济补偿。准征收的非经济补偿措施包括消除财产利用妨碍、恢复财产原状、调整财产管制行为、土地发展权转让以及其他符合经济利益互惠标准的补偿措施等类型。非经济类补偿既能够有效弥补行政行为对财产权造成的侵害和损失,还能够有效节约国家财政支出。只有在非经济补偿无法实现公正补偿的目的时,才应考虑经济补偿措施。对于准征收的经济补偿,应采用适当经济补偿原则。作出补偿的标准应当考虑准征收行为对财产权价值的影响程度，受影响财产对财产权人经济地位的影响，准征收发生时的经济与社会环境、政府的财政能力（支付能力）等因素。

依照传统的征收理论，只要国家不强制获得私有财产所有权，就不构成征收，因而无须向财产权人提供补偿。国家以私有财产权承受特别牺牲的方式实现增进公共利益的行为，生长于财产权的社会义务和征收之间的灰色地带。财产权是一项宪法位阶的基本权利，正是"灰色地带"的法律缺位，才使财产权的宪法保障蒙受着一层名为"公共利益"的冠冕堂皇的"阴霾"。准征收标准的构建，就在这一"灰色地带"划出一条泾渭分明的"楚河汉界"，打破财产权宪法保障的"阴霾"。同时，明确构建准征收制度的路径，构建《宪法》财产权条款的"四元结构"模式，才能为准征收制度在我国生根、发展提供法制土壤，从根本上保障公民的财产权利。

参考文献

一 中文参考文献

（一）著作

陈新民：《中国行政法学原理》，中国政法大学出版社2002年版。

陈新民：《德国公法学基础理论》（增订新版），法律出版社2010年版。

房绍坤、王洪平主编：《不动产征收法律制度纵论》，中国法制出版社2009年版。

房绍坤、王洪平：《公益征收法研究》，中国人民大学出版社2011年版。

黄锦堂：《行政补偿法体系建构初探》，载《行政法争议问题研究》，台湾五南出版公司2000年版。

姜明安：《行政法与行政诉讼法》（第六版），北京大学出版社、高等教育出版社2015年版。

姜明安：《行政法》，北京大学出版社2017年版。

梁慧星主编：《中国物权法研究》，法律出版社1998年版。

罗豪才主编：《现代行政法制的发展趋势》，法律出版社2004年版。

李爱荣：《征收、拆迁与私有财产权的保护：一种以案例为基础的分析》，法律出版社2012年版。

刘东霞：《行政法上的新财产问题研究》，中国社会科学出版社2018年版。

刘连泰、刘玉姿等：《美国法上的管制性征收》，清华大学出版社 2017 年版。

刘平主编：《征收征用与公民财产权保护》，上海人民出版社 2012 年版。

刘文义：《行政补偿理论与实务》，中国法制出版社 2013 年版。

刘云生主编：《中国不动产法研究》（第 9 卷），法律出版社 2014 年版。

廖福特主编：《宪法解释之理论与实务》（第八辑），台湾中研院法律学研究所 2014 年版。

李惠宗：《行政法要義》（第七版），元照出版有限公司 2016 年版。

梁慧星、陈华彬：《物权法》（第六版），法律出版社 2016 年版。

林明锵：《行政法讲义》（第三版），新学林出版股份有限公司 2017 年版。

李建良：《行政法基本十讲》，元照出版公司 2017 年版。

沈开举：《征收、征用与补偿》，法律出版社 2006 年版。

商务国际辞书编辑部：《现代汉语词典》，商务印书馆 2017 年版。

唐清利、何真：《财产权与宪法的演进》，法律出版社 2010 年版。

翁岳生主编：《行政法》，中国法制出版社 2009 年版。

王铁雄：《征收补偿与财产权保护研究》，中国法制出版社 2011 年版。

王思锋：《不动产准征收研究》，中国社会科学出版社 2015 年版。

王名扬：《美国行政法》，中国法制出版社 2016 年版。

王名扬：《法国行政法》，北京大学出版社 2016 年版。

王周户主编：《行政法与行政诉讼法教程》（第二版），中国政法大学出版社 2017 年版。

王海燕：《私有财产权限制研究》，中国社会科学出版社 2017 年版。

温丰文：《现代社会与土地所有权理论之发展》，台五南图书出版公司 1984 年版。

吴庚：《行政法之理论与实用》（增订十二版），三民书局 2014

年版。

薛波主编:《元照英美法词典》,北京大学出版社 2017 年版。

薛刚凌主编:《行政补偿理论与实践研究》,中国法制出版社 2011 年版。

杨建顺:《日本行政法通论》,中国法制出版社 1998 年版。

叶俊荣:《行政法案例分析与研究方法》,三民书局 1999 年版。

叶必丰:《行政法的人文精神》,北京大学出版社 2005 年版。

余凌云:《行政法讲义》(第二版),清华大学出版社 2014 年版。

应松年主编:《当代中国行政法》,人民出版社 2018 年版。

应松年主编:《行政法与行政诉讼法学》(第二版),高等教育出版社 2018 年版。

张文显:《法哲学范畴研究》(修订版),中国政法大学出版社 2001 年版。

张文显主编:《法理学》(第四版),高等教育出版社、北京大学出版社 2011 年版。

张千帆、赵娟、黄建军:《比较行政法——体系、制度与过程》,法律出版社 2008 年版。

张翔主编:《德国宪法案例选释:基本权利总论》(第 1 辑),法律出版社 2012 年版。

章剑生:《现代行政法基本理论》(第二版),法律出版社 2014 年版。

章剑生:《现代行政法专题》,清华大学出版社 2014 年版。

(二)期刊论文

艾丹:《美国农地征收制度框架与宪法准则及启示》,《人民论坛》2014 年第 29 期。

蔡宗珍:《法律保留思想及其发展的制度关联要素探微》,《台湾大学法学论丛》2010 年第 3 期。

陈征:《私有财产征收中的第三人受益》,《浙江社会科学》2013 年第 9 期。

程雪阳：《土地发展权与土地增值收益的分配》，《法学研究》2014年第5期。

程雪阳：《"城市的土地属于国家所有"的规范内涵》，《政治与法律》2017年第3期。

崔梦溪：《农地整理过程中权属调整法律问题研究》，《学术论坛》2016年第12期。

董彪：《论财产权过度限制的损失补偿制度——以"禁摩令"案为例》，《当代法学》2009年第3期。

丁鹏、邹爱华：《论宪法财产征收条款的限权逻辑》，《科学社会主义》2012年第4期。

丁杰、李仲飞：《开发商行为、土地管制与住房供给的动态调整》，《当代财经》2014年第9期。

邓志宏：《宪法规范与财产权利的保护与限制》，《学术交流》2015年第1期。

邓志宏：《论传统征收以外的财产权限制模式——以美、德两国判例为基础》，《知与行》2016年第11期。

杜仪方：《财产权限制的行政补偿判断标准》，《法学家》2016年第2期。

邓晓芒：《康德自由概念的三个层次》，《复旦学报》（社会科学版）2004年第2期。

房绍坤、王洪平：《从美、德法上的征收类型看我国的征收立法选择——以"公益征收"概念的界定为核心》，《清华法学》2010年第10期。

房绍坤、王洪平：《从财产权保障视角论我国的宪法财产权条款》，《法律科学》（西北政法大学学报）2011年第2期。

房绍坤、王洪平：《集体土地征收改革的若干重要制度略探》，《苏州大学学报》（哲学社会科学版）2013年第1期。

郭晖：《财产权的社会义务与管制性征收》，《河北学刊》2019年第2期。

胡建淼、吴亮:《美国管理性征收中公共利益标准的最新发展——以林戈尔案的判决为中心的考察》,《环球法律评论》2008 年第 6 期。

黄金升、陈利根:《土地产权制度与管制制度的制度均衡分析》,《南京农业大学学报》(社会科学版) 2016 年第 1 期。

黄胜开:《管制性征收抑或财产权的社会义务——从住宅小区道路公共化谈起》,《河北法学》2016 年第 7 期。

金俭:《论不动产财产权自由的公法限制》,《河北法学》2008 年第 9 期。

金俭:《论不动产财产权自由与限制之平衡》,《社会科学战线》2009 年第 3 期。

金俭:《论不动产财产权有限自由与适度限制的模式与原则》,《河北法学》2009 年第 2 期。

金俭:《自由与和谐:不动产财产权的私法限制》,《南京师大学报》(社会科学版) 2011 年第 4 期。

金俭、张先贵:《财产权准征收的判定基准》,《比较法研究》2014 年第 2 期。

汲铮:《土地开发权的国外实践刍议》,《现代经济探讨》2015 年第 12 期。

姜栋:《土地的权利边界:20 世纪美国管制性征收土地的司法演进史》,《山东社会科学》2017 年第 6 期。

孔令全:《99 位村民与机场噪声之争》,《乡镇论坛》2007 年第 20 期。

李建良:《特别牺牲与损失补偿》,《月旦法学杂志》1998 年第 36 期。

李建良:《行政法上损失补偿制度之基本体系》,《东吴法律学报》1999 年第 11 卷第 2 期。

李蕊:《国外土地征收制度考察研究——以德、美两国为重点考察对象》,《重庆社会科学》2005 年第 3 期。

龙文懋：《西方财产权哲学的演进》，《哲学动态》2004年第7期。

楼利明：《关于行政征收三个争点问题的研究——以美国为例》，《浙江社会科学》2007年第5期。

李伟：《论准征收的构成要件》，《哈尔滨工业大学学报》（社会科学版）2007年第6期。

李长健、刘天龙、梁菊：《中美财产征收中公共利益之比较分析》，《上海交通大学学报》（哲学社会科学版）2010年第4期。

刘灿、韩文龙：《农民的土地财产权利：性质、内涵和实现问题——基于经济学和法学的分析视角》，《当代经济研究》2012年第6期。

林华、俞祺：《论管制征收的认定标准——以德国、美国学说及判例为中心》，《行政法学研究》2013年第4期。

刘玉姿：《美国法上的幌子征收及其启示》，《浙江社会科学》2013年第10期。

刘连泰：《政府对拟征收不动产的管制》，《法律科学》（西北政法大学学报）2014年第2期。

刘连泰：《确定"管制性征收"的坐标系》，《法治研究》2014年第3期。

刘连泰：《法理的救赎——互惠原理在管制性征收案件中的适用》，《现代法学》2015年第4期。

刘连泰：《网约车合法化构成对出租车牌照的管制性征收》，《法商研究》2017年第6期。

连建彬：《论机动车限行的合法性》，《河北科技师范学院学报》（社会科学版）2015年第3期。

连建彬：《论公民财产权的限制——以机动车限行为视角》，《中共青岛市委党校青岛行政学院学报》2015年第4期。

刘奕彤：《街区制改革中〈物权法〉面临的困境与出路》，《南阳师范学院学报》2017年第1期。

林明锵：《财产权之特别牺牲与社会义务——评司法院大法官释字第

747 号解释》,《月旦裁判时报》2017 年第 64 卷。

雷磊:《法律概念是重要的吗》,《法学研究》2017 年第 4 期。

孟鸿志、王传国:《财产权社会义务与财产征收之界定》,《东南大学学报》(哲学社会科学版) 2014 年第 2 期。

彭涛:《论美国管制征收的认定标准》,《行政法学研究》2011 年第 3 期。

彭涛:《旧城改造中的利益博弈与政府法治——以渭南市临渭区旧城改造为例》,《人文杂志》2014 年第 6 期。

彭涛:《美国管制性征收法律制度简史及启示》,《西北大学学报》(哲学社会科学版) 2015 年第 3 期。

彭涛:《土地利用管制制度的完善》,《学术论坛》2015 年第 9 期。

彭涛:《土地管制权的理论基础》,《政法论丛》2016 年第 2 期。

彭涛:《规范管制性征收应发挥司法救济的作用》,《法学》2016 年第 4 期。

彭涛:《农地管制性征收的补偿》,《西南民族大学学报》(人文社会科学版) 2017 年第 9 期。

彭錞:《八二宪法土地条款:一个原旨主义的解释》,《法学研究》2016 年第 3 期。

彭錞:《土地发展权与土地增值收益分配——中国问题与英国经验》,《中外法学》2016 年第 6 期。

潘佳:《政府作为补偿义务主体的现实与理想——从生态补偿第一案谈起》,《东方法学》2017 年第 3 期。

潘佳:《管制性征收还是保护地役权:国家公园立法的制度选择》,《行政法学研究》2021 年第 2 期。

邱新:《"禁摩"问题的法律思考——从平等权和财产权的角度考察政府行为》,《中山大学学报论丛》2005 年第 6 期。

孙凌:《论财产权的"变相夺取"及其救济——以〈杭州市历史文化街区和历史建筑保护办法〉第 26 条为分析原型》,《法治研究》2007 年第 8 期。

苏玫霖：《试论"机动车限行"视角下公权力对公民财产权的限制》，《宁德师范学院学报》（哲学社会科学版）2018年第3期。

陶清德：《管制准征收向公物法制度之转接——公路建筑控制区制度检讨》，《甘肃理论学刊》2012年第3期。

王利明：《进一步强化对于私有财产的保护》，《法学家》2004年第1期。

王太高：《行政补偿范畴研究》，《南京大学法律评论》2005年第1期。

王太高：《我国农村集体土地所有权制度中的利益冲突及其解决》，《甘肃行政学院学报》2008年第5期。

王立斌、万虹：《行政征收类型化的初步探析》，《黑龙江省政法管理干部学院学报》2005年第4期。

王慎刚：《土地管制、"三农"问题与"城乡分治"》，《中国行政管理》2007年第3期。

王振江：《财产征收的专门与统一立法——兼论〈拆迁条例〉修订之局限》，《兰州大学学报》（社会科学版）2010年第6期。

王静：《美国财产征收中的公共利益——从柯罗诉新伦敦市政府案说起》，《国家行政学院学报》2010年第3期。

汪进元、高新平：《财产权的构成、限制及其合宪性》，《上海财经大学学报》2011年第5期。

王洪平、房绍坤：《论管制性征收的构成标准——以美国法之研究为中心》，《国家检察官学院学报》2011年第1期。

王丽晖：《美国管制性征收"实质促进"规则的出现与运用——基于相关判例的考察》，《晋中学院学报》2012年第2期。

王丽晖：《管制性征收主导判断规则的形成——对美国联邦最高法院典型判例的评介》，《行政法学研究》2013年第2期。

王万华：《法治政府建设的程序主义进路》，《法学研究》2013年第4期。

王玎：《行政立法的理论与实践研究——基于依授权立法和依职权立

法》,《研究生法学》2013 年第 6 期。

王玎:《论管制征收构成标准——以美国联邦最高法院判例为中心》,《法学评论》2020 年第 1 期。

王思锋:《财产征收的理论反思与制度重构——以不动产准征收为视角》,《法学杂志》2014 年第 10 期。

王本存:《论行政法上的反射利益》,《重庆大学学报》(社会科学版) 2017 年第 1 期。

王亚男:《权重理论下间接征收之视阈及制度思考——法益兼顾的倾斜、严控及进程》,《政治与法律》2017 年第 7 期。

王振标、彭华:《红树林地法律保护中的财产权限制与补偿——基于管制性征收的分析视角》,《林业经济问题》2018 年第 3 期。

魏建:《城市房屋产权的保护:责任规则、财产规则与管制性征收》,《法学杂志》2012 年第 3 期。

韦亚平、王纪武:《城市外拓和地方城镇蔓延——中国大城市空间增长中的土地管制问题及其制度分析》,《中国土地科学》2008 年第 4 期。

吴真:《反向征收确认中权利冲突的化解——以公民生存权与环境权为视角》,《河南师范大学学报》(哲学社会科学版) 2010 年第 3 期。

夏启平:《拆"自己"的屋墙也是犯法——岳阳张谷英村一父子俩擅自拆墙损毁"国宝"被刑拘》,《中国房地信息》2003 年第 5 期。

薛惠桑、黄晓辉:《准征收制度的合理性及立法构建》,《山东理工大学学报》(社会科学版) 2008 年第 6 期。

肖泽晟:《公物的二元产权结构——公共地役权及其设立的视角》,《浙江学刊》2008 年第 4 期。

谢立斌:《论宪法财产权的保护范围》,《中国法学》2014 年第 4 期。

谢哲胜:《准征收理论的司法实践——释字第 747 号解释评析》,《月旦法学杂志》2017 年第 7 期。

谢哲胜：《从美国法上的土地准征收论既成道路公用地役权之妥当性》，《经社法制论丛》1994 年第 4 期。

谢哲胜：《准征收之研究——以美国法之研究为中心》，《中兴法学》1996 年第 40 期。

谢哲胜：《不动产财产权的自由与限制——以台湾地区的法制为中心》，《中国法学》2006 年第 3 期。

许迎春：《论美国管制性征收制度及其对我国的启示》，《法治研究》2019 年第 4 期。

徐键：《建设用地国有制的逻辑、挑战及变革》，《法学研究》2017 年第 5 期。

许迎春、文贯中：《美国农地征收制度及其对中国的启示》，《华东经济管理》2011 年第 5 期。

姚顺波、尤立群：《生态林补偿制度研究——石光银案例经济分析》，《北京林业大学学报》（社会科学版）2005 年第 3 期。

叶芳、刘畅：《管制性征收研究》，《黑龙江省政法管理干部学院学报》2010 年第 10 期。

杨一介：《论农村地权制度改革的基础》，《首都师范大学学报》（社会科学版）2014 年第 4 期。

杨显滨：《管制性征收与警察权行使的区分标准》，《法学杂志》2016 年第 11 期。

殷守革：《"禁限摩电"治理措施的规范审查》，《现代法治研究》2018 年第 1 期。

张千帆：《"公正补偿"与征收权的宪法限制》，《法学研究》2005 年第 2 期。

张千帆：《"公共利益的困境与出路"——美国公用征收条款的宪法解释及其对中国的启示》，《中国法学》2005 年第 5 期。

张兴：《财产征收若干问题探讨》，《社会科学论坛》（学术研究卷）2009 年第 9 期。

赵骏、范良聪：《补偿博弈与第三方评估》，《法学研究》2012 年第

3 期。

张翔：《财产权的社会义务》，《中国社会科学》2012 年第 9 期。

张翔：《个人所得税作为财产权限制——基于基本权利教义学的初步考察》，《浙江社会科学》2013 年第 9 期。

张翔：《机动车限行、财产权限制于比例原则》，《法学》2015 年第 2 期。

张娟锋、刘洪玉、任超群：《土地管制、市场价格与政策选择》，《财贸经济》2012 年第 7 期。

张明：《国家征收权的异化及其限制》，《河北法学》2012 年第 10 期。

张卉林：《论我国的所有权过度限制及立法改进》，《法学论坛》2013 年第 5 期。

张效羽：《论财产权公益限制的补偿问题——基于美国、德国经验的比较研究》，《国家行政学院学报》2013 年第 6 期。

张程：《公共地役权在不动产利益冲突调和中的适用》，《求是学刊》2015 年第 6 期。

张程：《公共地役权在封闭小区开放中的适用问题研究》，《理论与改革》2016 年第 4 期。

张鹏：《财产权合理限制的界限与我国公用征收制度的完善》，《法商研究》2003 年第 4 期。

张鹏、高波：《土地准征收与补偿：土地发展权视角》，《南京农业大学学报》（社会科学版）2015 年第 2 期。

张鹏：《经典案例逻辑中的准征收理论和实践：中美差异和政策选择》，《中国土地科学》2018 年第 6 期。

张力、庞伟伟：《住宅小区推进"街区制"改革的法律路径研究——以"公共地役权"为视角》，《河北法学》2016 年第 8 期。

周许阳：《公物理论视角下的尾号限行——反思与重塑》，《行政法学研究》2016 年第 5 期。

周毅：《宪政中的公民财产权保障》，《甘肃政法学院学报》2005 年第 6 期。

朱学磊：《美国管制性征收界定标准之流变——以联邦最高法院判例为中心》，《研究生法学》2013 年第 5 期。

朱学磊：《管制性征收的请求权基础》，《时代法学》2015 年第 1 期。

赵自轩：《公共地役权在我国街区制改革中的运用及其实现路径探究》，《政治与法律》2016 年第 8 期。

（三）译著

［美］伯纳德·施瓦茨：《美国法律史》，王军等译，法律出版社 2018 年版。

［德］鲍尔、施蒂尔纳：《德国物权法》，张双根译，法律出版社 2004 年版。

［德］茨威格特、克茨：《比较法总论》，潘汉典等译，法律出版社 2016 年版。

［日］大桥洋一：《行政法学的结构性变革》，吕艳滨译，中国人民大学出版社 2008 年版。

［德］迪特尔·梅迪库斯：《德国民法总论》，邵建东译，法律出版社 2013 年版。

［美］E. 博登海默：《法理学：法律哲学与法律方法》，邓正来译，中国政法大学出版社 2017 年版。

［德］哈特穆特·毛雷尔：《行政法学总论》，高家伟译，法律出版社 2000 年版。

［德］汉斯·J. 沃尔夫、奥托·巴霍夫、罗尔夫·施托贝尔：《行政法（第一卷）》，高家伟译，商务印书馆 2007 年版。

［德］黑格尔：《法哲学原理》，邓安庆译，人民出版社 2016 年版。

［德］卡尔·拉伦茨：《法学方法论》，陈爱娥译，商务印书馆 2003 年版。

［美］凯斯·R. 孙斯坦：《设计民主：论宪法的作用》，金朝武、刘会春译，法律出版社 2006 年版。

［德］卡尔·拉伦茨：《德国民法通论》，王晓晔等译，法律出版社

2013年版。

［法］莱昂·狄骥：《宪法学教程》，王文利等译，辽海出版社、春风文艺出版社1999年版。

［美］理查德·J. 皮尔斯：《行政法》，苏苗罕译，中国人民大学出版社2016年版。

［美］理查德·A. 艾珀斯坦：《征收——私人财产和征用权》，李昊、刘刚、翟小波译，中国人民大学出版社2011年版。

［英］洛克：《政府论》，叶启芳、瞿菊农译，商务印书馆2011年版。

［法］卢梭：《社会契约论》，李平沤译，商务印书馆2017年版。

［日］芦部信喜：《宪法》（第三版），高校和之增订，林来梵、凌维慈、龙绚丽译，清华大学出版社2018年版。

［美］路易斯·亨金、阿尔伯特·J. 罗森塔尔编：《宪政与权利：美国宪法的域外影响》，郑戈等译，生活·读书·新知三联书店1996年版。

［英］迈克·费恩塔克：《规制中的公共利益》，戴昕译，龚捷校，中国人民大学出版社2014年版。

［日］杉原泰雄：《宪法的历史——比较宪法学新论》，吕昶、渠涛译，社会科学文献出版社2000年版。

［英］威廉·韦德：《行政法》，徐炳等译，中国大百科全书出版社1997年版。

［日］盐野宏：《行政法总论》，杨建顺译，北京大学出版社2008年版。

［德］耶利内克：《主观公法权利体系》，曾韬、赵天书译，中国政法大学出版社2012年版。

［德］耶林：《为权利而斗争》，郑永流译，商务印书馆2016年版。

（四）司法判决

重庆市北碚区蔡家岗镇灯塔屠场诉重庆市北碚区人民政府案，（2005）渝高法行终字第54号。

重庆巴某休闲体育有限公司诉重庆市巴南区人民政府案，（2009）渝五中法行初字第 73 号。

重庆东方远海置业发展有限公司诉重庆市北碚区人民政府案，（2016）渝 01 行初 287 号。

长兴凤强建筑材料厂等诉长兴县林城镇人民政府案，（2016）浙 0502 行初 7 号。

常振山等诉襄垣县人民政府案，（2016）晋行终 469 号。

陈太平诉北川羌族自治县永安镇人民政府案，（2016）川 0726 行初 6 号。

顾敏诉重庆市永川区人民政府案，（2016）渝 05 行初 36 号。

郭家琪诉隆回县住房和城乡建设局案，（2017）湘 0524 行初 18 号。

贺军权诉咸丰县水利水产局案，（2017）鄂 2826 行初 42 号。

建始县中盛水电开发有限责任公司诉建始县人民政府案，（2014）鄂恩施中行初字第 00002 号。

姜军红诉丽江市古城区人民政府案，（2016）云行终 226 号。

康乐绿乡清真食品加工有限公司诉康乐县人民政府案，（2016）甘行终 33 号。

浏阳鑫隆商贸有限公司诉湖南省国土资源厅、湖南省财政厅、湖南省煤炭管理局案，（2015）天行初字第 00223 号。

刘林林诉临汾市尧都区人民政府案，（2016）晋行终 346 号。

李志良诉满洲里市人民政府案，（2017）内 07 行初 56 号。

牟大伟与长春市绿园区人民政府案，（2016）吉 01 行赔初 4 号。

祁克楼、响水县汇峰服饰大世界诉响水县人民政府案，（2016）苏行终 1573 号。

衢州市衢江区财政局等诉衢州市衢江区清水砖瓦厂（普通合伙）案，（2016）浙 08 行终 72 号。

秦汉忠诉启东市水务局案，（2017）苏 06 行终 745 号。

孙玉朴诉沈阳市于洪区马三家街道办事处案，（2016）辽 0192 行赔初 22 号。

滕会林诉长春市人民政府案，（2016）吉 01 行赔初 11 号。

通山福鑫水泥粉磨有限公司诉通山县人民政府案，（2017）鄂行终194号。

王新明等诉浙江省临安市人民政府案，（2003）浙行再字第3号。

邬四八诉包头市土默特右旗国土资源局案，（2016）内0207行初63号。

王清权诉邓州市高集镇人民政府案，（2016）豫13行终99号。

兴隆县赣通房地产开发有限公司诉兴隆县人民政府案，（2016）冀08行初154号。

玉屏县平溪镇吴代标煤矸石厂诉玉屏侗族自治县人民政府案，（2015）铜中行初字第00077号。

岳阳市蓝天冶金建材有限公司诉岳阳市环境保护局案，（2016）湘行再19号。

钟观容等诉惠州市人民政府案，（2017）粤行终586号。

（五）报刊、网站

孔令全：《机场噪声扰民状告环保总局　宁波99名村民获赔120万元》，《民主与法制时报》2008年2月25日A10版。

林岭东：《大连颁布桑拿封杀令》，《南方周末》2001年4月19日。

刘刚：《石光银的烦恼与追求》，《农民日报》2003年8月12日第2版。

赵永新：《莫让绿化英雄流汗再流泪》，《人民日报》2004年10月21日第16版。

张雪梅：《面对干旱：大连向桑拿浴所开刀》，央视网，http：//www. cctv. com/financial/jingji/sanji/gazz/20010615/113. html，最后访问时间：2021年1月10日。

《一位台商12年报建路：来海南投资，真的错了吗?》，中国新闻网，http：//www. hi. chinanews. com/hnnew/2004-12-06/17084. html，最后访问时间：2021年1月10日。

二 英文参考文献

(一) 著作

Bernard Schwartz, *The Law in America: A History*, McGraw – Hill Book Company, 1974.

Bryan A. Garner, *Black's Law Dictionary*, Thomson Reuters 10th edition, 2014.

Cass R. Sunstein, *Designing Democracy: What Constitutions Do*, Oxford University Press, 2001.

Calvin Massey, *Property Law: Principles, Problems, and Cases*, Thomson Reuters, 2012.

Christopher Serkin, *The Law of Property*, Foundation Press 2nd Edition, 2016.

Daniel R. Mandelker, Carol Necole Brown, Stuart Meck, Dwight H Merriam, Peter W. Salsich, Jr, Nancy E. Stroud, Julie A, Tappendorf, *Planning and Control of Land Development: Cass and Materials*, LexisNexis 8th editon, 2011.

D. Benjamin Barros & Anna P. Hemingway, *Property Law*, Wolters Kluwer, 2015.

Gregory S. Alexander, *The Global Debate over Constitutional Property: Lessons for American Takings Jurisprudence*, The University of Chicago Press, 2006.

James Charles Smith, Edward J. Larson, John Copeland Nagle & John A. Kidwell, *Property: Cases and Materials*, Aspen Publishers 2nd edition, 2008.

John G. Sprankling & Raymond R. Coletta, *Property: A Contemporary Approach*, Thomson Reuters 2nd edition, 2012.

Richard A. Epstein, *Takings: Private property and the Power of Eminent*

Domain, Harvard University Press, 1985.

Steven J. Eagle, *Regulatory Takings*, LexisNexis 3rd edition, 2005.

Steven H. Gifis, *Law Dictionary*, Barron's Educational Series, Inc, 1975.

Theodore. J. Novak, Brian W. Blaesser, Thomas F. Gesebracht, *Condemnation Property: Practice and Strategies for Winning Just Compensation*, Rudnick & Wolfe, 1993.

William Blackstone, *Commentaries on the Law of England: Book 1*, Lawbook Exchange edition, 2011.

（二）期刊论文

Andrew W. Schwartz, No Competing Theory of Constitutional Interpretation Justifies Regulatory Takings Ideology, Stan. Envtl. L. J, Vol. 34, 2015.

Bradley C. Karkkainen, The Police Power Revisited: Phantom Incorporation and the Roots of the Takings Muddle, Minn. L. Rev, Vol. 90, 2006.

Bethany R. Berger, The Illusion of Fiscal Illusion in Regulatory Takings, Am. U. L. Rev, Vol. 66, 2016.

Cass R. Sunstein, On Property and Constitutionalism, Cardozo L. Rev, Vol. 14, 1992.

Christopher Serkin, The Meaning of Value: Assessing Just Compensation for Regulatory Takings, Nw. U. L. Rev, Vol. 99, 2005.

Daniel A. Jacobs, Indigestion from Eating Crow: The Impact of Lingle v. Chevron U. S. A., Inc. on the Future of Regulatory Takings Doctrine, Urb. Law, Vol. 38, 2006.

Daniel L. Siegel, Evaluating Economic Impact in Regulatory Takings Cases, Hastings W. – Nw. J. Envt'l L. & Pol'y, Vol. 19, 2013.

David K. Suska, Regulatory Takings and Ridesharing: Just Compensation for Taxi Medallion Owners, N. Y. U. J. Legis. & Pub. Pol'y, Vol. 19,

2016.

Eduardo Moises Penalver, Is Land Special - The Unjustified Preference for Landownership in Regulatory Takings Law, Ecology L. Q, Vol. 31, 2004.

John R. Nolon, Regulatory Takings and Property Rights Confront Sea Level Rise: How Do They Roll, Widener L. J, Vol21, 2012.

Joseph William Singer, Justifying Regulatory Takings, Ohio N. U. L. Rev, Vol. 41, 2015.

James E. Holloway; Donald C. Guy, Extending Regulatory Takings Theory by Applying Constitutional Doctrine and Elevating Takings Precedents to Justify Higher Standards of Review in Koontz, Widener L. Rev, Vol. 22, 2016.

Laura J. Powell, The Parcel as a Whole: Defining the Relevant Parcel in Temporary Regulatory Takings Cases, Wash. L. Rev, Vol. 89, 2014.

Mark Fenster, The Stubborn Incoherence of Regulatory Takings, Stan. Envtl. L. J, Vol. 28, 2009.

Michael Allan Wold, The Brooding Omnipresence of Regulatory Takings: Urban Origins and Effects, Fordham Urb. L. J, Vol. 40, 2013.

Melanie Benesh, Model or Anti - Model: The Role of U. S. Regulatory Takings Doctrine in Foreign Jurisdictions, Cardozo J. Int1 & Comp. L, Vol. 24, 2016.

Richard A. Posner, An Economic Approach to the Law of Evidence. Stanford Law Review, Vol. 51, 1999.

Robert H. Thomas, Recent Developments in Regulatory Takings, Urb. Law, Vol. 45, 2013.

Stewart E. Sterk, The Federalist Dimension of Regulatory Takings Jurisprudence, 114 Yale L. J, Vol. 114, 2004.

Steven R. Ratner, Regulatory Takings in Institutional Context: Beyond the Fear of Fragmented International Law, Am. J. Int'l L, Vol. 102, 2008.

Steven J. Eagle, Just Compensation for Permanent Takings of Temporal Interests, Fed. Cir. B. J, Vol. 10, 2001.

Steven J. Eagle, The Regulatory Takings Notice Rule, U. Haw. L. Rev, Vol. 24, 2002.

Steven J. Eagle, Some Permanent Problems with the Supreme Court's Temporary Regulatory Takings Jurisprudence, U. Haw. L. Rev, Vol. 25, 2003.

Steven J. Eagle, A Prospective Look at Property Rights and Environmental Regulation, Geo. Mason L. Rev, Vol. 20, 2013.

Steven J. Eagle, Penn Central and Its Reluctant Muftis, Baylor L. Rev, Vol. 66, 2014.

Steven J. Eagle, The Four–Factor Penn Central Regulatory Takings Test, Penn St. L. Rev, Vol. 118, 2014.

Vicki Been; Joel C. Beauvais, The Global Fifth Amendment–NAFTA's Investment Protections and the Misguided Quest for an International Regulatory Takings Doctrine, N. Y. U. L. Rev, Vol. 78, 2003.

（三）司法判决

Andrus v. Allard, 444 U. S. 51 (1979).

Agins v. Tiburon, 447 U. S. 255 (1980).

Berman v. Parker, 384 U. S. 26, 32 (1954).

Curtin v. Benson, 222 U. S. 78 (1911).

City of Los Angeles v. Los Angeles Gas & Electric Corp., 251 U. S. 32 (1919).

Dobbins v. City of Los Angeles, 195 U. S. 223, 241 (1904).

Dolan v. City of Tigard, 512 U. S. 374 (1994).

Fallbrook Irrigation Dist. et al. v. Bradley et al., 164 U. S. 112 (1896).

First English Evangelical Lutheran Church v. Los Angeles County, 482 U. S. 304 (1987).

Gardner v. Michigan, 199 U. S. 325 (1905).

Gorieb v. Fox, 274 U. S. 603 (1927).

Hadacheck v. Sebastian, 239 U. S. 394 (1915).

Horne v. Department of Agriculture, 576 U. S. 1 (2015).

Jackman v. Rosenbaum Co., 260 U. S. 22 (1922).

Kaiser Aetna v. United States, 444 U. S. 164 (1979).

Keystone Bituminous Coal Ass' n v. Debenedictis, 480 U. S. 470, 492 (1987).

L' Hote v. City of New Orleans, 177 U. S. 587 (1900).

Loretto v. Teleprompter Manhattan CATV Corp., 458 U. S. 419 (1982).

Lucas v. South Carolina Coastal Council, 505 U. S. 1003 (1992).

Lingle v. Chevron U. S. A., Inc., 544 U. S. 528 (2005).

Mugler v. Kansas, 123 U. S. 623 (1887).

Miller v. Schoene, 276 U. S. 272 (1928).

Noble State Bank, Piff. in Err. v. C. N. Haskell, G. W. Bellamy, J. P. Connors, J. A. Menefee, M. E. Trapp, and H. H. Smock., 219 U. S. 104 (1911).

Nollan v. California Coastal Commission, 483 U. S. 825 (1987).

Plymouth Coal Company v. Commonwealth of Pennsylvania, David T. Davis, Inspector of Mines, etc., 232 U. S. 531 (1914).

Pennsylvania Coal Co. v. Mahon, 260 U. S. 393 (1922).

Penn Central Transportation Co. v. New York City, 438 U. S. 104 (1978).

Powell v. Commonwealth of Pennsylvania, 127 U. S. 678 (1888).

Palazzolo v. Rhode Island, 533 U. S. 606 (2001).

Reinman v. City of Little Rock, 237 U. S. 171 (1915).

San Remo Hotel v. City and County of San Francisco, 545 U. S. 323 (2005).

United States v. Causby, 328 U. S. 256 (1946).

United States v. Caltex, 344 U. S. 149 (1952).

United States v. Central Eureka Mining Co. 357 U. S. 155 (1958), 2L. Ed 1228, 1236, 1237, 78 S. Ct. 1096.

United States v. Riverside Bayview, 474 U. S. 121 (1985).

Village of Euclid, Ohio v. Ambler Realty Co., 272 U. S. 365 (1926).

Munn v. Illinois, 94 U. S. 113, 146 (1876).

Wurts and another v. Hoagland and others, Com'rs, etc., 114 U. S. 606 (1885).

Welch v. Swasey, 214 U. S. 91 (1909).

索　引

财产权　1

财产权公益使用　13，65，67，142，145，170－172，190，208，217

财产权去除　13，65，67，142，145，182，183，185，190，206，212，217，223

财产权权能限制　13，65，67，142，145，148，164，190，207，217

财产权社会义务　11－13，25，26，33，35，39，40，42，51，55，60，62－65，71，75，77，81，90，96，123，129，141，145，195，196，199，200，202，204，205，216，229，238，240，241

财产权义务负担　13，65，67，142，145，164，165，190，217

调整财产管制行为　13，62，223，241

公共利益　2，4－8，13，16，19－21，24－26，29，30，32，33，36，38－43，46，47，50，51，53，54，58－61，63－70，72，73，75，76，83，84，89，92，93，95，98－103，106－109，111－115，118－123，126－128，130－139，141－144，148－150，152，153，158，160－164，166，168，170，172，175－180，182，183，185，187，188，190－193，195，197，199，201，203－206，211，212，216，220－223，225，228，229，231，233，237－242

管制征收　4－6，8－10，12，13，39，48，54－56，62，77，96－124，126－129，

132，134，139，142，155，175，194，237－239

恢复财产原状　13，62，223，241

经济利益互惠　13，62，102，104，105，127，128，130，132－135，142，143，158，165，167，168，170，182，225，226，239，241

期待可能性　5，41，62，77，80，81，99，124

事实上的不利影响　13，65，67，75，142，145，185，186

特别牺牲　2，5，8，11，12，40，44，50－53，56－58，60－64，66－71，73，75，77，80－93，95，96，99，123－125，129，134，141，144，145，165，172，183，185－187，190－193，195，196，199－206，214，216，219－225，227－230，232，237，238，240－242，247，248，264

土地发展权转让　13，62，224，241

宪法　1－3，6，12－19，21，23－26，28，30－35，38，44，70－73，75，76，83－85，87－89，93，192，198－205，216，240，242

消除财产利用妨碍　13，62，221－223，241

行政补偿　179，221，226

行政许可　13，65－67，70，111，142，145，162，164，172，173，175，177－182，206，216，240

应予补偿的财产权限制　13，71，90，96，123，196，202－205，240，264

应予补偿的公用征收　71，75，80，81，83，84，86，93－96，192，195－197，201，203－205，240，264

征收　1－6，8，10－12，14，24，28，29，35－39，51，58，59，61，71，72，88，89，93，101，104，110，115，123，132，192，194，199，201，216，218，226，227，229，241，242

准征收　2－4，6－8，10－13，41－46，50，52－55，59－67，70，71，73－77，80，122，126，127，129，131，132，134－145，149，150，153，155，157，158，160，

162，164 – 166，168 – 170，
172，173，175，176，178 –
180，182，183，185，187，
188，190 – 194，198 – 207，
218 – 225，227 – 231，235，
237 – 242

准征收补偿　12，13，43，64，
65，67，68，74，75，202 –
204，219，220，222，227，
229，231，235，240，241

后 记

从论题价值来看，准征收是公民财产权利和国家公共利益关系平衡中的一个较为重要的命题。在人类社会的不同发展时期，对平衡保护私有财产权和维护公共利益的政策有不同侧重，但二者始终处于对立统一的矛盾规律之中。保护私有财产权和维护公共利益之间保持适度平衡，是各国财产权保护制度永恒追求的目标。妥当处理好这一矛盾是实现良法善治和社会稳定发展的必要条件。我国《宪法》财产权条款中"财产权保护—应予补偿的公用征收"的"二元结构"规定，无法满足"财产权履行社会义务"和"应予补偿的财产权限制"形态的需要。对于实践中大量存在的财产权应自觉保持适度克制和政府应对财产权造成的特别牺牲给予补偿的情形，亟须在理论上深入研究，在制度上补充完善。本书所讨论的准征收基本理论、准征收识别标准、构建准征收制度的路径等，就是对这一制度相关问题的初步研究。

本书是在我的博士学位论文基础上，申报2020年国家社科基金后期资助暨优秀博士论文出版项目的研究成果。在撰写博士学位论文期间，导师马怀德教授对论文的选题、架构、内容多次给予悉心指导，对论文反复审阅并多次提出修改意见，倾注了大量心血。撰写博士论文和书稿期间，还有诸多老师、同事、好友对本书提出了建设性意见和建议。获批该资助项目时，有5位相关领域的专家为论文提出了非常中肯的修改意见。在此，向我的导师和各位对本书提出宝贵意见的师友表示衷心感谢!

王玎
2021 年 5 月 20 日